Pointe Maligne

L'infiniment oubliée

Présence française dans le
Haut Saint-Laurent ontarien

Tome I

Les Éditions du Vermillon reconnaissent l'aide financière
du Conseil des Arts du Canada, du Conseil des arts de l'Ontario,
de la Ville d'Ottawa, et du gouvernement du Canada (Programme d'aide
au développement de l'industrie de l'édition, PADIÉ, du ministère du
Patrimoine canadien) pour leurs activités d'édition.

Catalogage avant publication de Bibliothèque et Archives Canada

Champeau, Nicole V
    Pointe Maligne : l'infiniment oubliée / Nicole V. Champeau.

(Collection Visages ; 24)
Sommaire complet: t. 1. Présence française dans le haut
    Saint-Laurent ontarien -- t. 2. Textes choisis.
ISBN 978-1-897058-74-9 (t. 1)

    1. Ontario (Est)--Découverte et exploration françaises.
2. Saint-Laurent, Région du--Découverte et exploration françaises.
3. Ontario (Est)--Histoire. 4. Canadiens français--Ontario (Est)--Histoire.
5. Ontario (Est)--Histoire--Sources. 6. Ontario (Est)--Cartes. I. Titre.
II. Collection: Collection Visages ; 24

FC3095.S244C43 2009   971.3'7   C2009-900270-1

Les Éditions du Vermillon
305, rue Saint-Patrick
Ottawa (Ontario) K1N 5K4
Téléphone : (613) 241-4032   Télécopieur : (613) 241-3109
Adresse électronique : leseditionsduvermillon@rogers.com
Sites Internet : leseditionsduvermillon.ca et livres-disques.ca
Distributeur au Canada : Prologue
1650, boulevard Lionel-Bertrand   Boisbriand (Québec) J7H 1N7
Téléphone : (1-800) 363-2864 (450) 434-0306
Télécopieur : (1-800) 361-8088 (450) 434-2627
en Suisse : Albert le Grand
20, rue de Beaumont   CH 1701 Fribourg
Téléphone : (26) 425 85 95   Télécopieur : (26) 425 85 90
en France : Librairie du Québec
30, rue Gay-Lussac   75005 Paris
Téléphone : 01 43 54 49 02   Télécopieur : 01 43 54 39 15
ISBN13 : 978-1-897058-74-9
COPYRIGHT © Les Éditions du Vermillon, 2009
Dépôt légal, premier trimestre 2009
Bibliothèque et Archives Canada

Nicole V. Champeau

Pointe Maligne
L'infiniment oubliée

Présence française dans le
Haut Saint-Laurent ontarien

Tome I

Visages, 24

 **Vermillon**

DU MÊME AUTEUR

Le temps volé. Poésie, Les Éditions du Vermillon, Ottawa, 1991, 130 p. Prix de poésie de l'Alliance française d'Ottawa-Hull, 1992.

Tendre capture. Poésie, Les Éditions du Vermillon, Ottawa, 1993, 120 p.

Ô Sirènes, libérez-moi. Poésie, Les Éditions du Vermillon, Ottawa, 1996, 100 p.

Dans les pas de la louve. Poésie, Écrits des Hautes-Terres, Ripon, Québec, 1999, 132 p. Prix du livre d'Ottawa 2001.

Mémoire des villages engloutis. La Voie Maritime du Saint-Laurent de Mille Roches aux Mille-Îles, 1999, 188 p. Deuxième édition, augmentée, 2004, XVII, 190 p.

Moulinette. Pièce en un acte, Le Moulinet, livre I, Les Éditions du Vermillon, Ottawa, 2001, 100 p. Prix O'Neill-Karch.

Ô Saint-Laurent. Le fleuve à son commencement. Poésie, Les Éditions du Vermillon, Ottawa, 2002, 128 p.

La cicatrice du cerf. Poésie, Écrits des Hautes-Terres, Montpellier, Québec, 2002, 152 p.

L'auteur a participé à des collectifs, livres d'artistes et revues publiés en Ontario, au Québec et à l'étranger.

AVERTISSEMENT

Les textes présentés dans cet ouvrage sont laissés tels que retrouvés en cours de lecture et suivent une trajectoire qui leur est propre – soit géographique, historique, littéraire, voire onirique. L'orthographe n'a pas été corrigée, d'où ce qui peut sembler erreur de typographie ou une coquille, ne l'est pas. Les textes proviennent de différentes époques et suivent des consignes qui, forcément, n'ont pas été les mêmes au fil du temps. Parfois il y a absence d'apostrophe ou d'indication de paragraphe; recours ou non à la majuscule; des règles qui peuvent nous sembler arbitraires quant à la ponctuation, le recours aux accents diacritiques ou à la séparation des mots. À titre d'exemple, le Comte de Frontenac passera « trois heures alapluye ». Bref, la typographie, la grammaire, l'orthographe, les sigles divers n'ont été ni modernisés ni uniformisés. C'était voulu. Même dans les transcriptions, les fautes sont maintenues, exception faite évidemment dans le cas où le texte aurait été incompréhensible si l'on n'avait ajouté des crochets, des italiques ou même la mention « sic ».

L'intention était d'en préserver les aspérités et ainsi, faire partager l'émotion qui se dégage de textes souvent bâtis les uns sur les autres; de faire découvrir comme autant de témoins du passé, d'autres voix. J'espérais procurer une expérience sensible à d'autres lecteurs. Qu'à leur tour, ils puissent tomber sous le charme de ces écrits capteurs d'images et d'ambiances. Qu'il leur soit loisible de saisir l'esthétique d'un autre temps et, qui sait, peut-être même jusqu'à un certain point, de participer à l'évolution de cette langue perdue. Les textes nous procurent des instantanés. Nous permettent de participer à la beauté d'un fleuve et de son histoire. Souvent, dans des phrases toutes simples, demeurent des trésors cachés qui nous replongent dans un état d'esprit d'un ailleurs quand même pas si éloigné.

Certains textes nous obligent à un effort de décryptage, j'en conviens, mais je pense qu'il en vaut la peine. Chacun y va de ses propres découvertes et capte de manière personnelle l'émotion sous-jacente. D'où la raison de ne pas moderniser la graphie de l'époque mais plutôt de proposer une clef de lecture : « eu » comme dans «pourveu» (pourvu) ; «v» comme dans «vne» (une) ou «auancer» (avancer); «i» comme dans «ioie» (joie), «iusque» (jusque), etc. Il aurait été intéressant de conserver le «s» allongé comme pour indiquer les «paffages» (passages) et ainsi de préserver tout à fait la typographie telle que je l'avais découverte. Mais, la chose n'étant pas possible, les «f» allongés ont été remplacés par des «s» réguliers. Il s'agit donc là de la seule modification apportée aux textes d'origine.

Pointe Maligne. L'infiniment oubliée. comprend deux tomes et rassemble une information portant sur la section du fleuve Saint-Laurent qui coule en Ontario. Le premier tome est agrémenté de citations et de cartes provenant de différentes sources, auteurs et cartographes depuis les *Relations des Jésuites,* des dix-septième et dix-huitième siècles, jusqu'à la fin du Régime français. Quant au deuxième, *Pointe Maligne. Textes choisis,* il propose une sélection de textes plus longs, de cartes et d'illustrations qui viennent étayer le premier tome. Défileront récits de voyages, relations, essais, témoignages provenant des missionnaires, des explorateurs, des militaires, ainsi que d'auteurs «inclassables». *Pointe Maligne* évoque dans sa trajectoire une route dont les patrimoines naturel et culturel, même modifiés, continuent de toucher.

REMERCIEMENTS

En tout premier lieu, je tiens à remercier chaleureusement mes éditeurs, Monique Bertoli et Jacques Flamand, des Éditions du Vermillon qui ont cru en ce projet hors norme et qui en ont permis la réalisation.

Pointe Maligne. L'infiniment oubliée a connu une lente gestation... un long cheminement. Même si au départ il s'est voulu beaucoup plus modeste, au fil des ans se sont ajoutés des textes, des cartes, des témoignages et combien de « trouvailles » qui sont venus enrichir l'ouvrage. Pour ce faire, je demeure redevable à plusieurs personnes qui m'ont accompagnée dans ma démarche. Je remercie en l'occurrence, le personnel – archivistes et bibliothécaires – des organismes suivants pour leur précieux concours et leur accueil toujours bienveillant : Bibliothèque et Archives Canada; Musée canadien des civilisations; Musée des beaux-arts du Canada; le service des Parcs, Environnement Canada; les services d'information et de recherche, Transport Canada; Parc national du Canada des Îles-du-Saint-Laurent, Parc Canada; le Comité canadien permanent des noms géographiques; la *Lost Villages Historical Society; The Ontario Historical Society;* Bibliothèque d'Environnement Canada; le Ministère des Terres et Forets de l'Ontario *(Ontario Department of Lands and Forests);* Bibliothèque et Archives nationales du Québec; la Bibliothèque publique d'Ottawa; la Bibliothèque Morisset de l'Université d'Ottawa; la Bibliothèque Jean-Léon-Allie, de l'Université Saint-Paul; la Bibliothèque de l'Université Carleton (MacOdrum Library); la Bibliothèque Simon Fraser de la ville de Cornwall. Que soit remercié également le personnel des bibliothèques municipales de Brockville, Kingston, et Gananoque. Également, celui de l'université Queen's (Kingston), du *Frederic Remington Art Museum,* (Ogdensburg, NY.); le Dépôt des Fortifications des Colonies, Centre des archives d'outre-mer (CAOM), (Archives nationales de France).

En outre, je tiens à exprimer mon immense gratitude envers les personnes suivantes : Yolande et Yvon Parisien pour leurs remarques très appréciées suite à une première lecture du manuscrit; Jean Vachon pour le regard amical et les suggestions apportées au chapitre sur Pierre-Esprit Radisson; Sylvana Beaulieu, qui, par son amour du fleuve là où il atteint sa vastitude, m'a soutenue tout au long du projet; Chris Werner de la *Mail Box Company* pour son aide technique en ce qui a trait à la numérisation et à la photocopie de documents fragiles. J'exprime aussi ma vive reconnaissance envers Henri Lessard des Éditions du Vermillon pour sa sensibilité et son enthousiasme, ainsi que ses judicieux conseils. Enfin, je remercie la Ville d'Ottawa pour son aide financière et la bourse qui m'a été octroyée dans le cadre de son programme d'aide aux artistes.

***

On dit qu'un livre s'écrit à plusieurs. *Pointe Maligne. L'infiniment oubliée* s'est plutôt écrit à deux. À ma voix s'ajoute celle de Thomas Champeau, mon indéfectible compagnon. Je le remercie d'avoir sillonné avec moi les rives du Haut Saint-Laurent, et ce, depuis plusieurs années. Ensemble, nous avons passé des heures à observer le fleuve. Nous en avons longuement interrogé le mystère et imaginé sous son apparence de calme ce qu'il porte de turbulence. Ensemble, nous avons dépouillé les documents des archives et des bibliothèques et lu autrement les cartes du pays d'en-Haut, faisant d'un lieu géographique un lieu d'introspection. D'où ont surgi des questions existentielles : Qui sommes-nous? D'où venons-nous? Qui avant nous a sillonné le même chemin? Quels sont nos buts? C'est dans cet esprit que *Pointe Maligne* a vu le jour. Thomas... que je remercie tendrement.

À tous les héritiers de la Pointe Maligne
… et de son patrimoine onirique

et

À Thomas Champeau

I

PROLOGUE
ou *Le chemin qui avançait*[1]

Localités submergées par la construction de la Voie Maritime
et l'aménagement des rapides du Long Sault et nouvelles municipalités

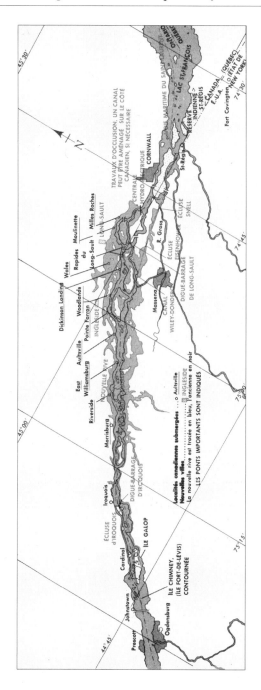

D. G. G. Kerr, *Atlas historique du Canada*
Centre de Psychologie et de Pédagogie, Montréal, 1967, p. 86

15

Ils tiennent que tout n'estoit qu'eau
avant que la terre fust crée[e] [...][2]
Nicolas Perrot

1. *Incipit...*
Le chemin qui avançait

Survivance

Revoici le fleuve Saint-Laurent dans sa partie ontarienne, une route secondaire, autrefois convoitée et farouchement disputée : admirée, puis dépossédée de ce qu'elle avait de précieux – ses forêts et ses rapides. Il y a longtemps, trop longtemps déjà, on se mesurait à la rudesse de son courant, à la force de ses rapides et aux difficultés de ses hauts-fonds.

Aujourd'hui, sur ces mêmes berges, on a l'impression de fouler une voie sans la reconnaître tout à fait. La compréhension nous échappe car plusieurs siècles d'histoire et de grands travaux récents se superposent et le fleuve a ceci de particulier qu'il reste inconnu. On est saisi par la gravité de chemins goudronnés qui s'y perdent, de routes inutiles qui se jettent impunément vers on ne sait trop où et de lieux indéfinis qui conservent, malgré ce fait, un rythme, un sens et un savoir même exclus de la mémoire collective. Inconscience de notre part? Peut-être pas, car pour donner un sens au nouveau passage, encore faut-il savoir ce qu'il a déjà été. Parfois – et le parallèle est troublant –,

19

on songe même à toutes ces autres villes dont les monuments et les canaux pourraient aussi disparaître parce que menacés par d'autres périls, y compris les bouleversements climatiques. Le lieu se prête à ces visions. On sait que sous l'eau un monde englouti travaille. Est-ce l'effet de l'imagination s'il peut nous arriver parfois d'entendre des voix submergées et de croire qu'un jour elles pourraient témoigner d'une force vive? Qu'elles nous saisissent d'une certitude : nous sommes des êtres de passage dans un lieu de transition.

Mise en contexte et vision de la fragilité

Pointe Maligne. L'infiniment oubliée. Ce titre ne s'inscrit pas à la suite de *Mémoire des villages engloutis* mais s'y imbrique. Il en est la mise en abîme, le livre dans le livre, une histoire d'eau comprise dans ce fleuve qui dissimule sous sa surface un passé insoupçonné. *Mémoire des villages engloutis* [3] portait sur les grands travaux des années cinquante qui ont mené à la construction de la Voie Maritime du Saint-Laurent et à l'aménagement des rapides du Long Sault – travaux qui ont particulièrement bouleversé la région de l'Est de l'Ontario depuis Cornwall (Pointe Maligne), en passant par Mille Roches et les villages disparus, jusqu'aux Mille-Îles (le Jardin du Grand Esprit).

Bien curieusement, c'est à partir d'un vide que j'avais écrit *Mémoire des villages engloutis*, publié en 1999 et réédité en 2004. Ce serait à partir de mêmes prémisses qu'évoluerait *Pointe Maligne. L'infiniment oubliée.* Je m'interrogeais maintenant sur d'autres patronymes dont on avait effacé le souvenir, l'existence même.

Depuis la parution de *Mémoire des villages engloutis*, j'ai répondu à de multiples invitations, participé à des tables rondes et à des lectures publiques. J'ai présenté conférences et causeries, témoigné devant les caméras de télévision et les micros des radios. Je me suis adressée à un public diversifié, de tous les âges et de toutes les professions. On m'a posé des questions – celles-là mêmes qui me taraudaient et auxquelles je n'avais pas forcément de réponses. On ne revient pas sans angoisse à son point de départ, quel qu'il soit, et pour se rendre compte qu'il servait à conduire la suite des choses.

On continuait de m'interroger, certes, mais aussi, pour ma plus grande satisfaction, d'ajouter des éléments d'information ainsi que des témoignages, même si pour ce faire, il fallait parfois divulguer quelques secrets de famille. Nous débordions de l'anecdote pour entrer dans l'inédit, puis, la réflexion. *Pointe Maligne* forçait son itinéraire. Mes interlocuteurs et moi, nous nous demandions ce qu'étaient devenues les familles déplacées au cours des années cinquante car, afin de réaliser ces grands travaux, il fallut exproprier des villages entiers et relocaliser plus de six mille cinq cents personnes. Antérieurement à ce bouleversement, on s'est interrogé sur ce qui était advenu de ces autres qui avaient passé dans cet entonnoir du fleuve avant qu'il ne soit transformé. Où s'en étaient-ils allés? Quelle avait été la portée de ce passage dans leur vie? Question fondamentale pour les gens d'aujourd'hui : avaient-ils eu des enfants et, si oui, ceux-ci avaient-ils gardé la nostalgie de leurs parents riverains ou était-ce un autre sentiment, plus indéfinissable encore qui s'était insinué à la place? Qu'en était-il des accidentés du travail? Travailler à l'édification du *Seaway* s'avérait très dangereux. À l'époque, durant les années cinquante, on ne parlait pas beaucoup des travailleurs qui perdaient la vie, encore moins des accidentés, aucunement protégés par les lois du travail. On se demande s'ils avaient conservé toute leur vie des séquelles, comment ils s'étaient débrouillés et, de quelle manière ils avaient gagné leur vie. Qu'était-il advenu de ces ouvriers – main-d'œuvre spécialisée venue de tous les coins du monde – et contrainte de repartir sur réception du dernier chèque de paye ou suite à la mise en eau des barrages. Tous ceux-là qui avaient participé aux grands travaux avaient-ils rapporté avec eux quelques souvenirs et, si oui, lesquels. Est-ce vrai que le corps d'un ouvrier était resté encastré dans la centrale hydroélectrique de Moses-Saunders près de Cornwall? Plusieurs l'affirment. Un ouvrier aurait trouvé la mort en glissant dans le béton alors que celui-ci n'avait pas encore durci. Malgré tous les efforts déployés, on n'a pu le sauver de la mort non plus que repêcher sa dépouille. Il serait toujours là encastré dans la structure de l'ouvrage.

S'ajouterait-il à cette strate d'histoire une autre histoire, relevant d'une croyance qui remontait au Moyen-Âge? On dit qu'au temps de la construction des cathédrales, il arrivait que l'on sacrifie un ouvrier en l'emmurant vivant après la pose de la pierre angulaire. Vérité ou légende? N'y avait-il pas lieu de faire un parallèle? Le prisonnier du barrage, était-ce là l'offrande humaine des années cinquante laissée, non par choix ni par inadvertance, mais parce qu'on n'avait pu faire autrement? Un malheureux ouvrier serait-il devenu, bien malgré lui, l'objet d'un sacrifice humain laissé dans la structure de cette nouvelle cathédrale des temps modernes? Mais qui était ce malheureux? D'où était-il venu? Était-il si seul au monde que personne n'avait même remarqué son absence? A-t-il râlé avant d'avaler cette ultime gorgée de ciment? Gardé les yeux ouverts? Avait-il poussé un dernier cri ou l'avait-il retenu avec toute la poussière du monde dans la gorge? Tout cela, était-ce légende urbaine ou réalité? Les ouvriers qui ont travaillé à ce moment-là et à cet endroit-là croient dur comme fer qu'il s'agit d'un fait réel. On sait que les légendes ont la vie dure. Un été, alors que j'habitais à Ottawa, un voisin qui savait que j'étais originaire de Cornwall m'apprit qu'il travaillait à la centrale hydro-électrique. Et ce fameux... *saviez-vous que?* me revenait d'une manière étrange. Mon voisin me parlait avec émotion de cet homme enseveli.

Certes, mais au-delà de cette cathédrale, il y avait davantage. Il y a toujours davantage. Il y avait lieu de remonter « plus avant », et même antérieurement à l'arrivée des Loyalistes et de leur établissement sur les rives nord du Haut Saint-Laurent après les années 1783. Qui d'autre avait foulé les lieux? Les Premières Nations, bien sûr, mais elles restaient muettes. Pouvait-on leur en vouloir! Pourtant, tous ces autres – explorateurs, missionnaires, militaires – qui étaient venus au cours des XVIIe et XVIIIe siècles avaient-ils laissé dans leurs écrits quelque chose sur ces mêmes lieux? Si oui, qu'était devenue cette documentation? Si elle s'avérait accessible, alors, où la trouver? Silence bouleversant : quelles étaient nos racines françaises? Depuis les travaux de la Voie Maritime il ne restait plus grand-chose du passage des Français. Une bonne part des lieux qu'ils avaient foulés avait été submergée. C'était donc à partir de ce qui n'existait plus qu'il fallait collectivement reconstruire.

Le grand bouleversement

La Voie Maritime a été l'une des grandes réalisations des années cinquante en Amérique du Nord, à n'en pas douter, mais bouleversante pour ceux qui en ont payé le prix. La partie ontarienne, surtout depuis Cornwall jusqu'aux Mille-Îles, s'en est trouvée particulièrement affectée. Le projet était lourd de conséquences. Il chamboulait le cadre de vie. Pour reprendre très sommairement le propos et replacer les événements dans leur contexte, il faut se reporter aux années 1954 à 1958 où, en moins de cinq ans, on a mené de front deux projets majeurs qui venaient modifier à jamais les rives du Saint-Laurent : la construction de la Voie Maritime et, près de Cornwall, l'aménagement des rapides du Long Sault afin de construire un barrage et la centrale hydroélectrique de Moses-Saunders. En fait, il s'agissait de deux projets distincts mais tout à fait confondus dans l'esprit des gens. On ne pouvait se référer à l'un sans inclure l'autre. Évidemment, une telle réalisation n'était pas sans controverse puisqu'elle causait des perturbations majeures. On détruisait l'espace intime de milliers de gens et on modifiait à jamais la géographie du fleuve. Faut-il rappeler que plus de six mille cinq cents personnes subirent un déracinement collectif?

Sept villages, Moulinette, Mille Roches, Wales, Dickinson's Landing, Farrans' Point, Aultsville et Iroquois, ainsi que des hameaux, ont disparu – maisons, chemins de fer, ponts, églises, écoles, cimetières (dix-huit en tout), commerces, des milles et des milles de routes, un site archéologique découvert en cours de chantier. Plus de cinq cents maisons, (précisément, cinq cent vingt-quatre) furent épargnées et transportées sur *des machines à déménagement* en des lieux déterminés, soit les deux villages nouvellement aménagés pour les accueillir. Quant au village d'Iroquois, il fut entièrement déplacé. Certains bâtiments, dont le magasin général, la taverne Cook, l'Hôtel Willard et la maison Chrysler, et d'autres encore, parmi les plus beaux ou les plus signifiants, ont été conservés et déplacés à *Upper Canada Village*. Toutes les autres structures, ainsi que toutes les églises, à l'exception d'une seule, la *Christ Church de Moulinette*, furent vidées et brûlées ou démolies et réduites au ras du sol. Seules les fondations sont demeurées telles quelles, et c'est ainsi qu'elles reposent encore au fond d'un lac artificiel – le lac Saint-Laurent.

Il est impossible d'oublier l'étrange convoi de maisons qui défilait sur l'ancienne route numéro Deux, *The King's Highway*. Faut-il rappeler ce spectacle désolant des tests de combustion menés par Hydro Ontario? C'est ainsi que, le plus souvent à heure fixe, on voyait le ciel s'embraser et que disparaissaient ce que jadis on aurait tout fait pour protéger du sinistre : les maisons ancestrales, les commerces qui avaient apporté la prospérité aux villages, les églises où l'on s'était recueilli et les bâtiments connexes où l'on s'était peut-être réfugié pour vivre de clandestines

24

amours. À la fin, on assisterait à la formation d'un lac artificiel d'une surface de plus de cent milles carrés. Le lac Saint-Laurent submergerait la belle chevauchée des rapides du Long Sault et près de vingt-huit mille arpents de terres arables.

Des villages aux noms attachants, ainsi que d'autres patronymes qui n'avaient pas été retenus par ceux qui se sont installés dans la région mais que l'on pouvait retrouver sur des cartes anciennes, étaient abolis. Trois noms, entre autres, avaient retenu l'attention de mes interlocuteurs – les mêmes qui m'avaient portée à en chercher le sens et les origines : *Mille Roches, Moulinette, Iroquois*. Ils étaient si français. Qui les avait attribués? Sûrement pas les colonisateurs loyalistes. Voilà ce que j'avais alors abordé, et, toujours en manque de réponses, croyais avoir tourné la page.

Mais...

Le soi face à l'autre

Depuis *Mémoire des villages engloutis*, il se passait des choses étranges. Je reconnaissais en mes interlocuteurs un étonnement qui se rapprochait du mien.

Je retrouvais en eux le même trouble, la même réaction devant autant de patronymes français que *Mémoire des villages engloutis* ramenait à la lumière avec les cartes et les textes des explorateurs français des XVIe, XVIIe et XVIIIe siècles. «C'est beau!» me disait-on. «T'es sûre que c'est bien nous? Que c'est bien ici? C'est si français!» Des noms tels *Pointe de l'Ivrogne, Pointe Maligne* (ou encore *Pointe Maline, Pointe à la maudite, Pointe Maudite*) – c'était selon le cartographe, l'*Isle aux deux Testes*, l'*Anse à la Mort*, l'*Isle aux Mille Roches, Les Galous, les Galops, la Galette*,

25

l'*Isle au Chat*, l'*Isle au Diable, la Pointe aux Herbes* et combien d'autres encore sortaient de l'ombre et nous entraînaient
dans leur mystère. Pourquoi ressusciter cette nomenclature? Parce que. Tout simplement, parce que! Elle nous
ramenait à ce que nous étions. À un «ailleurs» bien ici.
Nous aimions ces consonances françaises, leur beauté
intrinsèque et les images qu'elles évoquaient. Dites à voix
haute, je les savais chargées de pouvoir – une ancre dans
un espace bestiaire et florilège. Il me suffisait de les lire.
Je n'étais plus la seule à en ressentir l'envoûtement. Est-ce
que j'accompagnais ces gens ou était-ce l'inverse? Qu'importe.
On se comprenait, l'imaginaire ayant supplanté l'utilitaire,
l'oreille s'étant emparée de ces «neuves» sonorités et l'œil
de quelques impressions fugitives, mais combien heureuses.
Le fleuve prenait une nouvelle «vieille» harmonie; sa nomenclature, une nouvelle mythologie. Je devenais ce que j'avais
toujours souhaité être : une porteuse de beauté.

Je dois dire que mes interlocuteurs me réclamaient
des preuves, des noms, des parcours, des sites précis. En
réponse à leurs questions, ils voulaient des *papiers* qui
prouveraient ce que j'avançais. Je leur laissais des références
cartographiques, des fac-similés de cartes, des photocopies
provenant de *Ô Saint-Laurent. Le fleuve à son commencement*[4] : *Gros plans du lac Ontario aux Mil-Isles, la Carte
des Frontières Françoises, et Angloises dans le CANADA
depuis Montreal Jusques au Fort du Quesne*, de Pierre
Pouchot de Maupas; une *Carte de la Galette à la Pointe
Mouillée, Des Mille Isles aux Isles au Raisin*; des cartes de
Jean Dehayes, de D'Anville, ainsi que de Jacques-Nicolas
Bellin.

Quel était donc l'itinéraire des explorateurs? Vers quel
plus oultre allaient-ils? Ils étaient quand même nombreux;
voilà ce que je faisais découvrir. René Bréhant de Galinée,
Dollier de Casson, le Comte de Frontenac, Robert Cavelier
de la Salle, Pierre-Esprit Radisson, Paul Ragueneau, Louis
Hennepin, les Pères Dablon et Trouvé, Lefebre de la Barre,
le Capitaine Pouchot de Maupas, Louis-Armand de Lom

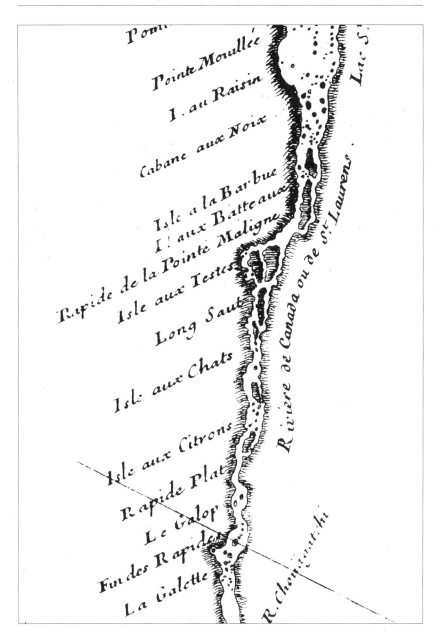

Gros plan de la carte de Deshayes [1715].
(Voir page suivante.)

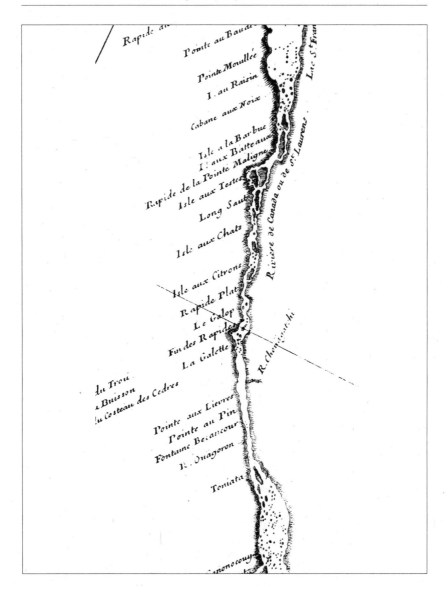

De la Grande Rivière de Canada.
Appellée par les Europeans le St. Laurens.
Levé et dressé par Deshayes [1715]. (Détail)
Bibliothèque et Archives Canada, NMC 22665
(Réf. complète à la fin de la table des matières.)

d'Arce de Lahontan, Xavier de Charlevoix, pour ne nommer que ces quelques-uns qui nous avaient laissé des comptes-rendus admirables. Qu'avions-nous fait de ces héros? Ce qui m'amenait inévitablement à répondre à la question : pourquoi n'avais-je pas mentionné Dollard des Ormeaux dans *Mémoire des villages engloutis* puisqu'entre tous, il s'était démarqué au Long Sault, n'est-ce pas? Ce qui ame-nait l'inévitable réponse : parce que Dollard Des Ormeaux n'y était pas. Il était de l'autre Long Sault – celui de la rivière des Outaouais. Une discussion s'amorçait. Et moi de relancer :

– Saviez-vous que Montcalm était passé dans notre région du fleuve?

– Montcalm?

– Oui, Montcalm. Et qu'il a en outre remporté dans la région du lac Ontario, une bataille de toute importance contre les Britanniques. Celle de Chouaguen (Oswego), en 1756.

– Vous voulez dire qu'il s'est battu ailleurs que sur les plaines d'Abraham?

– Effectivement. C'était un militaire, ne l'oublions pas.

– Mais que faisait-il ici? Et pourquoi ne nous en avoir jamais parlé?

L'histoire l'avait cantonné aux Plaines d'Abraham.

– Saviez-vous que ce tronçon du fleuve fut un meur-trier théâtre de guerre et que sa défense s'avérait aussi capitale pour la Nouvelle-France que celle de Québec?

– Non, alors dis-le-nous, parce que nous, on ne sait pas.

J'étais acculée au pied du mur. Je percevais en eux une telle colère, qui s'apparentait à la mienne lorsque j'avais fait par mes propres moyens ces découvertes dans les bibliothèques, les archives publiques et les centres de documentation. Pourquoi ne nous avait-on jamais appris l'Histoire – «notre Histoire» – que l'on aurait pu si faci-lement intégrer à la géographie. N'était-elle pas digne d'in-térêt? Il faut dire que j'étais moi-même criblée de doutes. Était-ce vraiment notre Histoire? Ou un mirage?

Je présentais à mon auditoire d'autres cartes encore qu'ils n'avaient jamais vues. J'ouvrais bien grand mes cartables et demeurais à l'affût de toutes les impressions pour relater, lorsque la chose était possible, les circonstances dans lesquelles ces explorateurs passants avaient investi les lieux d'un pouvoir en les décrivant. Les réactions quasi unanimes : soit la colère, soit le chagrin que, dans l'un ou l'autre des cas, j'aurais préféré ne pas accueillir. Puis, le silence. Et les «pourquoi». Parfois venait un état de poésie auquel nous prenions tous part. Les mots avaient des ailes qui nous permettaient d'accéder là où l'on ne va plus. Les questions devenaient plus touchantes de la part des aînés; les plus précises provenaient de ceux qui avaient participé aux grands travaux (j'ai eu le privilège de rencontrer des ouvriers qui y ont participé et qui, suite à des blessures, sont restés marqués à vie par l'expérience); elles pouvaient être cinglantes de la part des jeunes gens. Ces derniers me demandaient, en l'occurrence, où se trouvaient les sites de plongée sous-marine. «Tu veux dire que je ne verrai jamais les rapides du Long Sault? Qu'à moins de devenir historien, je ne connaîtrai jamais le sens de ces lieux?» Comment les rassurer? Ce qui m'a valu des commentaires surprenants : «Ils sont où, tes textes?» «Pourquoi ne pas les avoir réunis? Pourquoi t'écris pas là-dessus? On va l'oublier si tu le ne fais pas.» Oui, tout était possible, mais je n'avais jamais été bouleversée par l'Histoire... seulement par la poésie de l'Histoire. Elle me troublait. Je m'étonnais que des hommes soient venus et qu'ils aient laissé des traces qui courent encore dans l'imaginaire. Troublée parce qu'ils nous connectent à la France et, par le fait même, à un «au-delà», un «par-delà». Émue par l'extrême vulnérabilité de la situation de ces explorateurs, de ces passants. Bouleversée, rétrospectivement, par ce mélange de Vieux Pays et d'une Amérique toute neuve où tout était encore possible. Étais-je prête à scruter, non pas l'Histoire, mais la poésie qui s'en dégageait, à ramener cet espace à un temps indéfini quand il fait encore rêver? Mes lecteurs

allaient-ils encore me suivre? Je me sentais fragile et pro-
pulsée parfois dans la dimension onirique.

Mais...

«Rêver n'est pas dormir, mais veiller, se déplacer, agir,
vivre autrement[5] [...]»
    Préceptes de vie issus de la Sagesse amérindienne

Il restait tant à faire.

Destinée

[...][« L']esprit n'est pas enfermé dans [l]a conscience
de tous les jours. Il s'étend sur les deux mondes à la
fois, au même moment, à chacun des instants de [l]a
vie[6].»
    Préceptes de vie issus de la Sagesse amérindienne

Tant à refaire. Des sites dénudés nous attendent, ainsi
que deux mondes dont le plus troublant restait englouti
sous la surface d'une eau qui n'a que l'apparence du calme.
L'eau est là, indéfectible, pour les jeunes générations con-
frontées à l'urgence de savoir. Il leur faudra analyser les
strates de l'Histoire et du fleuve, en dégager les anecdotes
et les légendes, considérer les courants comme autant de
carnets qu'ils devront noircir. Il leur faudra interroger le
fleuve et les forces discordantes qui le jalonnent. Ne plus
les craindre, mais bien consentir à un effort, celui d'accueillir ce que l'on n'attend même plus. Le lieu connaîtra,
tardivement peut-être, mais à n'en pas douter, la reconnaissance qui lui est due. En plongée sous-marine, on
retrouvera l'ancienne route numéro Deux, les passages à

niveau, les croisées des chemins. Nous y reverrons quelques objets abandonnés à eux-mêmes, des clairières éparses, quelques bornes délimitant les propriétés et des ponts, encore dressés. Il y aura peut-être, çà et là dans les anciens cimetières, quelques pierres tombales oubliées. Nous appellerons comme des sentinelles les troncs d'arbres coupés. Pousseront, bellement et nouvellement marines, des végétations enlacées dans l'abandon. Et, au fond de l'eau, il y aura une route pavée comme avant le déluge. On verra ce qu'il subsiste des fondations de maisons condamnées à rester pour la suite du temps, impassibles. L'Amérique aussi a des strates d'histoire qui s'entrecoupent. Ce n'est pas que dans les Vieux Pays. Nous aussi, nous avons un passé – jeune soit! – mais quand même. En outre, pour nous francophones, il nous reste à reconquérir ces XVIIe et XVIIIe siècles oubliés. Des thèses de doctorat, des mémoires de maîtrises, des titres de romans, d'immenses poésies reposent dans autant de sources non dépouillées ou plutôt d'une documentation qui n'a pas encore été interprétée... sans compter tout le passé des Premières Nations qui se situe bien au-delà de l'anthropologie, de la mythologie ou de l'histoire de notre XVIIe siècle.

Il reste tant à faire mais encore faut-il parcourir autrement les pistes en se mettant au diapason d'une nouvelle conscience. Le XXIe siècle nous réclame cette prise de conscience.

2. Ces bruyantes pages d'eau
Cécile Cloutier

Ces noms... ces lieux qui nous habitent!

Ance au Corbeau   Isle au Batteau   Isle aux Deux Testes   Pointe au Chêne   Pointe aux Joncs   Isle aux Cerfs   La Belle Chasse Isle au Chat   Le Chenal Écarté   Pointe aux Herbes   Grande Batture   Ance aux Perches Rigolet des Milles Roches   Pointe du Tonneau Ance au Sable

Voilà des noms tels que je les avais retrouvés sous leurs différentes orthographes au fil de mes lectures. Je les notais en leur accordant une valeur quasi inestimable. Saisissants, ces noms de lieux qui virevoltaient, tournaient sur eux-mêmes et qui m'entraient comme des épines dans la chair. Îles démesurées dans un fleuve errant, maelström même dans la mollesse des anses. Noms détours. Noms sans but. Ils m'interpellaient. Je partageais mon étonnment avec mes interlocuteurs.

***

33

Pointe aux lièvres   Isle aux Citrons   Pointe Mouillée   Point Morandier   Presque Isle Majeure   La grosse Roche   Le grand Campement   Isle aux Renards   Portage Isle aux Galot   Pointe au Pin   Isle à la Barbue   Cabane aux noix   Isle aux Ours Pointe Ste-Marie   Les Mil-Isles

Et déjà et encore, nous les aimions, ces noms tels qu'ils avaient figuré sur les cartes du Saint-Laurent.

***

Les Deux galops   Pointe aux Iroquois   Isle au Diable   Rapide Plat   Grand Sault St. Régis   Isle au Long Sault   La Pointe au Borgne   Fort Levis   Grande Pointe Maligne Isle au Mille Roches   Le Moulinet   Pointe au Baptême   Ance au Gobelest

Rayés? Perdus à jamais? Peut-être pas. Nous avions à leur égard un devoir de mémoire.

Baie à Couiard   Isle Toniata   Fort Présentation-Chouégatchi   Oswegatchie   La Pointe au Mai Isle au raisin   Ance à la Mort   Pointe à la Mort   Isle Cauchois   Le Petit Marais Isle aux Cochons   Isle à la Biche   Le Grand Campement

Encore fallait-il les arracher à l'inconnu, sonder le sens attribué à chacun et les entendre monter dans le fleuve en crue. Se prêter au rêve comme au temps de ses moutons. Et peut-être même voler avec les aigles.

***

Isle aux Chevreuils   La pointe au Fer-à-Cheval
Portage Rapide de la Pointe Maligne   En remontant
Pointe Sainte-Marie   Isle Orakointon   Ance
à la Construction   Isle Magdeleine   Pointe
Mont-Réal   Le Courant Isle Catherine

Oser les saisir entre ses mains comme des éclairs. Qui a dit qu'il suffisait de nommer une chose pour la faire revivre? De l'évoquer pour qu'elle nous appartienne? Comment se réapproprier ce que nous étions il n'y a quand même pas si longtemps... et que nous sommes peut-être encore.

***

Ance au Corbeau   Petit Cataracoui   Pointe
Mouillée   Isles comtesse   Isle à la Biche
Isle à la Forest   Pointe de l'Ivrogne   Rapide
Dangeureux   Long Sault   Isle à la Savatte
Pointe à la Traverse   Trois Chenaux Écartés
Le Rigolet   Pointe à la Construction

Disparus, ces noms? Et si l'on s'en rapprochait comme d'un être aimé ou d'un ami que l'on aurait perdu de vue, que l'on se rappellerait, pincement au cœur, le souvenir – le temps qui nous en sépare –, celui-là même que l'on arrive enfin à saisir, ne serait-ce que quelques secondes, un peu comme l'étoile qui brille de toutes ses forces avant de s'éteindre et qui, ce faisant, enveloppe d'une foudroyante clarté en se désagrégeant l'espace qu'elle occupe.

***

Rapide du Casteau   Isle Pelo   La Pointe à
Colas   Rapide Aux Citrons   Pointe à Cardinal
Rapide Plat   Le Galot   La Golote   Les
Galoos   La Gallette   Le Moulinet   Isle
au Chat   Pointe au Barry

Parfois, il s'agit d'une expression qui ressemble à un cri ou à un appel et qui parvient à nous rendre la présence de l'être aimé, à la manière d'un objet qui lui aurait appartenu, les petites comme les grandes choses ayant infiniment d'importance.

***

Anse au sable   Isle Tonégignon   Isle les Goëlans   Pointe au Gravois   Pointe du Détour Anse des dunes   Pointe de Quinté   Petits Écors   Grands Écors   Petit Détroit   Pointe Ganatoaragoin   Isle à la Cuisse   Pointe aux Chaînes

Précieux, comme un galet qui roule jusqu'à soi. Par-delà l'absence se manifeste cet on ne sait quoi puissamment légué que l'on reconnaîtra beaucoup plus tard même si on n'arrive pas à le nommer sur-le-champ.
On s'y attache intensément!

***

La grosse roche   Isle Tonti   Pointe au Baril Pointe au Diable   Fort de Cataraqui   Fort de la Présentation   Isle aux goélands   Pointe à la Corne

Prononcer ces patronymes que les flancs du fleuve ont vu naître à une lointaine époque entre ses lèvres froncées, quand la nature à l'état brut prenait tout son sens et, farouchement, son savoir.

***

On se retrouve auprès des bouillons comme auprès d'une source qui refuse de s'effondrer. Les eaux calmes ne sont plus. Les mots dont nous étions coupés reviennent à la mesure d'un fleuve qui tangue et les prolonge. Ils ont une âme. Ils nous prennent. Nous voici auprès d'une Pointe.

Pointe Maligne
Pointe Maline
Pointe Maudite
Pointe à la Maudie

Pointe Molène? D'où venait-il ce nom-là?

Ils nous surprennent. S'enroulent.
Sault traînages,
En partance,
De la toile pour enfuilir les morts.

Je dis qu'il est impérieux d'aborder ces noms, de les ameuter s'il le faut, avec toute la fureur de celui qui cherche à se réapproprier ce qui aurait pu être et que le temps lui a volé. Je dis que nous sommes, passionnément, aussi forts que ce que nous avons perdu. Voici la nomenclature d'une autre nécessité. Primordiale comme un cri. Sur ces berges du Haut Saint-Laurent, il y a eu déroutes, souffrances, morts, vengeances, trahisons. Et combien de rendez-vous manqués. Le Haut Saint-Laurent représente, de surcroît, le lieu d'une quête, le lieu d'un accueil dont on n'arrive pas toujours à percevoir l'intensité. Ce n'est qu'après. Il faudra dire avec des mots émus. Des mots qui font frissonner. Des mots avalés qui racontent le voyage. Retrouver la trace de ce qu'ils ont été pour entrer dans ce vertige du fleuve avec courage et compassion – tout ce avec quoi on aurait défendu le territoire comme on aurait défendu un amour à l'état brut.

Gouffre, vortex, tourbillon : *Pointe Maligne.*
Et si nous n'avions pas tout à fait perdu nos noms?
Vivement la poésie.

37

3. *Les mots qui avançaient aussi*

Avant mémoire

J'étais devenue la tzigane à qui l'on demandait de lire dans les lignes des cartes anciennes un passé indéfini. J'avais soulevé la question de la toponymie et, à vrai dire, bousculé les idées préconçues. Jamais ne nous avait-on appris l'existence d'une toponymie française et qu'elle s'avérerait aussi abondante dans ce tronçon du fleuve, depuis le lac Saint-François jusqu'au lac Ontario. Non seulement elle avait été occultée des cartes, mais, de manière plus insidieuse encore, l'avait été de la mémoire collective. Nous avions perdu le souvenir du passage des Français dans la région. Mes yeux reprenaient donc le parcours de ceux-là qui, les tout premiers venus d'au-delà de l'Océan, avaient foulé les lieux. J'avais entraîné dans ma suite des interlocuteurs étonnés. Qui étaient-ils au juste, ceux-là venus du bout du monde? D'accord, les explorateurs. Mais les autres aussi – marins d'*oultre* continent, prêtres, aventuriers, coureurs de bois, marchands de fourrures, *cajeux* – tous ces chercheurs d'une lointaine Asie, mangeurs de feu avant l'heure et tous ceux-là qui, ne sachant pas manier le canot, mais l'ayant appris malgré la peur de l'eau ou du fait qu'ils ne savaient pas nager, s'étaient lancés dans les rapides. Avaient-ils atteint le but de leur quête? Truchements, aventuriers, militaires, missionnaires, engagés ou simples soldats, chacun devait faire preuve d'une audace renouvelée lorsqu'il se mesurait à cette vastitude sauvage autant qu'à ses propres limites. L'aventure avait beau être collective, elle restait éminemment individuelle.

Quels étaient leurs noms? Leur but? Quelle part d'eux-mêmes avaient-ils laissée? Une description? Une lettre envoyée à un être cher? Un témoignage? Y avait-il moyen de rassembler ces écrits, que ce soit relations ou mémoires, en un seul recueil? En fallait-il davantage pour être propulsé dans une quête identitaire? J'avais pressenti un désir plus grand que tout de savoir, de comprendre, voire d'interroger les écrits, en espérant les insérer dans la continuité. Ce n'était pas tant l'Histoire qui m'interpellait, qu'une soif personnelle (et peut-être collective?) d'en récupérer les traces intimes, et même les silences. Des Français, arrachés au temps, nous donnaient rendez-vous. Ils avaient inscrit leur pas. Pour reprendre cette trouvaille d'un historien, n'y avait-il pas eu colonisation sans peuplement[7] et, de par la nomination des lieux ainsi que d'un va-et-vient incessant entre Montréal, la Pointe Maligne et le Fort Frontenac, un engagement?

Fortune de l'histoire

Cartes, récits de voyage, relations, essais, témoignages, mêlés aux contes urbains et autres légendes – il y avait des milliers de pages à me mettre sous la dent. Oui, des milliers. Une imposante bibliographie – livres, manuscrits, tapuscrits, documents d'archives, microfiches, etc. Mais lesquelles retenir et surtout, parmi celles-ci, comment mettre la main sur celles qui concernent le tronçon du fleuve Saint-Laurent depuis le lac Saint-François jusqu'aux Mille-Îles? La toponymie iroquoienne, même éparse, et que l'on retrouvait çà et là sur les cartes anciennes d'avant le XXe siècle, n'y était pas, supplantée par le français; le français par l'anglais. L'anglais lui-même était passé à la moulinette durant la construction de la S*t. Lawrence Seaway*. Rien n'était intact, les lieux n'étant plus comme avant, toutes les bornes déplacées. Il devenait difficile d'en tracer les lignes concrètes et ainsi de les parcourir géographiquement et historiquement. Il y avait des consignes contradictoires.

J'abordais non sans crainte ces textes, ayant peur de m'attarder sur des sujets inappropriés et sur des descriptions qui ne touchaient que moi quand elles me semblaient hors propos. Je me demandais pourquoi il m'incombait de dévoiler ces cartes qui faisaient rêver. J'aurais souhaité que les historiens l'aient fait à ma place. J'aurais apprécié qu'ils me présentent les événements d'avant la Conquête, qu'ils les vulgarisent et qu'ils fassent quelques remarques pertinentes afférentes aux lieux que mes compatriotes et moi-même foulions tous les jours. J'aurais voulu qu'ils nous disent haut et fort que ce grand fleuve, même s'il cesse d'être québécois en amont de Montréal, prend sa source à l'intérieur du continent, dans les Grands Lacs et, ce faisant, qu'ils insistent pour me faire prendre conscience, qu'en haut de Montréal, et par-delà la Conquête, il avait aussi un passé français. Réaction viscérale : je leur en voulais toutes les fois qu'il m'arrivait de tomber sur des cartes troublantes. Non pas que j'aurais désiré les voir ranimer tous les théâtres de guerre ou faire revivre les champs de bataille. Non. Simplement qu'ils nous confirment qu'ils étaient là, les Pouchot et les Picquet au Fort la Présentation, les Radisson et les Bréhant de Galinée aux Îles Toniata ainsi que tous les autres. J'aurais souhaité qu'ils me délivrent de cette démarche. Mais, paradoxalement, je leur

41

étais reconnaissante de ne pas l'avoir fait car ils avaient laissé sur ma route de sublimes questions.

Quand même, il serait vraiment injuste de ma part de prétendre que les historiens n'avaient pas été préoccupés par ces questions. Au fil de mes lectures, je me rendais bien compte que chacun détenait une partie d'un savoir infiniment plus vaste mais que pour une raison inconnue, personne n'en n'avait encore fait la synthèse. Personne n'avait pris soin de présenter, de manière succincte, ces faits au grand public.

***

Où aller? Quelle direction prendre? Peut-être est-ce cela la transmission, c'est-à-dire avoir des idées, des indications, beaucoup d'indices et, malgré l'abondance, se retrouver dans l'obligation de toujours remettre en cause. On ne dira jamais assez la difficulté de se confronter à ce qui a déjà été mais qui, paradoxalement, n'a toujours pas de forme précise. Comment trouver les repères quand le point de départ n'a pas été le même pour tous? Les voyageurs qui sont venus *en Canada* ont entrepris une même traversée, certes, mais la trajectoire intime, elle, a pris un sens individuel. Personne ne chemine de la même manière. Comment interpréter alors, de façon à les remettre sur la même voie et avec une sensibilité propre à chaque époque, ces textes si précieux. Bref, comment se faire complice de ceux qui vinrent et laissèrent un palimpseste – capital d'imaginaire, d'émotion et d'inspiration?

Une dialectique s'installait. Combien de pistes perdues et jamais retrouvées dans le va-et-vient que l'Histoire me proposait. À coups de lectures, bien étrangement, le monde rationnel perdait de son emprise. Il m'arrivait de ressentir profondément l'impact de la trace laissée par Radisson. Ils étaient là ces textes, ces cartes, ces parcours et ces fragments, vibrant hommage à ceux qui les avaient consignés et à ceux qui les avaient accompagnés. Certains détails demeuraient à l'avant-plan alors que d'autres s'éclipsaient. Déstabilisée, je perdais mes repères. J'étais dans le lieu départagé entre le monde des ombres et celui des vivants, parfois aspirée dans l'entre-deux. J'y entrais sur la pointe des pieds loin de me douter que parfois, des circonstances permettent aux deux de se joindre.

Vers quel abysse

Tout ce que l'on rapporte à l'égard des glaces, des terres, des mouillages et des vents est la pure vérité[8].
Bacqueville de la Potherie

Vérité? Vraiment?

Il me fallait à tout prix reprendre la voie tourmentée des anses, des îles et des rives où s'étaient engagés ces héros; retrouver le fleuve et ses remous, même si ce chemin ne menait pas forcément vers la lumière. Il me fallait replacer Pointe Maligne dans sa trajectoire difficile et la route extrême où :

Le froid et le chaud bruslent et gresillent esgalement les souliers auprez du lac onctorio[9] [...]

Je me voyais prolongée dans une acoustique de feuilles – j'ai pensé, celle peut-être des peupliers d'autrefois lorsqu'ils reprenaient inlassablement le même discours et la même musique. Sans oublier le rythme poignant de l'eau.

Je lisais tous ces récits, relations, comptes-rendus, correspondances, missives, abondamment puisés à Bibliothèque et Archives Canada, dans les bibliothèques des universités, dans les centres de documentation des bibliothèques municipales ainsi que des institutions muséales.

J'espérais trouver quelque part dans leurs pages une synthèse. Il n'y en avait pas. Je ratissais large en devenant dépositaire d'autant de témoignages, certains angoissants. L'Histoire devenait bien plus qu'un champ de connaissance, celui de la beauté, là où la nature s'entend. Il restait quelque chose d'inachevé à ce fleuve qu'à mon tour je tentais de remonter. Ontarienne, à la recherche de ses racines tellement confuses depuis la disparition des rapides et de l'eau tels qu'ils avaient été. Ontarienne, à la recherche de l'immense dimension de cette route secondaire, infiniment troublée et dont on avait effacé les rives ainsi que les accidents, les sentiers et les portages.

Comment les faire revivre?

Route à contresens

Comment expliquer que la route du Haut Saint-Laurent soit aussi peu reconnue alors qu'elle figure au cœur même de l'Histoire du continent et, surtout, compte tenu de ses origines françaises? Comment se fait-il qu'il s'agisse d'une route secondaire dans tous les sens du terme? Quelle a été et quelle demeure sa vocation? Quels spectres y convergent encore? Viendraient-ils à ma rencontre?

Fallait-il rappeler que la route principale, la voie que les Français empruntaient pour aller vers les Grands Lacs, n'était pas le Saint-Laurent mais bien la rivière des Outaouais? C'est par celle-ci que Samuel de Champlain se rendit le premier jusqu'au Lac Ontario. Il évitait ainsi de naviguer sur ce qu'il serait convenu d'appeler plus tard l'autre *Rivière des Iroquois*. Pas le Richelieu mais bien la section du fleuve délimitée entre le lac Saint-François et le lac Ontario. Oui, à un moment de l'histoire, cette appellation avait servi à nommer ces deux cours d'eau.

Venaient des textes passages. L'arbre du monde avait servi à la fabrication de feuillets, d'échelles, de tambours, de maisons... et de mes pages blanches.

En solitaire au bout de quelle rive

Il arrive parfois qu'en remontant le fleuve, et, qu'en faisant halte là où il cesse d'être québécois, on ait l'impression que des mondes parallèles coexistent, insistent un moment avant de s'entrecroiser pour se brouiller ensuite. L'œil doute de ce qu'il perçoit. On n'arrive plus à définir le parcours. Mais il reste un chemin à sillonner, des lieux à redécouvrir, un espace à réinterpréter, un Saint-Laurent à aimer. Il reste à réconcilier des pointillés qui ont disparu des cartes modernes et à sonder le soleil comme s'il s'agissait d'un oracle tourbillonnant sur l'eau médusée. Il reste à invoquer le fleuve en observant les quelques arbres centenaires qui le bordent et qui continuent de baigner dans le vent. Il reste à chercher, en toute sincérité et sur la seule foi des eaux, la suite des choses.

Passage tourmenté ou lumineux?

À bien y penser, on sait peu de choses sur les *anonymes*, non pas tous des héros dans le sens propre du terme, mais ces malheureux ou ces valeureux – c'est selon – qui avaient répondu à l'appel de l'Amérique. Même au milieu d'un bataillon, chacun devait affronter le danger en solitaire, sans être rebuté par les obstacles qui se présentaient sur la route et, consciemment, en débusquer les pièges. Nous avons justement un exemple – trois de ces bataillons, lit-on, puis cinq autres qui *monterent le long sault*. Presque en aparté, on ajoute :

> [...] 5 batteaux embarderent [...] Il y eut vn malheureux soldat, qui, après l'auoir bien monté, estant à terre sur la corde de son batteau pour doubler une pointe un peu difficile, se noya[10] [...]

Si par malheur un canot avait dérivé dans les rapides, bien sûr, on lui aurait porté secours, mais jusqu'à un certain point, car survient le moment où personne ne peut plus rien.

> Le 25 dès le matin nous auons décampé et sommes venus au rapide plat que nous auons passé, qui est beau auprès des autres; nous y auons pourtant perdu un soldat qui se noya pour vouloir par trop résister contre le courant, le batteau qu'il tiroit s'estant embardé et n'ayant pas laché la corde comme ses camarades[11].

S'il y avait chute entraînant fractures, entorses, hernies, quelqu'un d'autre devait porter la charge à la place du blessé, chaque instant ne pouvant assurer la sécurité de celui qui suivait.

Malgré ces obstacles, ils avançaient corps et esprit dans ce lieu remarquable : voie de risques maîtrisés, de plaisirs et de déceptions, de potentialités et de tempêtes, de peines ou de joies avortées. En dépit de tout, ils continuaient de remonter et descendre le courant, de franchir des obstacles et de traverser les nuits avec ou sans étoiles. Lieu d'héroïsme d'où ressortent quelques fois des anti-héros, ceux qui sont morts en route ou au combat ou, encore, par noyade ou de maladie. Combien avaient été déçus de l'aventure. Comment ne pas penser au rêve fauché d'un François Picquet lorsqu'il dut quitter le Fort la Présentation (situé à proximité de l'actuelle ville de Prescott) suite aux derniers combats de la Guerre de la Conquête; au jeune Radisson qui, en route vers l'Onondaga (sur les rives du

Lac Ontario), n'arrive plus à maîtriser la peur; à un Fénelon ou à un Trouvé, fondateurs de la mission de Quinté, qui encaissèrent tous les deux beaucoup de déceptions. Et que dire de la malédiction d'un Cavelier de la Salle qui, avec la faute tragique qu'il portait en lui-même avait, dit-on, concouru à son propre échec. N'est-ce pas qu'il aurait bien pu s'inscrire dans la foulée des héros shakespeariens, lui qui relia le Saint-Laurent au grand Mississippi. Route secondaire, route de l'anti-héros dont l'histoire person-nelle témoigne de drames et de rêves irréalisés, qui n'at-teint peut-être pas la terre promise mais fait tout en son pouvoir pour que d'autres puissent y accéder.

Pointe Maligne devenait alors la quête et le moyen ultime de détourner la malédiction. Victorieux ou défait, qu'importait. C'était la route dont on sortait... avec panache!

J'étais à la recherche de celui qui aurait pu être aussi bien un traître, un passant, un fugitif, un frère.

***

À grandes goulées, je me saisissais de toutes les pages et de toutes les mises en scène possibles. Mes pré-férées dépeignaient les rapides et me faisaient prendre conscience de la fragilité des choses. Les textes prove-naient de sources diverses, conservées à des endroits dis-persés, voire inaccessibles. Textes en *françois* d'une autre époque et dont la graphie m'aidait à découvrir l'évolution, voire les nuances et les caprices de la langue. De *ma* langue. Après l'effort de décryptage, il m'arrivait de m'en faire une version toute nouvelle. Je découvrais les lieux par des mots qui suivaient d'autres consignes. Je me savais dans la com-pagnie des ombres.

Car tout se tenait. Ils croient :

Que la vie est un songe, & la mort un réveil, aprés lequel, l'ame voit & connoit la nature & la qualité des choses visibles & invisibles [12].

Lahontan

Ces mots avaient été écrits au XVIIe siècle par cet auteur venu au pays des *Hiroquois*. Avait-il saisi, à l'instar de ses hôtes, la qualité spirituelle de tout ce qui est vivant, y compris la matière et le songe, expression de l'âme et de ses désirs qui permettait de faire le passage entre le visible et l'invisible et qui pouvait aussi présager l'avenir, de même que les aspirations les plus secrètes de celui qui avait rêvé.

L'estrémité du monde

Le questionnement ne pouvait se limiter aux sites engloutis du XXe siècle, ni même à la période «contact» avec les Européens. Bien au contraire, puisque nous étions nous-mêmes à *l'estrémité* du monde. D'autres questions m'avaient été posées qui portaient sur les Iroquois, lesquels avaient si chèrement défendu leur territoire et, ce faisant, avaient terrorisé les Français. On souhaitait qu'il y ait des textes pour aborder la question amérindienne; d'autres pistes auxquelles on n'aurait pas encore eu accès et qui se trouveraient peut-être cachées au cœur des archives. Malgré tout, même en sachant que nous étions confrontés à une tradition orale, on souhaiterait qu'il y ait eu des notes laissées en marge et qui, par miracle, auraient échappé à la vigilance des chercheurs; des témoignages incomplets ou encore des boîtes déposées tout récemment et dont le contenu aborderait d'un point de vue différent la mythologie ou la spécificité des Premières Nations de la région. On voudrait le point de vue qui permettrait de dépasser les idées reçues, les clichés. Pour reprendre les paroles de Myra Cree, «[ses] ancêtres n'avaient pas bouffé tous les missionnaires[13]»! La commande était lourde. Impossible, dis-je à mes interlocuteurs, car même si je mettais la main sur un tel trésor, il faut absolument que son dépouillement nous vienne des Iroquoiens[14] eux-mêmes. Peut-être qu'un jour nous serons réellement prêts à l'accueillir. Un jour peut-être, et le cas échéant, ils nous feront suffisamment confiance pour partager leur propre vision. Encore faudra-t-il que, de notre part, nous ayons l'ouverture d'esprit pour comprendre le sens d'une harangue, la poésie d'un palabre, la parole sacrée dans l'échange d'un wampum, la subtilité dans une négociation quelle qu'elle soit, la grâce de l'écoute et l'intuition qu'il faut pour en arriver à une entente vraie. Plus que jamais nous devons laisser aux Premières Nations le temps de mûrir aussi longtemps qu'il leur faudra ces secrets avant de demander qu'ils les partagent avec nous.

***

Je dois me rêver moi-même autre que je suis. Je parle une langue maternelle dans mes rêves. Je parle aussi le français et l'anglais. Il y a trois visions dans ce pays[15].

Myra Cree

Mais le mohawk ne se parle presque plus[16]. L'écrit doit donc se substituer à la mémoire vive quand la langue même est menacée. Ce qui équivaut à dire que, faute d'être entretenus vivants, les mythes, croyances et légendes risquent de s'atrophier aussi irrévocablement que l'eau douce et les grands espaces que nous avions disputés à ces Premières Nations. Comment remonter le temps jusqu'aux sources de la vie? Car les légendes sont pour être entretenues vivantes et maintenues dans une mémoire plus précieuse que celle des livres, des documents d'archives, des comptes-rendus et des analyses qui n'en finissent plus quand ils veulent se saisir de l'insaisissable. Les Iroquoiens de la région du Saint-Laurent ou encore du nord de l'état de New York seraient-ils parmi les derniers à soutenir l'imaginaire lié au fleuve en ne nous laissant pas pénétrer dans leur territoire psychique. Ils n'ont pas encore consigné le «bout du monde». De cela, j'en ai la certitude.

Ka'nikonriio

Ils jeunent tousjours sans boire ny manger jusqu'à ce qu'ils ayent rêvé[17].

Nicolas Perrot

Tout comme Lahontan, Nicolas Perrot avait compris l'importance du rêve chez les Iroquoiens. Et, faut-il rappeler qu'entre la Pointe Maligne et le lac Ontario, nous étions en plein dans leur territoire? Pour les Iroquoiens, le rêve était une manière d'accéder à une autre dimension, soit celle de l'âme qui se révélerait en exprimant ce qui lui manquait. Bien avant Jung ou Freud, les Iroquoiens avaient accordé une importance primordiale aux rêves. Ils les craignaient autant qu'ils les convoitaient. Le rêve pouvait être à la limite dangereux et accompagné d'une immense appréhension : celle de se savoir perdu à jamais. On redoutait que, durant le sommeil, l'âme puisse se détacher du corps sans possibilité de retour. Voilà ce qui pouvait glacer le sang, car, en outre, on craignait que d'autres esprits ou entités puissent entre-temps s'approprier l'enveloppe charnelle du rêveur. Subsistait donc la hantise d'errer à l'infini dans le monde des spectres sans jamais avoir la possibilité de se réapproprier son corps et de se retrouver parmi les siens. Mais, malgré ce fait, on souhaitait le rêve, car il était aussi source de connaissance, le rêveur pouvant accéder à l'expérience mystique. Le rêve n'était pas sans rappeler le pouvoir de certains rituels religieux.

Tout cela, on pouvait le repérer dans des comptes-rendus portant sur le Haut Saint-Laurent.

Parler du rêve, c'était encore y être, ici même sur ses berges.

Et rester fidèle au silence. À l'immense inquiétude.

Écoute : tu crois conoitre la terre & tu ne la connois pas : elle est bien plus grande que tu ne penses : tu en habites une partie que tu ne connois qu'inparfaitement.

[...] Ce que tu connois de la terre n'est preque rien, en comparaison de ce que tu en ignores[18] [...]
                    Apocalypse de Chiokoyhikoy

D'où venons-nous?

Ainsi mon vœu : dire la beauté blessée de ce fleuve immense et de la ville qu'il avait accueillie, mais qui n'a pas cru bon de retenir son nom d'origine. *Pointe Maligne*, ou Cornwall, ma ville natale, me faisait donc retourner aux sources.

J'observais le fleuve en lui laissant reprendre un peu de sa verticalité.

Mais bien malgré moi revenait sans cesse l'histoire de la *Seaway* et autant de souvenirs imprécis rattachés à l'enfance qui, pour moi, s'était déroulée en ces lieux où sur toutes les lèvres il n'y avait qu'un seul propos – la Voie Maritime, tout autre sujet étant éclipsé. La vie entière s'articulait autour des grands travaux : accueil des ouvriers, ingénieurs, de visiteurs et de manœuvres. Branle-bas de combat quotidien entourant le creusage du chenal. Les dragueurs, ces étranges bateaux qui faisaient du surplace, étaient omniprésents. Comme tant d'autres, j'aurais tellement souhaité qu'ils déguerpissent. Ils nous bloquaient la vue et modifiaient les trajets de passages familiers. Comment rappeler la destruction des rapides du Long Sault – leur assèchement surtout, qui avait ébranlé toute la population. Comment effacer ce spectacle désolant d'une eau vive qui ne coulerait jamais plus? Comment ignorer le désarroi dans les yeux des aînés. Comment les consoler d'un village que l'on vide, de son démantèlement et de sa destruction, des exhumations dans les cimetières. Comment oublier le convoi de maisons sur l'ancienne route numéro Deux et faire fi de détails apparemment sans importance parce que personne n'avait encore pris soin de les consigner. Qui n'a pas souvenir de ces arbres centenaires, prématurément fauchés. On avait invité la population à prendre tout le bois qu'il lui fallait étant donné qu'il ne pourrait plus servir à quoi que ce soit. Parce que jugées trop difficiles à arracher, seules les souches se verraient englouties. Les arbres centenaires serviraient donc à la fabrication de meubles, de balançoires, de jouets et autres objets d'usage quotidien ou, encore, de combustible. On construisit des écluses de retenue que les ingénieurs anglophones appelèrent *coffer dams* mais qui, pour nous francophones, étaient devenues par détournement du langage, *copper dams*. Était-ce vraiment par faute de langage qu'elles avaient pris cette appellation ou en raison de l'apparence parfois cuivrée de celles-ci?

Quoi qu'il en soit, bien antérieur à ce monde, et bien plus mystérieux encore, demeurait l'intuition d'un autre univers. Avant ce monde englouti, un autre monde avait également disparu. Comme tant d'autres, il me fallait aller plus loin en vertu de ce qui restait caché sous la surface. Comme pour tant de gens, le fleuve m'était resté collé à la peau. J'avais du bleu dans la gorge, un bleu qui me raccrochait à l'inexprimable.

Sans chemin ny route

[...] on passa le grand Sault, passage effroyable, où ces bouillons au milieu de la rivière sautent de 12 à 15 pieds de haut[19].

Une autre question encore concernait l'histoire naturelle. Mes interlocuteurs me demandaient si quelqu'un n'avait pas conservé une filmographie, des photos, des instantanés, des montages ou même quelques dessins de ces rapides. Quelqu'un avait-il pris soin de filmer, à des fins d'archives, ces lieux sauvages – les rapides – avant qu'ils ne disparaissent? Combien de photos – outre les mêmes sempiternelles que l'on montrait – avaient été prises au cours des années cinquante? On les retrouvait à la une des quotidiens d'alors, et aujourd'hui dans les livres et sur Internet. En existait-il d'autres? Avait-on filmé le Long Sault et les autres rapides en amont – le Rapide Farran, le Plat, les Galops – bref, tout ce qu'avait été le fleuve avant d'être *harnaché*?

***

Où étaient passés les canaux d'antan? Le canal de Cornwall et de Williamsburg, nom collectif des trois canaux réunis de Farran's Point, du Rapide Plat et d'Iroquois-Galop? Évidemment qu'il en reste quelques vestiges, mais si peu depuis qu'au fil du temps on continue de les remblayer. N'empêche que plusieurs se souvenaient de la vie qui s'articulait autour de ceux-ci. On se rappelait la frénésie du temps des bateaux de marchandises accostés dans le canal de Cornwall et du va-et-vient incessant que leur présence suscitait au gré des saisons. Même fragmenté, durait dans les mémoires le souvenir d'embarcations, de canaliers, de lacquiers, de *Durham Boats* – tout ce qui avait circulé sur les canaux, les lacs et les rivières. Toute cette batellerie à elle seule réveillait le désir d'un grand départ qui depuis lors n'était plus possible. Une question encore : pourquoi n'avait-on pas pensé à ériger un musée de la Voie Maritime pour qu'il évoque et inscrive dans le temps ces épisodes de l'histoire de la navigation.

4. *Don de l'abîme et muraille d'eau*

Le bon endroit n'est pas toujours le bon moment
... et je récitais des îles[20].

Pierre Perrault

Et, à mon tour, à l'instar de Pierre Perrault, je récitais des

... « litanies »
de Pointes

Pointe au Baptême
Pointe au Borgne
Pointe du Tonneau
Pointe Sainte-Marie
Pointe Mont-Réal
Pointe Mouillée

Qui vous a nommées... même à demi-mot?
Où retrouver l'acte de baptême. On sait si peu.

Pointe de l'Ivrogne
Pointe à la Traverse

55

Pointe à Colas
Pointe au Gravois
Pointe du Détour
Pointe Ganatoaragoin
Pointe au Baril
Pointe au Diable

Dans ce rituel de bleu, quelle était la part de mythe?

Pointe Maligne
Pointe Maline
Pointe Maudite
Pointe à la Maudie

Pointe Molène

Vers quel silence?

***

Pointe à la Morandière
Pointe au Cardinal
Pointe du Détour
Pointe de Quinté
Pointe aux Chaînes
Pointes des Couis

Que s'est-il passé? Là.

Pointe Mouillée
Pointe à la Corne
Pointe au Chêne
Pointe aux Joncs
Pointe aux Herbes
Pointe aux lièvres
Pointe aux Foins
Pointe au Pin

Qu'êtes-vous devenues?

Pointe aux Iroquois
Pointe au Mai
Pointe à la Mort
Pointe au Fer-à-Cheval
Pointe au Barry

De toute importance
Troublant les eaux

Litanies d'Ances

Ance au Corbeau
Ance aux Perches
Ance à la Mort
Ance à la Construction
Ance au sable
Ance au Gobelest
Ance des dunes
Baie à Couiard

Protégez-nous des tempêtes

Litanies d'*Isles*

J'avais les miennes en propre

Isle aux Citrons
Presque Isle Majeure
Isle aux Galot
Isle Magdeleine
Isles comtesse

Isle à la Forest
Isle au raisin
Isle Cauchois

Les Mil-Isles

Îles valsant au gré du fleuve
Collées-serrées
Qui se ressemblent
Et se reconnaissent

Isle au Diable
Isle au Long Sault
Isle au Mille Roches
Isle Piquet
Isles Toniata

Qui donnent refuge

Isle aux Cochons
Isle à la Biche
Isle aux Chevreuils
Isle à la Barbue
Isle aux Ours
Isle aux Renards
Isle les Goëlans
Isle aux oiseaux

Sauvages...
En haut vol sous nos doigts

Isle Orakointon
Isle à la Savatte
Isle Tonégignon
Isle à la Cuisse
Isle Pelo

Isle au Massacre
Isle à l'Enfant perdu

Elles se lamentent
Révélées

Puis, l'évocation des campements

Petits Écors
Grands Écors
Petit Détroit
Portage
Cabane aux noix
Fort Levi
Fort Présentation-Chouégatchi
Oswegatchie
La Grosse Roche
Le Petit Marais
Petit Cataracoui

> *Portage*
> *Le Grand Campement*
> *Le Courant Sainte-Marie*

Et, l'invocation aux rapides

Les deux Galops
Le Petit Détroit
Rigolet des Milles Roches
Long Sault

Votre insatiable chevauchée
Racée, urgente

Le Galot La Golote
Les Galoos La Gallette
Le Moulinet rapide
Rapide du Casteau
Rapide Aux Citrons
Rapide Plat

> *Grand Sault St. Régis*
> *Rapide de la Pointe Maligne*
> *En remontant*
> *Pointe Mouillée*
> *Le Courant*
> *Rapide Dangeureux*
> *Trois Chenaux Écartés*

> Infiniment
> Grave
> En plein ciel
> L'eau rapide
> Qui ne sait ni s'arrêter ni attendre

***

À la mesure d'une passion,

L'eau des rumeurs.

Porte d'entrée
Gonflée comme les premiers pas de Neil Armstrong
sur la lune.

Et l'on voudrait aussi l'innocence?

II

LE PREMIER LIEU

Me reconnoissant à peine moi-même,
je ne sais plus où fixer mes pensées [1] *[...]*
Apocalypse de Chiokoyhikoy

5. *De plus* oultre *une troublante histoire d'eau*

L'eau, Neptune, naïades, quelques sirènes en rut et le cours du fleuve en apesanteur. Les flèches, les convois *chargés vivement*, les *François tués* et les sacs *remplis de chevelures* m'entraînent ailleurs, au point d'en arriver à croire, ainsi que je l'avais lu dans des textes sur les Amérindiens, que je serais à mon tour parcourue de songes et de *rêves* qui *m'obligeraient à faire le grand voyage*. Il s'en dégageait un sentiment ténébreux que je n'arrivais pas à identifier et qui m'incitait à tout abandonner. Il m'obligeait au silence alors que tout en moi éclatait. Il me semblait parfois que des forces invisibles, et surtout conjuguées, faisaient en sorte que je n'avançais plus. Je restais collée à des souvenirs d'enfance que là encore, je n'arrivais pas tout à fait à identifier. J'avais vu les rapides et je pouvais, jusqu'à un certain point, témoigner de l'effet que leur disparition avait eu sur mon entourage. Mais, même chargés d'autant d'émotion, les mots ne me semblaient ni justes ni appropriés pour décrire l'intensité ressentie par la plupart. J'aurais tant voulu les mots de l'abandon et, paradoxalement, ceux de la légèreté. Ils ne venaient pas... et je laissais tomber. Or, au moment où j'abandonnais le projet, d'autres forces intervenaient pour que je continue encore, même à contre-courant. Je croyais m'être éloignée du fleuve alors qu'au fond, par-delà l'absence, je m'en rapprochais.

***

Sous le soleil, les rapides en moins, me revenait cette sensation fuyante d'un texte qui, curieusement, à mesure qu'il m'échappait, reprenait un rythme qui lui était propre. Le Saint-Laurent arborait tout son sens. Est-ce pour cette raison que, très souvent, avant d'aborder une séance d'écriture, je la souhaitais terminée puisqu'elle m'entraînait dans des zones sombres et une direction que je ne pouvais jamais prévoir. Je n'en maîtrisais en rien la temporalité. J'avançais dans le passé des explorateurs, des missionnaires et des coureurs des bois en soutenant un texte qui se présentait de façon si peu linéaire qu'il en devenait désorganisé. Sa facture me désarçonnait et jaillissait d'ailleurs.

Dans ma prise de conscience, plus rien ne s'apparentait à rien.

Depuis au moins une vingtaine d'années, je suivais le fil de l'eau en revenant dans cette région tous les étés. Je parcourais obstinément les rives du fleuve, tant du côté canadien qu'américain et, ce faisant, me laissais prendre à son discours. Il avait tout, ce fleuve. Des siècles se superposaient. J'apprenais à écouter ce qu'il avait à me dire. Un autre *moi* l'observait que je m'étais refusé de voir jusqu'à ce jour. Dédoublée. Le fleuve passait par ma conscience.

Et maintenant.

Le lieu m'écorche, voilà.

D'après *Le Fleuve Saint-Laurent, representé plus en détail que dans l'étendue de la carte [1755]*, par Chaussegros de Lery, Gaspard Joseph[;] D'Anville, J.B.B. Bibliothèque et Archives Canada, NMC 25348 (Réf. complète à la fin de la table des matières.)

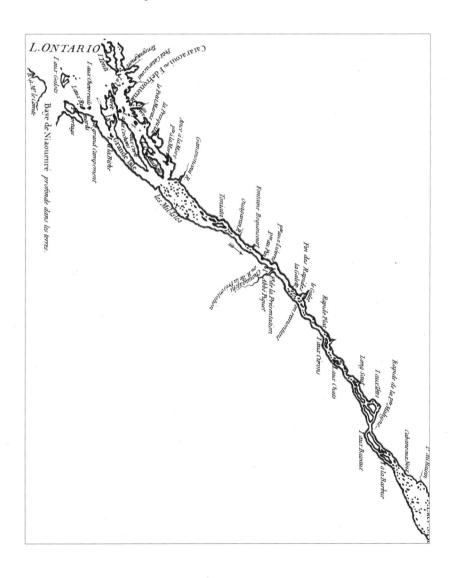

67

Gros plan de la carte de la page précédente

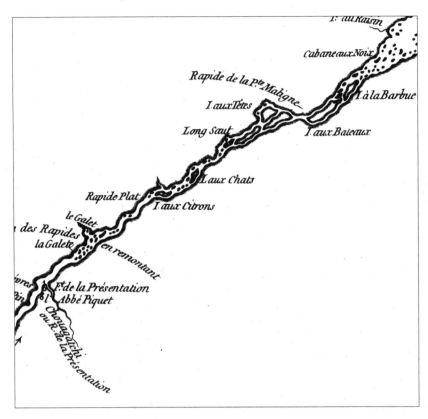

Saults traisnages
Portages
Barrages

Mont Réal[2]
Le fleuve...
Je l'aime ce Haut Saint-Laurent, mais d'instinct, je ne puis faire autrement que de me projeter en aval, vers cet autre fleuve – à partir de Montréal – là où l'on retrouve à loisir des descriptions, des poésies et des hymnes à l'amour écrits pour lui seul.

Je me suis toujours demandé pourquoi en amont, il était absent de presque tous les textes et discours, comme si, au-delà de Montréal le fleuve cessait d'exister. Pourquoi cette omission? Parce qu'à cet endroit le fleuve baigne l'Ontario? Parce qu'à son origine, le fleuve n'est pas québécois? Parce qu'il est ontarien de naissance? Et j'en arrivais au constat pour moi insoutenable : ce n'est qu'à Montréal que le Saint-Laurent devient mythique.

J'entrais donc dans le mystère du fleuve par la douleur et non par la nostalgie.

Dès lors, je me suis posé la question de savoir si cette exclusion ne pouvait pas relever d'autres motifs que ceux de la géographie ou de l'histoire.

Il y avait peut-être une autre raison, tout aussi bouleversante, qui venait entièrement cette fois de l'intervention humaine : à Montréal, le fleuve n'a plus d'entrave à sa poésie. Plus explicitement, il n'y a plus de barrage pour en restreindre le flot, comme à Beauharnois ou à Cornwall. Plus d'obstacles, plus de restrictions. Il vit sa vie de fleuve comme autrefois, et tout à fait! Il conserve intacte la fluidité de son histoire, la beauté de ses noms. L'impact de sa mythologie va grandissant ainsi que les élans fondateurs jusqu'à l'estuaire. On n'en a pas modifié fondamentalement la physionomie.

Je me suis demandé si, inconsciemment, elle ne relèverait pas de là la raison pour laquelle, exception faite de quelques rares ouvrages souvent érudits, les textes portant sur le fleuve commencent à partir d'un point précis – Montréal – et que l'on n'a pas intégré à l'ensemble le tronçon ontarien jusqu'aux Mille Îles. Que cette omission est due aux barrages et aux centrales hydroélectriques qui empêchent l'eau de s'écouler librement – obstacles dans la psyché du fleuve et, à la limite, dans celle des gens puisqu'il est impossible d'aller sans contrariété en son *dassein* sauvage. Depuis cette intervention, le fleuve cesse d'être fleuve. N'est plus *naturel*. Voilà pourquoi on en aurait occulté la route secondaire menant au Jardin du Grand Esprit.

Cependant la réflexion m'entraînait plus loin. Le Québec pourrait-il jamais accéder à la pleine connaissance de son fleuve s'il ne reconnaissait la part d'ombre qui lui avait échappé? Ne fallait-il pas qu'il prenne conscience psychiquement et collectivement de ce qu'il avait perdu : une part de son fleuve tant aimé – ses patronymes, ses cartes désuètes, son histoire, ses légendes et sa mythologie? Qu'il aille jusqu'au lac Ontario pour faire le deuil de ce qui aurait pu être; qu'il s'y confronte pour renaître autrement? Qu'il entre dans le mystère de l'eau, l'intensité et le condensé d'une route dont la palette s'inspire d'un bleu rougi, tranché de sang et de mercure? Qu'il redevienne pèlerin à la manière de ceux qui vont à Saint-Jacques de Compostelle même s'ils n'ont plus la foi? Le fleuve donne rendez-vous. Par amour et fidélité pour lui, ne faudrait-il pas voir ce qu'il traîne dans son ventre et ce que le temps y a fixé? Ne faudrait-il pas partir en quête de ce à quoi on a tourné le dos? Pour entendre l'harmonique fondamentale sur laquelle se fonde l'accord tout entier.

***

A-t-on a oublié qu'autrefois le fleuve se déchirait en amont?

Imaginez vous, Monsieur, qu'en l'espace de vingt lieües le long du Fleuve, la rapidité de ses eaux est si violente, qu'on n'oseroit éloigner le Canot de quatre pas du rivage [3].

Lahontan

Voilà ce qu'on en disait. Le fleuve sauvage s'avérait difficile à manoeuvrer et objet de craintes on ne peut plus fondées. C'est ce que je retrouvais dans des récits oubliés, y compris ceux où l'on racontait ces moments redoutables longtemps après le passage. Le fleuve était de pièges, d'instants de déroute et d'aventure. Et peut-être aussi la voie initiatique. Je me suis demandé si elle ne le demeurerait pas, même à notre insu, et même si l'entreprise humaine en avait effacé le cours originel.

***

Des barrages tranchent le fleuve. Il y aura toujours des barrages, c'est sûr. En fait, s'il y avait eu quatre-vingts autres rapides, ils auraient tous été aménagés. Seuls ceux de *La Chine*, au Québec, ont été épargnés. Je les lui envie. Dès lors, comment ne pas prendre conscience, encore et plus que jamais, qu'un barrage, quel qu'il soit, exerce une influence bien au-delà du lieu qui en reste défiguré. Il laisse des traces dans la psyché du paysage et, à la limite, dans la psyché de tous les gens qui habitent le long du cours d'eau, y compris en aval. On a beau dire, les barrages brouillent la mémoire des eaux. En abolissent la force vitale. L'élan d'une eau ainsi contenue ne l'est pas impunément, son *à venir* même étant perturbé. Les eaux retenues donnent de l'hydroélectricité, oui, mais il y a des conséquences profondes, et ce pendant des années, voire des décennies, barrage sur barrage puisque la nature, elle, n'oublie rien. Elle se reprend autrement. Une évidence écologique.

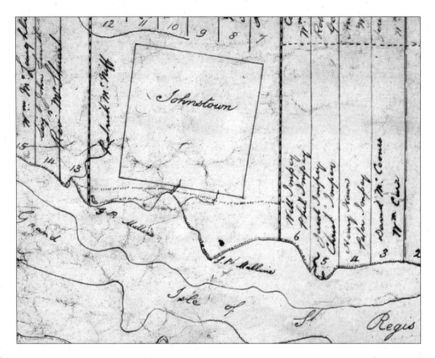

Cartes de Pointe Maligne

Ci-haut (détail), *A plan of part of the new settlements on the north
bank of the Smith [south] west branch of the St. Lawrence River [...]
by Patrick McNiff. November the 1st 1786.*
Bibliothèque et Archives Canada, NMC 21346 (5 Sect)
(Réf. complète à la fin de la table des matières.)

Page ci-contre (vue d'ensemble et détail), *Town of Cornwall,
Partial Eastern District, 1834*
Source : Ontario Ministry of Natural Resources
Copyright: 1834 Queens Printer Ontario
Bibliothèque et Archives Canada, NMC 3785
(Réf. complète à la fin de la table des matières.)
Original propriété de Ontario Department of Lands and Forests.

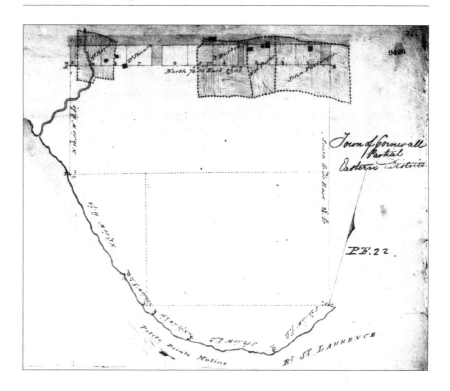

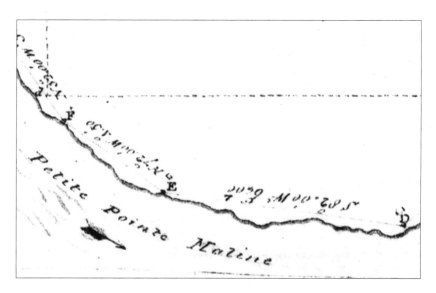

Mystérieuse complexité

En boucle venaient des nouvelles bouleversantes, de scandales à répétition, de jeunes vies violées dans la région de cette Pointe Maligne, aussi vallée de détresse. Les scandales sexuels des années soixante et au-delà portaient ombrage à la région de Cornwall tout entière. Était-ce là une suite à sa malédiction? Sa dureté. Sa laideur. *Pointe Maudite*? Aussi, me suis-je demandé s'il était opportun, à ce moment précis, de soulever un autre voile sur ce qu'avait été ce lieu. Pourtant, n'était-il pas essentiel de le faire? Qui en dirait la beauté? *Pointe Maligne* était un carrefour et, à la limite, le demeure encore. Elle se situe à la croisée des chemins. Il suffit de traverser le pont, et voilà les États-Unis. En outre, l'île de Cornwall chevauche un territoire autochtone, deux pays, un état et une province. Existe-t-il ailleurs un pendant où l'on retrouve de façon aussi resserrée des territoires amérindien, canadien, américain, québécois, ontarien? *Pointe Maligne* demeure au confluent de tous ces courants.

Elle rassemble ce qu'on n'arrive pas à dire. Donne rendez-vous.

Je devenais particulièrement troublée par ma participation à sa vie et du fait qu'il me fallait la cueillir, quel que soit l'endroit où elle se trouvait. Je constatais une autre détresse, bien personnelle cette fois : les mots me faisaient cruellement défaut. Non seulement me fallait-il déchiffrer un contenu à partir de lieux complètement modifiés, de rapides disparus et d'une documentation éparse, mais, craignais-je plus que tout, que l'on ne me pardonne pas de rouvrir des chemins sans avenir. Il me manquait ces mots pour nommer ce qui demeurait fuyant et pour dire avec précision les arbres, les îles, les repères, les lieux, les champs que personne ne reconnaissait et qu'il m'aurait fallu nommer aussi bien en iroquoien qu'en *françois* de plusieurs époques. Sans compter, qu'à ce mélange de français, il m'aurait fallu fusionner un anglais mi-britannique, mi-américain. Bien sûr, parce qu'au-delà du pont de Cornwall, il y a les États-Unis. La langue me manquait qui m'aurait aidée à comprendre l'essence première des choses. Je craignais la suite autant que les marins avaient pu craindre l'abysse ou, à la limite, les âmes des naufragés. Vraiment, les mots appelaient les spectres. Je percevais en ceux-ci les expressions oubliées : *jusqu'astheure*, la *partance* d'un vaisseau, qui *ne menait plus de bruit*. J'embarquais, je *débarquais*, je *décampais*, je *leur envoyais dire... à cause que*. Il y avait en même temps que la *cherté des choses*, beaucoup de *désagrémens*, tant de projets inachevés, tant de rêves qui n'ont plus cours. Il y avait la tristesse, l'absence de projet, l'ennui que je retrouvais dans ma ville natale : un malaise qu'on ne peut expliquer mais que l'on ressent dans cette région. Il aurait fallu des mots pour exprimer à la fois la présence et l'absence. Tant de fantômes rôdaient encore. Plus je m'approchais d'une chose, plus elle semblait s'éloigner à la manière d'un horizon qui se dérobe mais qui, en se déversant un peu plus loin, prenait la forme d'une autre courbe, d'autant inaccessible.

J'observais ce qui était de l'ordre de l'intangible qu'il me fallait rendre sensible.

Que cherches-tu? (Partic I)

Où aller?
Par où commencer?
Où m'arrêter?

6. *Qui n'a pas connu le naufrage?*
Pointe Maligne

Qui d'entre nous?

Or comme le Canada n'est qu'une forêt, comme je
vous l'ai expliqué, il est impossible d'y voyager sans
tomber d'embuscade en embuscade, & particulierement sur les bords de ce Fleuve, où les arbres épais
n'en permettent point l'accez[4].

Autrefois boisée, *Pointe Maligne*! On la retrouve là,
entre le Lac Saint-François et le commencement des rapides.
C'est elle qui les relie. Elle se situe précisément dans le
district de Cornwall, à la croisée des chemins. Mais qui
donc lui avait initialement attribué ce nom funeste ou par
après ses variantes : *Pointe Maudite, Pointe Maudie* ou
encore *Pointe Molène, Pointe Maline, Petite Pointe Maline,
Grande Pointe Maline*, sans oublier les appellations sur
des cartes plus récentes, soit *Johnstown*, puis Cornwall?
On retrouve ces appellations sur les cartes de Jacques-
Nicolas Bellin (1757), Jean Dehayes (1715), D'Anville
(1688), (1755), Pierre Pouchot (1758). Or l'identité première

aussi bien que l'officiant du nom demeure mystérieuse. Rien dans les écrits, du moins à ce que je sache, qui puisse nous donner les circonstances dans lesquelles on l'avait attribué. Pourquoi *Pointe Maligne* – d'autres rivières et passages portaient aussi ce nom, que ce soit en Louisiane, au Québec, dans le nord de l'Ontario ou en Acadie. Était-ce en raison de la difficulté du passage ou y avait-il eu d'autres motifs, par exemple, qui auraient pu être associés à un massacre? *Pointe Maligne* : était-ce le chemin difficile ou un parcours intrinsèquement de malédiction? Craignait-on ces rapides qui en amont pouvaient se soulever en sanglots? Ou l'ennemi juré, les Iroquois?

Bien difficile à dire.

Était-ce l'œuvre d'un cartographe, d'un poète ou d'un sorcier? Qui avait nommé ce lieu, magnifiquement trouble; la route fondue qui semblait s'intégrer à un mouvement universel? À quelle quête l'associer : celle de l'eau, la *douceur dans l'amertume*, ou la force refoulée d'un credo par lequel le monde continuait d'exister?

D'autres étés m'entraîneraient sur ses rives.

Dulcedinem in forti – la douceur dans l'amertume[5].

***

On l'avait traversée en maintes circonstances cette Pointe. Matin de grisaille, jours de pluie, temps maussade lorsque l'horizon n'est plus visible. Jours de grand vent où rien n'avançait plus ainsi que les jours où le temps *paroissoit le plus beau du monde*. Je lisais :

> Le 14, très mauvais tems. A midi le vent mollit, les guides nous fesant espérer qu'il changeroit, nous nous embarquâmes à une heure et traversâmes le lac Saint-François sans nous reposer, craignans d'être forcés de relâcher dans quelqu'autre isle et d'y mourir de faim[6].
>
> Maurès de Malartic

Ou encore, la marche qui ne s'apparentait en rien aux horaires prévus.

> Apres avoir mangé et reposé quelques heures, on se remit en marche et on resolut de prendre le costé du Sud, le dessein estant daller camper audessus du long Saut, et de traverser le ce coste la a trois quarts de lieue audessous, mais la pluye qui survint obligea Mr le Comte de Frontenac de faire terrir toutes les escadres du coté du Nord alendroit ou lon devoit faire la traverse[7] [...]

Pourrait-on s'imaginer aujourd'hui que sous la force glauque de l'eau se cachait autrefois le tumulte?

> Le 5 [Juillet] yayant apparence de pluye On se contenta de faire partir les bateaux ala pointe du jour pour leur faire passer le rapide du long Saut. Et lordre fut envoyé aux escadres qui etoient au Nord de ne point faire la traverse que le temps ne fut assuré[8] [...]

Qu'auraient pensé ces voyageurs des nouvelles rives du fleuve et du barrage planté en contrebas; en son centre, de l'obstacle retenant son rythme, sa force, ses débordements, ses ondulations particulières? Auraient-ils reconnu l'odeur distincte de ses grèves, les bulles d'air où pétillent quelques poissons, les lieux humides, la terre, et même des herbes et des feuilles en décomposition?

Hier, les ours, les belettes, les loups-cerviers, les chevreuils, les orignaux. Aujourd'hui, les tortues, les grenouilles, les cigales et les crapauds... mutilés. Clairsemés.

Hier, peine à avancer. Il fallait haler les canots, les transborder. Portager. On ne savait plus s'ils allaient, s'ils tournaient, s'ils venaient. Aujourd'hui les bateaux de plaisance qui circulent indifférents. Hier, la pulsion d'un courant. Aujourd'hui, les dénivellations imperceptibles à œil nu.

Pointe Maligne demeurait le centre d'un parcours.

***

Radisson et tant d'autres venaient à ma rencontre en réveillant d'anciennes trajectoires.

J'avançai dans le monde des spectres. Ils y sont toujours.

M'étais-je créé trop d'attentes?

Que cherches-tu? (Partie II)

Qu'avait donc été cette route inhospitalière, celle-là qu'on nous décrivait semée d'obstacles et d'incertitudes?

Je me souviens d'avoir cherché, sous un soleil de plomb, la *Petite Pointe Maligne*. (Voir carte, p. 72-73). Je voulais l'associer à un lieu précis sur une vieille carte, espérant qu'elle soit encore valable. Un zigzag m'indiquait là où je pourrais peut-être la retrouver, c'est-à-dire juste au bas de la rue Alice... ou était-ce Marlborough? Bien difficile à déterminer, car il y avait eu rupture et personne non plus n'en avait revendiqué la vieille nomenclature. J'avais l'impression de parcourir centimètre par centimètre un cimetière sans marqueur ni point de repère, à la recherche d'une sépulture qui aurait été celle d'un quelconque ancêtre dont je ne connaissais que le nom. Bref, rien de bien précis. Les anciens canaux avaient été remblayés. Le présent n'avait plus de mesure avec le passé de mes cartes désuètes. L'histoire moderne ignorait tout des états antérieurs de la route. C'était, comment dire... un peu comme découvrir sur le tard qui l'on est. Qui n'a pas connu la surprise d'apprendre qu'il portait un deuxième ou un troisième nom dont il ignorait l'existence et qu'il n'a remarqué qu'ultérieurement sur un baptistaire, un acte d'état civil, un certificat de naissance? Qui n'a pas été étonné, à un moment donné, d'apprendre que ses ancêtres portaient un autre patronyme? Suffit-il d'évoquer les *dit le* ou le *dit de* ou *dit des* de nos arbres généalogiques? Quelle est donc cette identité, ce code génétique, cet ADN bien à soi que l'on ignorait tout en l'ayant porté depuis le premier jour de sa vie, sans le savoir? Un secret, y compris de soi-même, sans se douter de l'impact qu'il avait sur sa personnalité tout entière puisqu'il cheminait dans l'inconscient.

Par où commencer?

Ce jour-là, plus de bateaux, ni cris de marins, ni *parlers* étranges, ni pause tabac, ni ramage d'oiseaux, ni *chui chui* du vent dans les feuillages des arbres. Au bas de la rue Marlborough, non, aucun vestige de la *Petite Pointe Maligne*. Quelques enfants s'aventuraient à un jeu affolant auquel d'autres enfants s'étaient adonnés avant eux et que d'autres imiteraient par la suite. À cet endroit, la Voie Maritime ne passait pas du côté canadien, soit. Il restait tout de même quelques infrastructures, dont des tronçons du canal de Cornwall où les enfants s'en donnaient à cœur joie. Le rebord du canal leur servait de tour de plongeon et de haut tremplin. Ils incarnaient les Émilie Heymans et Alexandre Despatie narguant le danger. Ils plongeaient allègrement, tête première dans ce qui restait du canal avant qu'il se jette dans un bras du fleuve. Ils m'incitaient à les photographier, eux bien vivants, plutôt que de chercher des vestiges obscurs, à leurs yeux sûrement bien inutiles. Savaient-ils à quel point ils ajoutaient un prix infiniment précieux à ce *Brewers Park*, autrefois le parc *Dollard*? Moi, éberluée, j'essayais de délimiter un territoire qui n'en était pas un. "*What are you looking for?*" m'avaient-ils demandé. "*I'll dive for you.*" Ou avaient-ils dit "*I'll die for you.*" À distance, je n'avais su le dire. «Prenez donc ma photo; voyez, je fais pour vous le grand plongeon.» Loin d'être dans la nostalgie, Pointe Maligne devenait d'actualité, un lieu d'épreuve et de passion. Ces enfants qui fendaient l'eau de toute leur légèreté n'avaient qu'un seul désir : me séduire en me laissant bouche bée sur la grève et à vivre par procuration un moment d'abandon.

81

Ils m'indiquaient le sens à donner à l'aventure bien plus encore que l'avaient fait les coureurs de bois dans mes livres. Ils m'apprenaient la voie périlleuse – la seule possible que je me refusais. Il me fallait, à mon tour, plonger la tête la première dans le fleuve; le prendre à bras le corps comme un passé à l'état naissant, non seulement pour combler un vide mais, pour une fois, une seule fois, me mesurer à sa profondeur. J'apprenais à reconnaître le lieu de mon enfance à travers d'autres enfants qui ignoraient tout des codes de sécurité. J'accepte de les photographier, mais les supplie de ne pas plonger. Surtout pas. Car je n'aurais pu les aider à sortir de cet abysse qu'ils sondaient si joyeusement. J'avais cru vouloir m'affranchir d'un risque alors qu'au fond j'en avais un besoin immense. Voilà ce que ces enfants savaient d'instinct.

Ils devenaient mes vrais *truchements*, appellation que l'on donnait autrefois aux interprètes qui vivaient avec les Amérindiens et dont ils apprenaient la langue. Pierre-Esprit Radisson, Étienne Brûlé, Nicolas Perrot étaient de ceux-là qui semblaient m'indiquer à travers ces enfants la seule voie possible, le lien avec le monde actuel.

Marcher sans but précis, en suivant son propre rythme et son propre itinéraire. Avancer, s'arrêter, descendre, monter, laisser le fleuve inonder sa conscience. L'observer déchiqueté ou adouci par le vert des feuilles et le blanc des bouleaux. Se rapprocher des nuances interminablement laiteuses. Se laisser aller et se perdre spontanément. Toucher, accélérer, briser. Le fleuve ne parle à personne de la même manière, ce qui n'a rien de rassurant pour quiconque essaie de le décrire. Il y aura sans cesse méprise sur les mots. Les sonorités n'auront pas l'effet escompté. Inévitablement, la cible est ratée. Un élément qui échappe... et le fleuve devient l'eau qui recommence, qu'il reste à décrire en le reliant à une histoire personnelle. Il vient à la conscience de manière unique pour chacun et, en ce sens, ne peut correspondre aux mêmes images, ni aux mêmes étés, ni aux mêmes secrets ou aux mêmes matins engourdis, ni aux îles, peu importe les noms qu'elles ont pu porter. Ni au même désir d'infini.

Comme un rite

J'avais la tête remplie de souvenirs d'étés attachés à des lieux dont on n'avait pas conservé de traces tangibles. Il m'a semblé que je leur devais fidélité, ainsi qu'aux vols d'oiseaux et à leur plainte mémorielle. À la manière de ces enfants, il me fallait réintégrer les lieux avec autant de désinvolture

Je laisserais le fleuve de toutes les époques déborder de ses pages.

***

Depuis la fin des grands travaux, nous étions nombreux à avoir quitté Cornwall et les environs. Il faut dire qu'il n'y avait pas assez de travail pour tous. Mais, la mémoire a sa façon propre de nous ramener vers le point de départ sans qu'on le veuille forcément. ou même si on lui préférait l'oubli. Il me suffisait d'interroger mes compatriotes pour me rendre compte que le fleuve, ils l'avaient dans le sang, dans la peau comme dans les cellules de tous leurs bras qui l'avaient avironné.

Mystérium

Pointe Maligne, pointe secrète.

Le pays est rempli d'eau : on y fait halte quelquefois[9].

À cet endroit précis, le fleuve gagnerait à être mieux connu, mais encore faudrait-il accepter ses cicatrices et voir en elles autre chose. *Pointe Maligne* demeurerait alors le reposoir d'îles et d'anses pour tous ceux qui y ont cherché refuge. Elle a quelque chose à nous dire qui se cache dans ses fonds marins, quelques cartes anciennes et peut-être même dans des chambres muettes. *Pointe Maligne*, mélange d'audace et de simplicité qui reste fondamentalement une face cachée du Saint-Laurent.

Tant à dire. Pointe démultipliée.

7. Summerstown ou le Lac Saint-François

Summerstown

Le 4 [Juillet] on continua la route et on rencontra des
pays les plus agreables du monde, toute la riviere
estant semee dIsles dans lesquelles il ny a que des
Chesnes et des bois francs et dont le fonds est admi-
rable [...]. Les deux bords de la riviere ne sont que
prairies dont lherbe est fort bonne parmy laquelle Il y
a un nombre infiny de belles fleurs de sorte qu'on peut
assurer que depuis Le lac St Francois jusquau dessus
des Rapides, Il ny auroit point de pays au monde plus
agreable que Celuy La Sil estoit defriche[10].

Comte de Frontenac

C'est chez nous! Chez nous!
Je lisais la *Description du voyage de Monsieur le Comte
de Frontenac au Lac Ontario en 1673.* J'y trouvais enfin
l'émotion d'un lieu que j'avais connu et des mots pour
capter la *rivière semée d'îles.* Entière, intense, réceptive :
j'étais! Quelqu'un avait donné un sens à mon passage. Je

85

n'avais donc pas inventé de toutes pièces *le nombre infini de belles fleurs*. Je demeurai quand même étonnée que Monsieur de Frontenac soit passé dans ces mêmes îles et qu'il ait pris soin d'en rendre compte. Avaient-elles été pour lui obstacle ou point de repère, parce que tout dépendait de la situation. C'était bellement décrit, avec sensibilité et plein de raffinement.

J'avais également trouvé un autre passage, cette fois provenant d'une des *Relations des Jésuites*. Il disait pourquoi on avait attribué à ce plan d'eau le nom de lac Saint-François :

> Le dix-septiéme du mesme mois nous nous trouuâmes au bout d'vn Lac que quelques-vns confondent auec le Lac de Sainct Louis, nous luy donnâmes le nom de Sainct François, pour le distinguer de celuy qui le precede. Il a bien dix lieuës de long & trois ou quatre de large en quelques endroits : il est remply de quantité de belles isles en ses emboucheures. Le grand fleuue de Sainct Laurens s'elargissant & repandant ses eaux d'espaces en espaces fait ces beaux Lacs, puis en les reserrant il reprend le nom de Riuiere[11].

J'aimais les « v » qui se substituaient aux « u » et les « u » qui se substituaient aux « v ». Je trouvais un autre sens à la trajectoire qui me rapprochait des îles du Haut Saint-Laurent à la hauteur de Summerstown, petite localité située à une vingtaine de kilomètres en aval de Cornwall, ou, dans le contexte, il serait plus juste de dire de Pointe Maligne. Le lieu se nommait alors – et aujourd'hui encore il s'agit du même nom – Pilon's Point. C'est là où nous passions nos étés. Mes parents avaient aménagé un chalet au bord du fleuve, un abri bien modeste mais magnifiquement protégé. En ce temps-là, *Pilon's Point* n'était pas habité en toutes saisons et ne ressemblait à rien de ce qu'on y retrouve à l'heure actuelle. On n'y passait que l'été. C'était le temps des lampes de poche, des fanaux et des poêles *Coleman*. Il n'y avait pas ce que l'on appelait communément le *gros filage*, ou le courant d'hydroélectricité qui aurait permis d'installer des appareils électroménagers. Petites habitations sans prétention et, surtout, pas de terrains clôturés. Que des terrains vagues et fabuleusement ouverts. Pour s'y rendre, on devait passer un pont à ce point *chambranlant* qu'à toutes les fois on se demandait s'il ne céderait pas sous le poids de l'auto. Ma mère *débarquait* pour ouvrir une barrière qui grinçait d'un crescendo passant de l'aigu à un suraigu douloureux. Nous traversions le pont, puis elle refermait cette même barrière qui nous séparait de la route numéro Deux, *the King's Highway.* Un chemin cahoteux, plein d'obstacles et de trous d'inégales grosseurs nous attendait. Puis, les terrains vagues et, enfin, le fleuve dans toute sa splendeur.

Nous retrouvions le chalet et le luxe d'un toit : nul besoin de clef et une seule porte à pousser. C'était le site de la belle étoile, des matins ensoleillés, des aurores gris bleu et des nuages que l'on aurait pu enfoncer du bout des doigts et dont la seule pression semblait tenir le ciel tout entier. À l'aide de jumelles, nous observions les bateaux qui allaient et venaient des Grands Lacs et dont nous entendions au loin les voix de baryton. Des écritures de tous les styles et d'autant de graphies nous indiquaient le nom des navires et nous essayions de deviner le langage des marins. Des pavillons aux consignes étranges portaient avec eux la splendeur du fleuve.

Des noms s'imprégnaient les uns des autres. Je les lisais ces noms, non plus sur place, mais cette fois dans les livres tout en conservant la sensation de leur contexte maritime. *La Victoire, Les Quatre-Frères, L'Angélique, La Jonas, la Mignone, L'Émeraude, La Sirène, L'Invincible, Le Sérieux, L'Aimable Marguerite, La Charmante Rachel, La Toison d'or, La Coquine, Les Bonnes Amies, L'Aimable Nanon, Nom de Dieu...*

Chaque bateau avait un timbre unique pour signaler sa présence dans le brouillard. Les voix s'appelaient, se répondaient avant de continuer implacablement leur périple – collisions sonores qui parfois provoquaient l'inquiétude. On aurait cru que les lieux retenaient l'écho non seulement des bateaux mais aussi de tous les drames personnels, des déchirements, y compris les plus récents, comme ceux de ces dames qui avaient vu partir leur fils à la guerre, dans les Vieux Pays, ou, pire encore, de ces mères qui avaient reçu l'horrible nouvelle d'un fils tombé au champ d'honneur. Le chalet devenait un havre pour les grandes blessées qui y berçaient leur peine immense. Arrivée ou départ, les bateaux signalaient une forme d'arrachement perpétuel. Même à Summerstown, la guerre avait ravi des jeunes gens dans la fleur de l'âge.

D'autres mères avaient aussi perdu des enfants, mais par noyade. Les chaloupes en étaient un rappel, car l'eau commandait toujours le respect. Tout propriétaire de chalet disposait d'une de ces embarcations de secours, toujours prêtes au sauvetage de nageurs en détresse qui avaient soit présumé de leurs forces, soit sous-estimé celles du courant. Mes grands frères avaient compté parmi ceux-là qui avaient sauvé des vies.

In extremis, les îles

Avant que d'arriver au grand lac Ontario, on en traverse deux autres, dont l'vn se joint à l'Isle de Montréal, & l'autre au milieu du chemin. Il a dix lieuës de long, sur cinq de large; Il est terminé par vn grand nombre de petites Isles tres-agreables à la veuë[12].

Les jours de pluie permettaient de mieux saisir la mélancolie de ce *grand nombre de petites Isles*, et de faire l'apprentissage de l'ennui. Comme des jours sans soleil, on alliait les îles au vide existentiel que rien ni personne n'arrivait à combler. On demeurait *collé* à leur solitude fondamentale.

Les jours de beau temps, elles redevenaient si *agréables à la veuë qu'elle*s se mélangeaient aux langueurs du chalet, voire à ses odeurs. Comment les oublier ces odeurs : la fraîcheur du matin, la rosée des fougères, le parfum des fraises et des bois, le mélange de l'humus et de l'eau et même les émanations des moteurs hors-bord; le jardin embaumé de feuilles de tomates et les plates-bandes de fleurs qu'avait semées ma mère, «pour que ce soit plus beau». Au petit matin, les arômes de *Nescafé*. Puis, au gré de la saison, les pivoines, les lys, les pensées et toutes ces plantes dont je n'ai jamais appris le nom – les grandes personnes ne se mélangeaient pas à nos jeux – mais dont je savais la spécificité. Mêlés à ces odeurs, le bruit de la rame quittant le quai, le rythme de l'eau qui l'engourdissait, la générosité sans borne où tout était mis en commun, surtout au retour des pêches où tout le monde se retrouvait sur la grève pour choisir son repas du soir. Les petites bêtes témoignaient aussi de la vie qui se déployait, le bruissement des feuilles, le grand miroir du fleuve sous lequel fondait une chorégraphie de ménés, dignes des acrobaties d'un cirque. Les arbres se transformaient en forêt, les anguilles en boas, les couleuvres en serpents d'Amazonie, les tortues en merveilles du monde. Le chalet de Summerstown détenait son propre écosystème. C'était une microbiosphère dont nous protégions l'univers mouillé. La plus belle invention du monde. Nous côtoyions d'*incroyables Florides*.

Rien à faire, et tant à faire à la fois, dans une charge énorme de jeux. Lorsqu'il pleuvait, et qu'il n'était plus question de sortir, il y avait les jeux de cartes, l'ardoise magique, les cahiers à colorier, la pâte à modeler, les *cut-outs*, les jeux de mots, les dés, les jeux de jacks, le *Parchésie*, les serpents et échelles, le jeu de dames, les bouliers, la boule 8 surtout – que serait l'avenir? Mais encore, la question pouvait se poser : quels autres joueurs de boules cette route avait-elle accueillis :

[...] il y en avoit qui se mettoient a Sauter Jouer aux barres et autres jeux de cette nature[13].

nous disait encore le comte de Frontenac.

Pour nous cependant, un seul mystère sévissait : partirions-nous en voyage sur l'un de ces paquebots ou vraquiers pour nous retrouver à mille lieues d'ici comme nous le rappelaient les vieux – (tellement vieux) qui parlaient de plus vieux encore – non plus de ceux qui seraient âgés de cinquante ans, mais bien de quatre-vingts ans? À sept ans, peut-on s'imaginer que la vie puisse être aussi longue?

Il y avait les livres, toujours les mêmes, qui traînaient et que forcément on relisait. Deux de ceux-là : *La Vie des Saints* et la *Sainte Bible*. Autant de mots que je parcourais sans en comprendre le sens. Au fil des années, je me créais un vaste recueil de martyrs, de héros, de femmes et d'hommes plus grands que nature, de scènes sanglantes et d'exemples de ceux qui avaient surmonté les plus grands obstacles. Miracles, voies mystérieuses qui allaient dans tous les sens et toutes les directions; voilà la provision d'images, de même que la provision de musique provenant du gramophone et des disques de Caruso de mon père. Bien avant le film *Fitzcarraldo* nous avions entendu le quatuor de *Rigoletto*, qui était censé apaiser les mœurs.

Le furieux fracas

Il y avait les excès de chaleur suivis d'averses abondantes. La terre fondait littéralement sous la pluie quand les grèves émoussées se fusionnaient à l'eau. Ma mère aimait conserver dans une grande cuve cette eau de pluie qui avait une autre propriété, paraît-il, que celle du fleuve.

Je n'ai jamais su laquelle, sinon qu'elle était tombée des étoiles.

Il y avait aussi les tempêtes – de vraies – de celles-là qui relevaient d'un prodige, car jamais les orages ne mentaient. Ils pouvaient facilement décapiter les arbres et soulever le fleuve et le ciel tout à la fois. Rien ne pouvait apaiser le vertige de la foudre. Un bien léger paratonnerre, quelques huiles saintes et une eau bénite dont personne ne connaissait l'effet réel nous protégeaient. La foudre suscitait l'angoisse et peut-être même un aperçu de la fin des temps quand elle serait à nos portes. Dans cette apocalypse, les oiseaux perdaient leur équilibre; les feuilles mortes se réveillaient dans les arbres pour se tordre, geindre et parler toutes ensemble, vivant dans l'instant pour ce seul instant. Tous les petits animaux s'enfuyaient on ne sait où. Le tonnerre et l'éclair glissaient l'un sur l'autre; déchaînés, s'allumaient l'un dans l'autre jusqu'au spasme final, inavouable et frissonnant.

> Le tonnerre est fréquent en Été, le bruit en est sourd, et il tombe presque toutes les fois qu'on l'entend. J'ai remarqué que celui qui se forme aux Îles fait un furieux fracas[14] [...]
>
> Bacqueville de la Potherie

Puis, l'ultime coup de tonnerre. L'implacable. Et l'apaisement. Nulle salle de concert ne pouvait nous rendre l'effet d'un tel orage.

La lumière qui émeut

Rien ne dure, même pas l'orage. Les fleurs rouvriraient une fois de plus leurs corolles. Les pierres reprendraient sous l'eau clarifiée leur molle apparence. Chacun y trouverait ce qu'il voulait y voir. Viendrait peut-être un arc-en-ciel. Ce serait le moment le plus exaltant que tous espéraient depuis les derniers râles de la tempête. Le temps se calmerait. La frénésie céderait le pas à la douceur d'une respiration.

C'est suite à un moment comme celui-là qu'il m'est arrivé de voir une chose magnifique : un canot se faufiler sur le fleuve. Son pagayeur semblait surgir d'une autre époque et ses bras porter une faim de houle. Il allait avec détermination. Au fil de l'eau, il en épousait la rapidité. Venait-il tout droit des Grands Lacs? Je l'ai toujours soupçonné. Il était entouré de brume à un point tel qu'on aurait dit que c'était lui qui flottait et que le canot n'était qu'un subterfuge. Le brouillard ne le quittait pas. Je pouvais l'observer, autant comme autant, il ne portait jamais vers moi le moindre regard. J'admirais son habit de plume et sa tête penchée qui suivait obstinément le cours de l'eau. Oui, j'observais intensément ce rameur, m'accordant à son rythme, alerte et discret à la fois. À chaque fois il tenait pour moi du prodige, de la révélation.

On m'a dit que, dans un excès d'imagination, je l'avais peut-être rêvé ce canot, quoique j'aie toujours douté de ce jugement. Comment se faisait-il que personne d'autre n'avait vu ce qui pour moi était aussi évident et, surtout, infiniment digne d'attention? Est-ce parce que personne d'autre ne l'avait remarqué qu'il n'existait pas? Fallait-il une autre faculté que celle de la vision pour voir? Je savais moi, que je n'avais pas rêvé et que le canot était aussi vrai que l'avait été l'orage. J'avais vu cette tête de plume qui préservait le rythme du Saint-Laurent.

J'étais confrontée au monde des adultes. Je n'acceptais tout simplement pas de m'être trompée.

Ce fut pour moi le passage de l'été à l'infini de l'été. S'agissait-il d'une embarcation fantôme? Je scrutais l'invisible dont il me fallait garder le secret. Vous voulez savoir ma plus grande peine : à partir du début des grand travaux de canalisation de la Voie Maritime, je ne l'ai plus revu.

Sous l'influence de l'ombre

Il est facile de perdre ses repères lorsqu'on ne voit plus l'horizon et que ciel et terre ont pour ainsi dire disparu. À chaque pas, on risque de basculer dans le vide. Ainsi, le brouillard pouvait devenir source d'inquiétude, voire d'angoisse. L'espace intemporel :

> Le 6, un grand brouillard s'eslava sur le lac Saint-François qu'on avoit à passer, en sorte que M. le Gouverneur fit marcher son canot à la boussole, faisant sonner les trompettes afin que tout le monde s'assemblast, et qu'on ne s'esgarast point dans le brouillard, et on fit tant qu'on arriva aux isles qui sont au bout du lac du costé du Sud-Ouest[15].
>
> Remy de Courcelles

Non seulement le brouillard, mais le mauvais temps pouvait également modifier tous les repères. Dans ces conditions on s'imagine facilement le comte de Maurès de Malartic qui note, déconcerté, la précarité de la situation :

> Nous descendîmes sur une petite isle pour laisser éclaircir le tems avant de nous engager dans le long sault, que nous sautâmes légèrement deux heures après, et nous allâmes camper dans uns isle au-dessous de la pointe Maline, à quinze lieues [...] Le vent du nord-est très impétueux nous força, à dix heures, de relâcher à l'isle aux Noix[16].

Et que dire des nuits noires, sans syncope d'étoiles, où l'oreille demeurait forcément collée à la terre. Nuits d'où s'élevaient des bruits insolites.

> Du Côteau du Lac au *Lac de Saint François*, il n'y a qu'une bonne demie lieuë. Ce Lac, que je passai le cinquiéme, a sept lieuës de long, & tout au plus trois

dans sa plus grande largeur. Les Terres des deux côtés sont basses, mais elles paroissent assez bonnes. [...] Je campai immédiatement au-dessus, & la nuit je fus éveillé par des cris assez perçans, comme de gens, qui se plaignoient. J'en fus d'abord effrayé; mais on me rassûra bientôt, en me disant que c'étoit des *Huars*, espece de Cormorans. On ajoûta que ces cris nous annonçoient du vent pour le lendemain, ce qui se trouva vrai[17].

Cette fois, c'est Xavier de Charlevoix qui exprimait les mots de la crainte.

***

Sous l'abondance de la nuit

Pour nous aussi, il arrivait trop souvent que l'aurore tarde à venir. Dès le lever du jour, il faisait bon voir ce que la nuit avait fait naître ou déposé sur la grève. Bien qu'en principe tout aurait dû demeurer pareil, c'est-à-dire comme la veille, ce n'était pas tout à fait le cas. Les objets n'étaient pas exactement là où on les avait laissés, ce qui n'était pas sans ajouter une note d'appréhension.

Parfois, on pouvait observer des trous dans la terre, comme si quelqu'un était venu la creuser, comme s'il s'était agi d'un quelconque chercheur d'or qui se serait trompé de temps et de lieu. En avait-il retiré quelque chose? Un diamant non poli? Les oiseaux en rase-mottes au-dessus de l'eau devenaient, pour les adultes, une invitation à l'embarquement pour Cythère; l'île de feu se transformant en une île *joyeuse* ou en l'île des Morts, selon l'angle du soleil. Parfois, on retrouvait des trésors déposés sur la grève mais on ne pouvait jamais prévoir lesquels car cela dépendait de la nuit, du vent et de l'eau. On y découvrait des bouteilles, des pierres luisantes, du bois de grève, des morceaux de poterie, de mystérieux tessons. À ces merveilles, s'ajoutaient les têtards, les ménés et de minuscules tortues.

La terre devenait source d'abondance et ses créatures protectrices contre les peines à venir.

***

C'est au cours d'un de ces matins sans brise que je fis une immense découverte : une boîte avait émergé des profondeurs et de la nuit. J'avais fait un vœu auquel le fleuve avait répondu, car il apportait souvent quelque chose si on l'avait intensément désiré et surtout si la nuit avait été d'un noir absolu, ou inversement, imbriquée d'étoiles.

La boîte, inexplicablement abandonnée, débordait de livres. Chose étonnante toutefois, ils n'étaient pas mouillés. Je les ouvris un à un, feuilletant délicatement les pages. Certains étaient si vieux qu'ils ressemblaient à ce qu'il me serait convenu d'appeler plus tard des grimoires. Ces livres plus anciens – leur contenu impénétrable – me paraissaient les plus intéressants. Il y avait aussi quatre petites boîtes rectangulaires contenant des rouleaux remplis de minuscules trous. À quoi pouvaient donc servir ces énigmatiques rouleaux? Quel arcane, quelle hiérographie, quels codes secrets contenaient-ils? J'avais flairé une autre écriture, une pierre de Rosette, une nouvelle orthodoxie. Je voulais comprendre les signes secrets. La découverte de ce matin-là compta parmi les plus émouvantes qu'il m'ait été donné. Mais je demeurai atterrée, mon orgueil atteint de ne pas savoir tout lire. Il me faudrait grandir le plus vite possible pour déchiffrer cet ultime cadeau du Saint-Laurent.

Je m'y retrouverais.

Pointe Maligne se présentait à moi sur la grève de Pilon's Point, à Summerstown, sous la forme de livres et de rouleaux à musique. Une boîte m'avait ouvert une voie vers la poésie. Je recueillerais des mots français, si français qu'ils feraient mal, et l'appel de la musique qu'un piano noir viendrait assouvir.

Un vœu. Et les premières morsures dans le clavier.

Je me dois d'ajouter un détail d'importance. Ces objets appartenaient soit à Monseigneur B., propriétaire du chalet, soit aux Clercs de Saint-Viateur à qui il avait prêté une clef. Ce même chalet avait accueilli quelques années plus tard, un soir d'automne, de *là à là*, le cercle littéraire du Collège classique de Cornwall dont j'étais membre. Sur cette participation à ce cercle, j'avais jusqu'à ce jour gardé le silence.

Pour ma plus grande détresse, dans le courant de la matinée, la boîte avait disparu. J'en ai ressenti un vide indéfinissable que seuls la musique et les vieux livres viendraient par après combler. On m'avait pris ma boîte. Ma vie serait consacrée à la recherche de ce trésor perdu.

> Le lac St.François a sept lieues de longueur, & trois ou quatre de largeur. A l'entrée du lac, on trouve l'ance au Bateau sur la partie du N. qui est celle que l'on suit toujours [...] Les terres y sont bonnes, & on y feroit de belles habitations.
>
> Si on ne s'arrête pas dans cet endroit, il faut traverser tout le lac, pour trouver à camper, parce que ce sont des ances profondes, et le pays est tout noyé. La Pointe Mouillée, [...], est une pointe de prairie qui avance dans le lac. Le pays est rempli d'eau : on y fait halte quelquefois [18].

Les mots, le rythme de l'eau entretenaient la vie. Et j'y faisais halte.

III

PARCOURS INFORME
PIERRE-ESPRIT RADISSON

Memory seizes too without extracting whole
a narrative broken with pieces left behind [1]
Joseph Griffin

Route maléfique ou sacrée? Ces lieux semblent habités. Ils ont leur âme et des saisons auxquelles s'ajoute l'histoire de quelques protagonistes. Ainsi les pages que certains auteurs ont consacrées à Radisson et celles que Radisson a lui-même signées. Ces textes bouleversants, souvent déroutants, nous font prendre part à une expérience sans précédent, qui de surcroît se déroule, sinon sur les rives de la *Pointe Maligne*, du moins à proximité de celles-ci.

8. *Dislocation*
Radisson I

Ramener jusqu'à soi l'ombre en soi

Parmi les nombreuses figures du passé, celle de Radisson demeure particulièrement troublante. Radisson compte parmi les premiers Blancs à se rendre où personne ne s'était encore rendu. Il a foulé un territoire interdit et participa intimement à la vie des Iroquois à laquelle il fut initié. Il connut la perte de tous ses repères, la dépossession, la crise d'identité sociale, l'isolement, l'angoisse, la peur, le traumatisme de la séparation, l'effet de la discontinuité et, surtout, le déchirement entre plusieurs loyautés. Il fut le premier à nous propulser dans ce chemin hiératique que l'on attendait depuis si longtemps, c'est-à-dire l'inconnu, l'unique, le «vrai». Il parvient à perturber les idées préconçues. Il exprime le plus que mystérieux, l'énigme.

On l'a dépeint de toutes les manières, ce Radisson. On s'est demandé s'il avait été un héros ou un traître; un insoumis ou un simple contrevenant à la loi; un opportuniste;

un être attiré par l'appât du gain; un visionnaire; un homme en quête d'aventures désireux d'être reconnu pour ses exploits; un homme avide d'honneurs ou ayant besoin de se tailler une place. On se demande encore pourquoi et comment il s'était frayé un chemin dans le cœur des gens – sa famille iroquoise, les *François* jésuites qu'il avait accompagnés au cours du voyage vers Onondaga[2], les *Anglois*, y compris ceux de la cour royale – pour les abandonner ensuite, tout en continuant de les aimer. D'où lui venait cette farouche indépendance par rapport à toutes ces collectivités dans lesquelles il désirait pourtant s'insérer? Homme de compromis, il loge à toutes les auberges et sait s'adapter aux situations les plus distordues. Mélange de prudence et d'audace[3]. Radisson le conteur, le raconteur, le faiseur de trouble, l'agent de paix, le poète, le prophète. Adulé puis décrié. Était-il Français, Amérindien, Anglais, ou tous à la fois? Son histoire est complexe et pendant nombre d'années fut passée sous silence. Et puis un jour on commença à s'y intéresser. Quoique...

Il y aura toujours des détracteurs pour remettre en cause ses récits. Certains iront même jusqu'à douter de leur authenticité. On se demande si Radisson en est vraiment l'auteur. Si oui, s'il les a lui-même écrits ou encore s'ils ont été dictés et recopiés. On les remet en question tout comme on l'avait fait d'ailleurs pour le *Brief Discours*[4] de Samuel de Champlain. Faut-il rappeler que, dans les deux cas, il s'agit d'événements qui ont eu cours dans une période de jeunesse. Est-ce ce qui les rendrait suspects? Pourtant, comment ne pas se raccrocher, longtemps après, à ces jeunes narrations par besoin de mystère peut-être ou par désir de s'enflammer à posteriori dans leur passion.

Les premiers récits de Radisson se concentrent en des pages que l'on avait depuis leur rédaction oubliées, occultées, ou qui sait, peut-être volontairement mises de côté, préférant souvent les comptes rendus de tierces personnes[5]. N'empêche que, pour notre plus grand bonheur, depuis quelque temps, ils quittent l'ombre. De nouveaux historiens, tel le remarquable Martin Fournier, s'intéressent à la vie intense de ce personnage *esloigné*, difficile à saisir et trop provocant pour faire l'unanimité. Ils nous la révèlent dans ce qu'elle a d'excessif. A contrario de ce qu'énonce le philosophe[6], Radisson pourrait bien affirmer que ce qui ne tue pas ne rend pas forcément plus fort, à moins que la force vienne aussi d'une certaine fragilité. Au fil de lectures on cherche à comprendre ses motivations. On se demande par quel sortilège certains détails ne nous quittent plus. Personnellement, c'est le deuxième récit qui me bouleverse, soit celui où le conteur se joint à l'expédition des Pères Jésuites en direction d'*Onondaga*. Cette fois, au lieu d'emprunter la rivière des *François*, c'est-à-dire de l'Outaouais, ils prendront la voie du Saint-Laurent pour se rendre dans les Pays d'en-Haut. Incontestablement, nous sommes en pleine *Pointe Maligne* !

Controverse fondamentale

Deuxième pomme de discorde : la langue. On avance plusieurs raisons pour alléguer que ces textes auraient été traduits et, paradoxalement, les mêmes pour affirmer le contraire ! Certains historiens croient que les quatre premiers récits ont été rédigés en français et qu'ils ont été par après l'objet d'une traduction. C'est le cas par exemple de Grace Nute, auteur américaine, grande spécialiste de Radisson[7]. Inversement, d'autres pensent que Radisson les aurait soit écrits de sa main, soit dictés, mais, dans les deux cas, en anglais, raison pour laquelle les Américains s'y seraient intéressés bien avant les historiens canadiens. À ce jour, la question n'a pas été résolue, même si, heureusement, on remet de moins en moins en question la valeur historique de ces récits, malgré les anachronismes, les erreurs de dates ou l'absence

103

de repères géographiques précis. Comment dire? Si une certaine ambiguïté les habite, elle relève d'un autre ordre. Une force les traverse qui ajoute une couleur, une texture, une pâte au point de départ.

Les événements remontent à plusieurs années déjà quand Radisson les consigne. Il aura donc pris un recul, ce qui lui permettra d'aborder autrement les origines d'un traumatisme premier, la captivité, l'adoption par une famille iroquoise, l'épreuve de la torture analogue à un processus d'initiation, la soumission intégrale à cette société, puis, sa désertion. Il dira surtout que c'était là son destin : " *[...] being that it was my destiny to discover many wild nations, I would not strive against destiny*[8]. "

Loin dans le temps

Radisson aura laissé six récits. L'écriture des quatre premiers remonte probablement à 1668 ou 1669. Radisson y décrit notamment sa captivité chez les Iroquois, son voyage à Onondaga, ainsi que les premières expéditions au fleuve Mississippi et au lac Supérieur avec Médard Chouart Des Groseillers. L'historien américain Arthur Adams[9] signale au passage que s'il y a ambiguïté quant au destinataire de ces textes, d'autres auteurs soutiennent que Radisson les aurait consignés pour en informer le roi Charles II et sa cour et surtout pour stimuler l'intérêt de la traite des fourrures aux abords de la baie d'Hudson. Les manuscrits de ces récits passeront entre les mains de Samuel Pepys, grand amateur de carnets de voyages, avant d'aboutir à la *Bodleian Library* d'Oxford. Et là, ils dormiront longtemps, très longtemps, près de deux siècles, jusqu'à ce que les Américains les éditent en 1883. Quant aux récits des cinquième et sixième voyages portant sur les séjours à la baie d'Hudson, Radisson les aurait consignés beaucoup plus tard, soit en 1685 et, cette fois, sans l'ombre d'un doute, en français. On retrouvera ses manuscrits dans les archives de la Compagnie de la Baie d'Hudson[10].

Entre les événements proprement dits et la rédaction des textes passeront les années. Dans cet intervalle de temps, Radisson aura perdu ses repères et se sera forgé d'autres alliances avant de retourner, par le biais de l'écriture, vers ce territoire qui lui avait inspiré autant l'effroi qu'un intense sentiment de liberté. Radisson remonte vers le passé, revient sur ses pas, nous donne des descriptions où l'on se croirait *in situ*, insère d'autres fragments, traque au passage des détails supplémentaires et les clarifie en se fiant à des indices d'ordre mnémotechniques : «je me souviens, parce que ce jour-là...»

Radisson raconte même les incidents sordides avec une certaine retenue. Il conserve cette précieuse qualité de rester factuel sans occulter l'émotion de l'expérience. Il décrira dans un même souffle l'horreur qui fait frissonner et l'intensité d'un sentiment de liberté qui la lui fait oublier.

S'arracher à ses limites

Radisson traversera plusieurs fois l'océan mais, rétrospectivement, je me suis demandé s'il n'y avait eu trajectoire plus douloureuse et émouvante que celle qu'il entreprit à l'intérieur du continent vers les Pays d'en-Haut, destination Onondaga. Ce passage tient parfois de la révélation quand Radisson doit passer par la Pointe Maligne.

Pointe Maligne c'est aussi l'*île au Massacre*[11]. Émerge enfin la pointe d'un passé douloureux. Enfin, une explication, parcellaire peut-être, mais quand même! Pour nous tous qui cherchons un sens à donner à ce nom funeste, *Pointe Maligne*, nous y sommes! Enfin! Ou plutôt, peut-être!

Si l'on se donne la peine de bien lire le texte de Radisson on se rendra compte que le temps ne semble pas l'avoir atteint. Il s'adresse aussi bien aux lecteurs actuels qu'à ceux qui se trouvent, pour nous, à des siècles de distance. On reconnaîtra d'emblée que des sentiments contradictoires puissent cohabiter dans un même cœur. L'envoûtement persiste. Une part d'ombre se manifeste.

Controverse accessoire

Revenons un peu sur la question qui a alimenté autant de débats : la langue d'origine. Si certains auteurs ont émis des doutes sur l'authenticité des récits, c'est parce qu'ils sont rédigés dans un anglais boiteux. En revanche, d'autres se sont appuyés sur les mêmes arguments pour s'inscrire en faux contre cette thèse. Ils sont d'avis que les fautes de langage peuvent rassurer sur la légitimité même des écrits : elles trahissent leur auteur[12]. Un traducteur attitré aurait sans doute mieux servi la cause et n'aurait pas commis autant de fautes. N'est-ce pas qu'il aurait tenté de corriger certaines erreurs de style, de grammaire et de ponctuation; qu'il aurait repris les tournures maladroites; les accords sujet, verbe, complément ainsi que l'orthographe fautive; les inconstances – ces mêmes mots pouvant être écrits d'une manière différente d'un paragraphe à l'autre? Et que dire des expressions erronées et de l'anglais vernaculaire? Radisson avait côtoyé pendant plusieurs années des marins anglais. Il avait acquis une maîtrise de la langue au point de pouvoir la comprendre et la parler, mais de là à bien l'écrire, la marche était haute. D'après certains historiens, ce sont les insertions de termes français, ces expressions personnelles clairsemant le texte, et le style rugueux qui laissent supposer que Radisson est véritablement l'auteur des récits.

Pour ma part, je me rallie d'emblée à ceux qui défendent ce propos.

Quoi qu'il en soit, Radisson demeure troublant pour une Ontarienne qui a évolué dans un système d'éducation où, aussi récemment que les années soixante, exception faite d'une quarantaine de minutes par jour consacrées au français, dès la neuvième année, soit la première année du niveau secondaire, on passait du français à l'anglais. Je me souviens du sentiment de détresse lorsque, à l'âge de douze ans, toutes mes leçons furent dispensées dans cette langue. Il me fallait désormais rédiger mes devoirs dans un style et une forme de pensée qui n'étaient plus conformes aux miens. Nous nous préparions, à long terme, aux examens obligatoires du Ministère : *The Ontario Departmental Exams*, afin d'obtenir le diplôme d'études secondaires de la treizième année, *The Secondary School Honour Graduation Diploma*. Même en musique... des années plus tôt : *The Royal Conservatory of Music – Harmony, Counterpoint, Form, History, etc.*, Comment passer sous silence ce moment difficile : "*Play the scale of C*". Si? « Si bémol ou si majeur », m'étais-je demandé, mais sans pouvoir articuler ma question. J'ai opté pour la gamme de si majeur, non sans inquiétude pour ce qui pourrait s'ensuivre. Pourquoi ce piège, puisque ni l'une ni l'autre des gammes n'était inscrite au programme. Je m'exécute. "*No*", me dit l'examinateur : « Do ». Ah! « Do! ». Dans la fébrilité de l'examen, j'avais oublié que *do* était *C* et que *si* n'était pas *do*. Détresse d'une enfant qui se présentait à son premier examen de musique et malaise d'un Monsieur d'une gentillesse extrême qui avait posé, avec délicatesse, son doigt sur la touche de « do ». « Jouez do ». Sourire rassurant. Et ce "*very good*". Puis, "*so sorry, dear. So sorry I don't speak French*" ressenti profondément.

Bien sûr que Radisson était l'auteur de ces textes. En tant qu'Ontarienne, j'ai la certitude que les fautes en sont la preuve. Bien avant nous, ce premier auteur avait passé l'épreuve du bilinguisme[13]. Pas le moindrement étonnée de retrouver des «oriniack» plutôt que *moose*, «équipage» plutôt que *crew*, «lancing» plutôt que *throw*; des *carriages* pour «portage»; «packet» pour *parcel*; «castors» pour *beavers*; «patron» pour *pattern*; «tournesols» pour *sunflowers*, «maringoines» pour *mosquitoes,* sans compter les mots plus ou moins bien intégrés, les expressions retrouvées dans un mauvais contexte ou qui ne relèvent ni de l'une ni de l'autre des deux langues : «tourée» pour «route». «Do» *is to C what* «castors» *are to beavers,* me disais-je. Logique 101!

Mais, une autre question me touchait particulièrement : comment s'était effectué pour Radisson le passage du français vers l'anglais? Qu'avait-il éprouvé en s'exprimant dans une langue qui au départ n'était pas la sienne : un sentiment de liberté une fois la difficulté surmontée? On ne dira jamais à quel point les phonèmes anglais sont imprévisibles et à quel point ils manquent de transparence lorsqu'il s'agit de les transcrire. L'expérience s'était-elle avérée libératrice, sachant que de toute façon il allait faire des fautes? Il avait moins à se préoccuper des règles qu'à se concentrer sur un contenu en devenir. Deuxième question : Radisson s'était-il délesté du bagage émotif de sa langue première si difficile à maîtriser? A-t-il craint, à un moment donné, de ne pouvoir départager ces langues; de les voir se superposer au point de n'être plus capable de maîtriser ni l'une ni l'autre? Comment ne pas craindre l'interférence de la deuxième langue sur la langue maternelle? Comment écarter la peur de les voir toutes les deux se brouiller dans des contextes impénétrables? Craignait-il que l'une ne puisse advenir parce que c'était l'autre qui revenait? Laquelle tiendrait le mieux le coup? Laquelle deviendrait secondaire? Et que faire si l'une se voyait dévalorisée par rapport à l'autre? Que dire aussi du sentiment de culpabilité si, un jour, il arrivait à mieux maîtriser sa langue seconde? Comment s'adapter parfaitement à l'une et à l'autre de manière à pouvoir manier librement les mots, retrouver l'aisance et, surtout, la joie de l'expression? Était-ce pure spéculation ou projection de ma part : Radisson ranimait pour moi le débat identitaire!

Radisson avait évolué dans le creuset de trois cultures : française, amérindienne et britannique, comme moi à Cornwall. Par son cheminement personnel, il me le rappelait de manière sensible. En fait, y a-t-il un endroit au pays où cohabitent depuis aussi longtemps ces trois cultures? Ensemble, isolément... mais quand même dans un esprit de partage. Il ne faut pas s'y méprendre : la solidarité se manifeste toujours lorsque la situation le commande. Par exemple, il n'y a pas si longtemps, quand tous ont fait front commun pour empêcher que des déchets toxiques ne soient transportés sur le fleuve. On a forcé les autorités à trouver un autre moyen d'acheminer ces déchets vers leur site d'enfouissement dans le Nord de la province. Oui, l'immense solitude rompue le temps d'une manifestation : solitude d'*Akwesasne*, autrefois *Saint-Régis*, la réserve amérindienne; du *Village* où se sont établis les francophones dans l'est de la ville de Cornwall; de Riverdale, l'un des secteurs de la ville où se retrouvent plusieurs familles anglophones. Trois entités qui se sont rapprochées pour sauver ce qu'elles ont de plus précieux : *Roi-a-ta-tokenti* – le chemin qui marche vers la mer, le fleuve Saint-Laurent, *The River*.

9. *La première voie*
Radisson II

L'incomplétude

Radisson connaît le territoire ainsi que la langue iroquoise et les us et coutumes comme autant de signes à
interpréter.

Revenons sur ses pas et rappelons les faits qui relèvent
du premier récit résumé ci-après. Il s'agit d'un épisode clef
de la vie de Radisson qui nous aide à mieux comprendre
la suite des choses. En fait il est possible de retrouver ce
récit – parfois modifié, parfois tel quel – dans ce qu'il est
convenu d'appeler aujourd'hui, les *contes et légendes*.
Pourtant il s'agit d'un incident *vrai*, repris sous d'autres
plumes, où s'entrecroisent histoire et fiction : récit d'une
grande ambivalence où tout est hors du commun. Radisson
nous confronte à la détresse de la captivité, à l'espoir de la
fuite et à la soif de connaître la suite de ce destin comme
s'il nous appartenait en propre.

Un jour, l'adolescent Radisson part à la chasse avec
deux compagnons. Ils ont été prévenus pourtant que dans
la forêt se dresse une très grande menace. On y a vu rôder

111

des Iroquois. Mais ils sont en quête de sauvagine et de beaux plumages. On leur a en vain recommandé la prudence, on a même insisté... la chasse est bonne et Radisson s'enfonce dans le territoire défendu. Il se détache de ses compagnons. Ce qui doit se produire se produit. Ce n'est que plus tard, sur le chemin du retour, que Radisson est saisi de toute l'horreur. Ses compagnons gisent nus, tués... leur tête levée (ou scalpée). Évidemment qu'il charge son fusil à bloc, prêt à défendre sa vie. Mais des dizaines de têtes se faufilent parmi les herbes et les joncs, battant l'air de leurs cris. Les voilà, le voilà, pris au piège. Il ne peut plus reculer. Égarement! Il vise du mieux qu'il le peut, atteint une cible sans trop savoir laquelle. Il l'apprendra plus tard. Les Iroquois se saisissent du fusil, mais épargnent Radisson. Ils le clouent au sol, lui nouent les mains et font de lui leur prisonnier. Ils l'emmènent jusqu'à leur campement. En cours de route, ils font halte, lui donnent à manger et enduisent la moitié de son visage de vermillon. Radisson terrorisé, enserré, incapable de prime abord d'avaler ce qu'on lui offre, finit par accepter tout de même la nourriture. Ce que Radisson ignore, à ce moment précis, c'est qu'on l'avait désigné comme candidat possible à l'adoption. La moitié de son visage enduit de vermillon en était le signe[14].

Complainte... déchiffrer l'avenir

La nuit suivant sa captivité Radisson rêve qu'il boit de la bière en compagnie d'un Père Jésuite, signe qu'il interpréta comme étant de bon augure. Il comprend par intuition qu'il sortira indemne de cette épreuve. Mais, pour l'instant, il se voit ligoté dans un canot l'emmenant vers cette réalité qu'il aurait voulu fuir, les scalps de ses deux compagnons par trop en évidence. Il avance vers l'inconnu, transporté au cœur de l'Iroquoisie. Ses ravisseurs le traitent toujours d'une manière bienveillante, lui enseignent quelques mots – *chagon* « ne perds pas courage », lui montrent comment ramer sans se fatiguer. On le détache, on lui laisse une certaine liberté. On lui remet même un couteau, signe d'ultime confiance. Il portera le nom d'un frère adoptif qu'il n'aura jamais connu. Suivra l'épisode clef de l'adoption proprement dite qu'on soulignera par une fête.

Passeront des semaines avant que Radisson puisse retourner à la chasse, cette fois avec les frères de sa nouvelle famille. C'est dans ces circonstances que tout basculera. En cours de route il fera la rencontre d'un Algonquin, s'alliera à celui-ci qui lui suggérera de s'enfuir pour retrouver les siens qui lui manquent plus que tout. Toutefois, pour ce faire, Radisson devra tuer ses trois frères « qui ne lui ont jamais fait de tort[15]. » En fin de compte, la tentative d'évasion échoue, mais seulement après les meurtres de ceux-ci. Afin d'éviter d'être repérés Radisson et son complice voyagent de nuit, s'épuisant à ramer. Mais, voici qu'à la fin du parcours, l'Algonquin devient plus téméraire. Pour gagner du temps il suggère qu'ils voyagent de clarté : bien mauvais calcul. En plein jour, l'espoir au ventre, ils sont repérés par les Iroquois. L'Algonquin est tué sur-le-champ et Radisson, fait à nouveau prisonnier est ramené au village. Cette fois, il n'échappera pas à la torture. Sa famille adoptive intervient. Ultimement, ses parents font en sorte que Radisson ait la vie sauve, mais seulement après qu'il l'a échappé belle. Il devra expliquer de long en large comment ses trois compagnons ont trouvé la mort et, surtout, surtout, mentir quant à sa participation au crime.

Avant partir – *Onondaga Voyage*

Texte d'une grande perspicacité que ce deuxième récit. Il est moins question de routes, de saults et de courants que de réactions personnelles. Radisson se retrouve plus ou moins seul parmi tous ceux-là qui autrefois auraient pu constituer sa famille adoptive s'il ne les avait pas quittés. Il les connaît bien ces gens – sûrement mieux que tous les Français faisant partie de l'expédition. Surtout «il les aime». *"For I must confess I loved these poor people entirely well*[16]*"* et ce, malgré un sentiment d'ambivalence manifeste. Demeure l'ambiguïté et une question vitale : peut-il leur faire confiance? Vraiment? Sera-t-il doublement trahi par ceux en qui il doit mettre sa foi? Au fil de l'eau, de la flèche et d'une médaille qu'il porte à son cou, Radisson connaîtra la turbulence, le mal insensé qu'il ne cherche plus à occulter mais à assumer par des gestes qui relèvent du quotidien. C'est ainsi qu'il suivra son destin. *Onondaga voyage*, texte émouvant, décrivant une quête. Radisson, en avance sur son temps, se saisit de la terreur et d'une beauté sauvage qui le commandent; liberté qu'il conserve toute sa vie par l'indépendance vis-à-vis de toutes les communautés dans lesquelles il évoluera par la suite. Les événements se déroulent très précisément à partir de la *Pointe Maligne* jusqu'aux îles de *Toniata*[17]. En ce sens, nous sommes les héritiers de Radisson comme de tous ceux qui l'ont précédé : guerriers iroquoiens, peuples nomades, femmes et enfants qui ont remonté ou sauté les rapides, chamans et conteurs – tous ceux-là qui auront laissé une empreinte dans la psyché des lieux.

Radisson revient sur les traumatismes antérieurs qui remontent aux tout premiers contacts avec les Iroquois : l'éloignement d'un point de départ, l'énigme de l'adoption, la présence de nouveaux parents, la réincarnation dans une nouvelle famille. Son destin n'est plus le même, cette vie nouvelle ayant supplanté l'ancienne. Il connaîtra le choc des civilisations. Il devra même tourner le dos à la culture française et se joindre aux Anglais lorsqu'on lui refusera la possibilité d'aller plus avant dans les Pays d'en-Haut. Il parcourra des chemins profonds. Il aura intégré ces trois cultures, sans en reconnaître une seule comme étant fondamentalement sienne, et ce, même lorsqu'il épousera plus tard d'une des filles de Sir John Kirke de la *Hudson's Bay Company*[18]. Exogamie? Déjà? Dans ce contexte il se forge une identité propre dont le processus demeure ambigu.

10. *Matrice*
Radisson III

Vers Onondaga

Revenons au contexte historique. Radisson prend part à une expédition qui s'échelonne sur une période de dix mois, entre juillet 1657 et mars-avril 1658. La paix est conclue, suite à de longues négociations entre les Français et les Iroquois, mais faut-il le rappeler – cette paix demeure fragile. Les Français voudront en profiter pour consolider la mission fondée l'année précédente, soit en 1656, à Gannentaha, près de Onondaga, le centre de la confédération iroquoise dans l'état actuel de New York.

Ainsi, Radisson partira, saisi par le souffle des lieux et l'allant d'une flottille qui s'engage dans le cours du fleuve de *Saint-Laurens*, direction territoire Onondaga. Il passe forcément par la *Pointe Maligne*. Des extraits du récit de ce voyage se retrouvent dans le Tome II, «Textes choisis». Il s'agit de la première partie du périple, soit entre le lac Saint-François et les îles Toniata.

117

Dire que la mission fut périlleuse relève d'un euphémisme. Au cours de ce voyage, Radisson est confronté à une peur diffuse qui va en s'amplifiant, d'incident en incident. Il ne peut plus comme avant s'appuyer sur la peur pour s'en faire une alliée[19]. C'est plutôt elle qui le domine viscéralement sans qu'il puisse avoir sur elle une quelconque emprise. Plus question de prendre les devants, encore moins d'agir pour y *rattacher un soleil*[20]. Il est donc acculé à se battre non plus contre les éléments, les bêtes sauvages, la difficulté des chemins, mais contre un ennemi difficile à nommer et dont il ne reconnaît plus les intentions. Il ne sait jamais si le jour qui vient sera pour lui le dernier[21]. C'est qu'il avait appris à être vigilant, patient et observateur. Il sait tendre l'oreille, repérer les traces de pas, interroger les signes, flairer les pistes. Il a appris à se mouvoir doucement. Mais il lui arrive de perdre son sang-froid et de se retrouver une fois de plus dans une situation de laquelle il ne peut s'arracher – et dans la zone de doutes, de défaites, de rivalités, de silence et de trahisons. De surcroît, il sera confronté à des phénomènes inexpliqués, à des visions qui viendront troubler sa perception habituelle des choses.

En ce cadre inouï, l'inquiétude. Un trouble se cache sous l'eau vive. Enfer et paradis rupestre se côtoient. Il se trame un malheur qui implique directement Radisson et l'obligera à revivre rétrospectivement le traumatisme de la captivité. La *Pointe à la Maudie* l'attend – littéralement. C'est précisément le lieu que l'on dénommera plus tard l'*île au Massacre*[22] : au dire de l'historien Lucien Campeau, l'île qu'enjambe le pont international de Cornwall. C'est aussi la ville où Denys Arcand campe le personnage principal de son film *Stardom*. Je reviendrai sur cet aspect.

Dès les premières lignes de son récit, Radisson précise le contexte. Il nous fait part des différends historiques préexistants entre les nations amérindiennes. La mise au point s'avère essentielle puisqu'elle explique, en trame de fond, l'esprit dans lequel se déroule le voyage, les raisons particulières des altercations et le massacre qui suivra inexorablement son cours. C'est que la paix conclue entre Iroquois et Français ne protège en rien leurs alliés Hurons et Algonquins. Radisson annonce déjà la fuite expéditive des Français et leur abandon en catastrophe de la mission d'Onondaga.

Pointe Maligne – la fortuite

C'est donc à partir de Montréal, le 26 juillet 1657[23], que le convoi désordonné se met en branle. Radisson prend la peine de noter qu'on avait rassemblé dans les mêmes canots, et indifféremment, ces gens qui jadis se faisaient la guerre. La flottille s'engage très difficilement. Au départ, on refuse de transporter bagages et marchandises qui risquent d'alourdir indûment la marche durant les portages ou d'entraver la traversée des rapides. Mais, tant bien que mal et après maintes tergiversations, tout le monde prend la route. Au bout de trois jours, on atteint le lac Saint-François. Radisson évoque brièvement la beauté de ce lac et des terres mouillées. Il fait allusion à l'abondance du poisson. Jusqu'à tout récemment, avant les travaux de la Voie Maritime, les pêches quasi miraculeuses qu'il évoque étaient encore chose courante. Il suffisait de lancer sa ligne pour qu'elle revienne chargée de vie.

Mais... Mais...

Entre la Pointe Maligne et Onondaga se déclenche la confrontation. Radisson retrouve vif, son statut de prisonnier, le passé n'ayant pu se dissiper tout à fait. Plus près de nous, Martin Fournier a analysé cet épisode à partir d'une thèse proposée par Amnistie internationale, à savoir qu'un captif peut forger des liens de sympathie avec ses ravisseurs. Ses propos sont fort intéressants[24] puisqu'ils jettent un autre éclairage sur le comportement de Radisson.

En actualisant ainsi les motivations inconscientes du héros, on a affaire à une interprétation qui nous avait jusqu'alors échappé.

La partie immergée que l'on voudrait légère

Dans un territoire trouble où le fleuve se rétrécit, Radisson ressent un premier tremblement. L'effroi, oui! Cette fois nulle issue possible, surtout lorsqu'il se retrouve dans un canot avec trois Iroquois et un Huron, et séparé de la flottille et de ses compatriotes. Vers quelle direction? Vers quel abîme? Ce qui devait se produire arriva! Un Iroquois tue un Huron. Radisson réprime un sentiment d'épouvante. Il reste muet même lorsqu'il voit ses pieds recouverts du sang du Huron : " *My feet soon swims in the miserable Huron's blood*[25]», écrit-il. Bien que les Iroquois le rassurent en lui disant qu'ils ne lui veulent aucun mal, rien n'y fait. Radisson craint le pire. Le voici plongé dans un état d'extrême frayeur dédoublée par les cris inarticulés et les sanglots des Huronnes qui viennent de perdre leur compagnon, car s'en sont suivies d'autres tueries sur l'île à proximité. Tous les hommes furent tués, sauf un. Autres malheurs, autres cris qui ne sont pas sans rappeler le déchirement des Troyennes et qui atteignent Radisson droit au cœur. Et puis le silence. Profond. Doublement lourd. Radisson sera rempli d'admiration face à la dignité de ces femmes, ces autres Andromaque dévastées devant la dépouille déshonorée de l'être qu'elles avaient aimé.

> *After this was done and their corpses thrown into the water, the women were brought together. I admired at them, seeing them in such a deep silence, looking on the ground with their coverlets upon their heads; not a sigh heard, where a little before they made such a*

lamentable noise for the loss of their companion that was killed in my boat[26].

Radisson relate comment, après le massacre, le père (*the Father*) ramène la paix, ce qui permettra à tous de continuer le voyage. Il s'agit du père Ragueneau, un acteur clef et l'auteur d'un compte rendu saisissant portant sur la fuite d'Onondaga (voir Textes choisis). Ce dernier entame une longue harangue à la suite de laquelle il présente un collier ou *wampum*[27] à trois niveaux : il exige que cessent les hostilités; que soient protégées la vie des femmes huronnes et celles de leurs enfants et que le voyage se poursuive sans autre escarmouche, ce qui est accepté. On scelle l'entente, de part et d'autre. Les *Ho Ho* le consolident. (Le *Ho* étant signe d'approbation). On accepte en outre de transporter, tel que convenu, toutes les marchandises.

Légendes obscures – passage immémorial

La flottille se disloque et Radisson se voit séparé une fois de plus de ses compatriotes français. Il retrouve la route indéfinie, la voie de l'eau qui ne laisse pas de traces mais, peut-être autrement, son empreinte. Est-ce le lieu qui s'y prête? Les îles mouvantes et mauves, désertes et pourtant habitées? Les arbres ébouriffés? Les matins engourdis suite aux nuits passées à la belle étoile? Les brouillards, les torrents, les anses, les pointes, la bruine des rapides? Comment se fait-il qu'en ce vortex du fleuve nous viennent ces histoires fantasques qui tiennent davantage de la légende que de la réalité?

Défilent des créatures étonnantes. On assiste à une compilation de faits étranges. C'est l'heure, entre chien et loup, où se manifeste le monde des spectres, de la supraconscience et des phénomènes que l'on ne peut expliquer par la seule raison. J'oserai le dire : des siècles plus tard, il arrive encore que les passants soient témoins de signes dont ils n'osent parler à voix haute par crainte de ne pas être crus ou de passer pour quelqu'un ayant un peu trop d'imagination. Le lieu demeure tourmenté. Entre la Pointe Maligne et les îles Toniata combien de portages, de blessures, de morts accidentelles, de noyades et de déclarations d'hostilité suivies parfois de harangues pour sceller la paix. Combien de croix plantées sur la grève pour commémorer une noyade : croix qui ont disparu au fil du temps et des tempêtes. Lieu d'antagonismes et de rivalités, de courage, de cran et d'ardeur. Une nature ensorcelée quand elle ose ressembler à autrefois.

Radisson nous plonge dans des lieux qu'il a appris à observer et où se superposent dans cet étrange quotidien les figures légendaires ou hors du commun. Le premier de ces étranges épisodes qu'il décrit concerne les ours. Tout est calme. On se prépare pour la nuit à venir. Mais, voilà que sans signe avant-coureur, surgissent de la forêt une multitude d'ours, trois cents au moins qui mènent ensemble le boucan, brisant les branches dans les buissons et, sous leurs pas, faisant dégringoler des pierres le long de la grève : " *making a horrid noise, breaking small trees, throwing the rocks down by the waterside*[28]. " Comportement contre toute habitude : les ours ne sont pas effrayés par le bruit ou la présence des humains. Est-ce réalité ou vision de l'improbable? Radisson et ses compagnons tirent des coups de feu dans leur direction mais rien n'y fait. Les ours ne s'enfuient pas. Jamais de mémoire d'ancêtres avait-on vu un tel rassemblement ni un tel comportement. Pourquoi? Que se passait-il? Quels monstres avait-on éveillés?

Le deuxième incident lui a été raconté par un ancien, un Amérindien – son compagnon de voyage – alors que ce dernier était capitaine de treize hommes[29]. Il témoigne de ce que ses hommes et lui-même ont pu observer après avoir passé trois hivers en terre ennemie alors qu'ils se retrouvent sur le chemin du retour. Le capitaine dépêche deux de ses hommes en mission de reconnaissance. Ces derniers reviennent affolés, disant qu'ils avaient vu des géants, de taille extraordinaire, qui faisaient peur à voir. En fait, ils se demandaient s'il s'agissait d'êtres humains. "*[...] the men brought us word that they have seen devils and could not believe that they were men*[30]." Tous se déplacent pour voir ces êtres endormis sur la grève. Effectivement, ils sont de grande taille "*extraordinary height*" et commandent un sentiment de respect, voire de peur. "*Brother, you must know that we were all in fear to see such a man and woman of a vast length.*" Auraient-ils été en mesure de se défendre si ces colosses avaient été tirés de leur sommeil?

Ainsi, Radisson nous lance dans un voyage fanstasque. Étions-nous en présence de diables ou de Windigo? Avait-on affaire à des créatures géantes qui ne sont pas sans rappeler La *Gougou*[31] dont avait parlé Samuel de Champlain. À quelques détails près, nous sommes projetés dans la contrée des colosses et des créatures monstrueuses plus menaçantes que toutes celles auxquelles on était habitué. Est-ce l'imagination qui déborde? S'agit-il d'hallucinations? Radisson prend la peine d'ajouter que bien d'autres lui ont raconté les faits, tels quels. Comment expliquer alors que ces témoins oculaires ont pu croiser des êtres étranges si, en réalité, ils n'existent pas? De fait, on rapporte que même actuellement dans les Adirondack – terres montagneuses dans le nord de l'État de New York – se manifestent parfois des figures géantes, plutôt discrètes, qui semblent fuir la présence humaine. Saskatch? *Big Foot*?

Le troisième épisode, également relaté par cet Amérindien, s'insère à la suite du précédant. Ils ont quitté la terre des géants et repris la route. Cette fois, un bruit venu de la forêt les surprend. Il s'agit d'un cheval hollandais ou d'une licorne. Ce n'est pas la première fois que Radisson en entend parler. Il s'agit d'une bête farouche qui se cache dans les bois et se déplace d'un seul élan, à la vitesse de l'éclair. On dit qu'elle n'a qu'une seule corne au milieu du front. On dit aussi que la bête avança vers eux à toute allure, essayant de les atteindre, eux qui s'étaient réfugiés derrière des arbres. On essaya de l'abattre, on l'atteignit. La bête tomba, mais, sans crier gare et toujours avec la même agilité, elle se releva et s'élança dans les bois. Elle heurta alors sa corne à un arbre et la rompit. Elle en mourut. Personne n'osa manger de sa chair. On dit aussi que la corne mesurait plus de cinq pieds et qu'elle était plus grosse qu'un biceps.

Spectres? Créatures légendaires? Un lacis de forêts et d'îles à reprendre même si les arbres et la route sont engloutis sous un lac artificiel depuis les travaux de la Voie Maritime. Fable? Invention? Chimère? On dit que parfois, en ces lieux mêmes, on discerne des ombres qui traversent la nuit. Fantaisie ou illusion? Il arrive que l'on ressente des sensations étranges.

Quelle que soit la nature des épisodes décrits ci-haut, nous sommes projetés dans la psychologie des profondeurs, de la rencontre de l'inconscient et d'images imprégnées de mystère et de poésie. Le conteur, souvent un ancien, un voyageur perdu, celui qui reprend un récit sous la forme de « on dit », « on croit », « il paraît », « telle personne m'a révélé... », nous attend au détour. Je me suis même demandé si Radisson n'aurait pas caché dans une narration ce qu'il aurait lui-même entrevu. Toujours est-il que les anciens lui ont raconté pourquoi ils n'étaient pas en mesure de se défendre contre les arcs et les flèches de ces géants.

Prémonition

Suite du voyage, cette fois en plein jour. Plus d'équivoque possible! De sault en sault tout se tient. Où est-ce exactement? Difficile à dire. Mais dans l'ensemble, on s'entend sur le fait que Radisson se retrouve à quelques lieues de Pointe Maligne, au-dessus du dernier rapide. Quitter la Pointe Maligne c'était la retrouver essentiellement.

Ainsi va la route. Autre incident : Radisson remarque des hiéroglyphes troublants. Gravé dans l'écorce d'un arbre, le dessin de six hommes pendus. Il craint le pire. L'un de ces six hommes serait-il le Père français? L'avait-on exécuté?

> *Upon it there was painted with a coal six men hanged [...] They were well drawn that the one of them was [seen to be a] Father by the shortness of his hair, which let us know that the French that was before were executed*[32].

Un peu plus loin, une autre représentation, de deux canots, l'un portant trois hommes; l'autre, deux, dont l'un brandissait une hache et menaçait la tête du second. Sur un autre arbre encore, sept embarcations à la poursuite de trois ours et un homme dessiné comme s'il chassait un cerf. Ces dessins l'inquiètent. Avait-on tué six *François?* Étaient-ils fraîchement dessinés ces graffitis ou s'agissait-il d'anciennes traces. Comment interpréter ces repères et surtout, les paroles de l'Iroquois qui lui disait que sa vie à lui serait sauve? Comment réagir quand on est étranglé par la peur?

Il y a tourmente. Radisson ne s'entend pas avec son compagnon de canot, ne comprend pas ses motivations. En avait-il été décidé de sa perte? Il fait chaud et il n'y a presque pas de vent. Radisson craint pour sa vie. L'Iroquois a remarqué un aigle et désire plus que tout s'emparer de ses plumes. Cela, Radisson l'ignore. Le *Sauvage* épaule son fusil. Que désire-t-il abattre? Ou plutôt, qui? Radisson, inquiet, ne le quitte pas des yeux

> My eyes nevertheless followed for fear. I see at last the truth of his design. He shoots and kills the eagle[33].

Peur à peine dissipée... l'aigle est visé et tué.

Autre épisode clef : on est toujours sans traces des Français. Un de *Sauvages* accueille Radisson en s'emparant de son arme à feu et un deuxième de son bagage. Radisson en est stupéfait. Ils lui réclament aussi de la poudre à fusil; ils ouvrent son sac et commencent à s'en partager le contenu. Plutôt que de se défendre Radisson se soumet. Sidéré, il ne réagit plus. L'un d'eux lui indique un canot et l'enjoint de s'embarquer. Mais pour aller où? L'Iroquois prend sa hache et la fixe à son poignet. Tous s'empressent de rire. Radisson reprend aussi son arme et s'embarque. Au milieu du fleuve on lui fait signe de sauter. Il refuse. Deuxième frayeur qu'il essaie de maîtriser. Mourrait-il noyé? La brunante l'a confondu. Il ne se rend pas compte que l'eau n'a que deux pieds de profondeur et que le fond est couvert de moules. On l'exhorte à les pêcher. Radisson les ramasse mais non sans une profonde appréhension et non sans avoir pris, au préalable, la précaution d'attacher sa ceinture au canot.

Retour vers la chaudière rassurante. Une femme a allumé le feu. On donne à Radisson un peu de viande et du bouillon. Peu après, on lui fait enlever sa chemise. Un des *Sauvages* s'en revêt. De plus, ce dernier s'empare d'un couteau et coupe le fil de la médaille qui pend au cou de Radisson qui se demande si on ne va pas l'égorger. Il n'en peut plus.

> *I though[t] every foot he was to cut my throat. I could [not] bear [it]. I had rather die [at] once than be so often tormented*[34].

Trois façons de quitter la vie.

Mourir peut-être pour renaître

Radisson s'assied auprès d'une femme qui enfin l'apaise. Elle a saisi l'état de crainte dans lequel il se retrouve. "*Be cheerful*" lui dit-elle. "*It is my husband*".

> *He will not hurt thee. He loves me and knoweth that I love thee and have a mind to have thee to our dwelling*[35].

Elle récupère sa chemise, l'en recouvre et l'exhorte à dormir. Radisson cette fois est prêt à s'abandonner à la nuit, même au risque de ne plus jamais se réveiller ou à mourir d'un coup de hache ou de casse-tête, prêt à l'éternité, bercé par les flots d'un fleuve et les paroles d'une femme. Plus rien à attendre.

Cet homme qui avait eu autrefois la maîtrise des situations difficiles, cède maintenant à l'amertume de la peur. Il cède aussi à la douceur d'une *Sauvagesse* de qui il accepte la bonté et l'expression d'une pure tendresse. Elle efface momentanément le sentiment de panique. Elle le rassure car vraiment *son mari ne lui veut aucun mal*. Radisson se laisse emporter par le sommeil, enfin! Il va, stupéfait, vers la nuit noire. Peu lui importe s'il allait mourir ou non au cours de cette nuit. Il était bien.

Le lendemain Radisson se réveille confondu, ayant en mémoire le souvenir de sa captivité et, surtout, de sensations qu'il n'arrive pas à s'expliquer. Il se souvient de deux détails pour le moins incongrus : il faisait beau et son esprit était perturbé. Enfin, il ajoute : "*We left this place which feared me most. Then hurt was done*[36]."

Radisson a traversé la nuit et l'aura de la *Pointe Maligne* : *Pointe* trop ontarienne pour figurer dans les pages québécoises; trop française pour figurer dans les annales ontariennes. Autrement dit l'ignorée, mais, malgré ce fait, de toute importance. Lieu de beauté et de triomphe, de défaites et de vaillance.

***

Ici, nous quittons le récit de Radisson.

Le père Ragueneau prend le relais, son témoignage percutant.

11. *Fuir Onondaga*

bien des merueilles d'vn lieu [...]
Nous deuions perir en montant, la mort nous
attendoit à nostre arriuée
notre départ a tousiours passé pour impossible [...][37]
                         Paul Ragueneau

Le convoi atteint Onondaga presque contre toute attente. Les Français parviennent à rétablir les liens avec les Onondagués, l'une des cinq Nations iroquoises. L'expédition tout entière chargée de tension durera pendant les longs mois à venir. Si le chemin vers *Onondaga* s'avérait périlleux *le départ a toujours passé pour impossible.* Les Français ignorent que le retour vers Montréal, en hiver, sera tout aussi dangereux. Il s'agit de l'un des épisodes les plus dramatiques de la jeune histoire de la Nouvelle-France – une fuite qui aurait pu échouer à n'importe quel moment. La trajectoire, une véritable plongée vers l'abîme, dans le froid, le danger et, disons-le, dans la douleur de l'échec.

La paix demeure fragile. On craint plus que tout la trahison des Iroquois, car des rumeurs circulent à cet effet. Il aurait été inconséquent de ne pas prêter foi aux ouï-dire. Ailleurs, les autres nations iroquoises ont repris les armes. Mais comment fuir le territoire des Onondagués sans alerter ces derniers, sans être pourchassés, pris et faits prisonniers? Ensemble, les Français conviennent d'un stratagème qui leur permettra, espèrent-ils, de quitter précipitamment les lieux sans être aperçus ni courir de risques.

Première considération : *suppleer au defaut des canots*[38] comme l'exprime le père Ragueneau. On décide de bâtir *en cachette deux batteaux capables* de sauter les rapides. Encore faut-il les construire sans se faire remarquer. Les Français échafaudent un plan : construire des *batteaux* et les entreposer sous un faux plancher du fort[39]. Il ne faut rien laisser paraître, toujours déjouer et user de subterfuges – n'importe lesquels –, mais fuir à tout prix.

Or, après avoir construit les *batteaux*, on prépare le départ. On invite les *Sauvages* à un *festin à tout manger*[40]. Bien. Mais encore faut-il une raison pour l'évoquer. Il est question d'un mal sournois ou d'une blessure. Si l'on n'arrive pas à tout manger, le malade concerné mourra invariablement. Qui a joué la carte de la maladie? Un Père missionnaire ou Radisson? Les comptes rendus diffèrent quant à savoir quel figurant a tenu ce rôle. Le point de convergence cependant demeure : pour que le malade guérisse, il faut que toute la nourriture soit consommée. Marie de l'Incarnation présente une version qui diffère un peu de celles de Radisson et du Père Ragueneau. Il en existe d'autres encore, mais dans l'ensemble, on s'entend sur les faits suivants pour la suite des événements : on convie tout le monde à un gargantuesque festin. On invite les nombreux convives à faire la fête ainsi que beaucoup de bruit : à danser *à la sauvage*, pour les Français et *à la française*, pour les *Sauvages*. Tous poussent des cris d'allégresse chacun apportant sa contribution à la *ioie publique*. Entre-temps, on guette le moment propice pour la grande évasion.

La fête commence, à un endroit convenu, non loin du fort, tel que l'a précisé Radisson dans son compte rendu. Allègrement se succèdent les plats de viande, de tourtes, puis de poissons, sans compter le *bled d'Inde*, la saga-mité[41] et les citrouilles. Chants, danses, musique – tambours, percussions, flûtes – des vestiges de bacchanales mais sans le vin de Dionysos. Il mangent à s'en crever la panse jusqu'à ce que l'on dise : *skenan*, c'est assez! Le malade s'en tirera. Après le festin, le repos. On exhorte tout le monde à aller dormir et, surtout, le matin venu, à ne pas réveiller les Français. Une fois les Amérindiens endormis, les Français se mettent à l'œuvre. Ce sera la course contre le temps, contre les éléments et contre des adversaires redoutables s'ils se rendaient compte de la supercherie. On contemple alors deux possibilités : soit de tuer les Amérindiens durant leur sommeil soit de fuir en catimini, tel que prévu. La deuxième solution est la seule envisagée car la première est incompatible avec les visées des pères Jésuites. Ils ne sont pas allés à Onondagua pour tuer ceux-là même qu'ils désirent sauver[42].

Vient le moment opportun. Et quelle fuite! Plusieurs témoignages subsistent. Beaucoup d'écrits de deuxième ou troisième main sont repris par la suite par moult historiens – résumés, analyses, détails ajoutés selon les circonstances – car il s'agit ici d'un épisode important de l'histoire de l'Amérique française. La paix était rompue! Ce jour où les Français quittent Onondaga, les bateaux sont mis à rude épreuve. Jamais ne les avait-on utilisés dans les glaces. Il faut craindre l'effet du gel et de la neige; les rapides et les portages; se méfier du sol qui pourrait retenir des traces de pas; l'ennemi qui risque de les repérer, sans compter les chemins perdus, l'intensification possible du froid, l'action des glaces, les abîmes dans les chutes d'eau, la violence du courant, les risques de noyades dans les torrents[43]. La nuit tombée, le seul gîte possible reste encore la neige. « Notre départ a passé pour impossible[44] » dit le père Ragueneau.

Le trois avril 1658, ils atteignent néanmoins leur but : Montréal.

Des textes témoins sont présentés dans *Textes choisis* pour étayer le propos, soit ceux de Pierre-Esprit Radisson et du père Ragueneau, tous les deux ayant pris part à la périlleuse mission et surtout, tous les deux ayant laissé par écrit leur précieux témoignage. Également, une lettre que Marie de l'Incarnation fit parvenir à son fils pour lui donner des nouvelles du *Nouveau Monde*[45]. Dans le premier cas, il s'agit d'extraits dans la langue originelle, soit l'anglais. Le récit du père Ragueneau et la lettre de Marie de l'Incarnation sont en français. Également, dans le tome II, le compte rendu du Père Ragueneau sur le voyage vers Onondaga[46] où on a un autre point de vue que celui de Radisson. En fait, jusqu'à tout récemment, les historiens ont surtout retenu le témoignage du père Ragueneau pour relater ce qui s'était passé à la mission iroquoise de Gannentaha – les enjeux, les décisions que les Français ont dû prendre et les péripéties du voyage[47].

IV

LONG SAULT...

12. *Long Sault*
Chargé d'écume...

Gonflé de mémoire, rebelle, intarissable – enfin, le croyait-on. Il se déchirait quand il semblait porter sur ses épaules le cortex ridé d'un ciel bourgeonnant de cumulus : une œuvre d'allégresse ou de fièvre piaffant de toute son énergie. Son insolente chevauchée avait un pouvoir d'hypnose.

Monter ou sauter les rapides s'avérait une affaire périlleuse et de cœur. Ils allaient à toute allure, sans que rien ni personne ne puisse arrêter leur course. On les savait têtus. L'ensemble des rapides s'échelonnait sur une distance de *quarante lieues* en amont de *Pointe Maligne*, lisait-on. Ne s'y aventurait pas qui voulait, ni sans connaître à fond le courant où tant d'eau caracolait de vertige. «Il fallait beaucoup de sang-froid et une rare habileté pour "sauter les rapides"[1].»

Inquiétante comme peut l'être une masse d'eau vive, suspecte, voire cruelle, *fascheuse* quand elle fracassait tout sur son passage, laiteuse quand elle laissait la trace mouillée de ses sanglots : matière souple, recroquevillée, parfois elle se lovait avant de s'abîmer sur le dos des pierres, s'y arrêtait un instant pour reprendre son interminable élan. Long Sault, inséparable de la *Pointe Maligne*. Toute ma démarche convergeait vers ce chapitre. Je savais depuis longtemps, et bien rétrospectivement, que je devrais compter parmi ceux qui en raviveraient un jour le souvenir. Toutes les fois que je réprimais un tant soit peu l'élan, le désir pour ce faire remontait avec force. J'espérais, même après toutes ces années, m'emparer de l'indicible.

Long Sault. Il était loin d'être le seul de ce nom. Combien y en avait-il eu d'autres? Il suffit de consulter l'une des toutes premières cartes de Samuel de Champlain. On y voit des lignes, des traits légers, presque frémissants, des courbes accidentées et ces indications qui boule-versent : *sault, sault* et encore *sault*. Seulement de songer à ce qu'on pourrait lire maintenant sur une même carte, soulève en soi un sentiment d'impuissance sinon de colère quand il faudrait y inscrire à la place « barrage », « barrage » et encore « barrage ». Comment dire l'impact de ce qui a été perdu. Que nous ayons ainsi dilapidé en si peu de temps toute cette beauté nous entraîne dans une réflexion *a pos-teriori*. Sans arrêter le progrès, à quel moment aurait-on dû s'écrier : il faut que ça cesse!

Le chemin sensible

Pas une seule fois, je pèse bien mes mots – pas une seule – où je sois retournée sur les lieux du Long Sault sans y croiser quelque passant, le plus souvent une tête grise encore à l'écoute du vivant – oui, du vivant – et non pas à l'affût de quelque souvenir. Ce n'est pas par nos-talgie qu'on y revient mais pour se saisir de l'essentiel et peut-être au fond de soi-même pour ressentir la joie de l'avoir connu même si cette joie ne peut être dissociée de l'immense chagrin qu'il ne soit plus.

Ainsi, je me rappelle avec émotion l'un de ces passants que l'équipe de TFO et moi-même avions rencontré par hasard. L'était-ce? Toujours est-il qu'un monsieur promenait son chien sur la grève. Il avait un peu détourné son regard et en somme ne semblait pas le moindrement étonné de retrouver sur les lieux une équipe de tournage. S'attendait-il à faire partie du reportage? Sûrement pas! N'empêche que, par des mots simples et ressentis, son témoignage ajouta une dimension que je qualifierais de grave et de légère à la fois : des mots prononcés en toute sincérité qui avaient eu la force d'émouvoir. La journaliste avait d'ailleurs fait preuve d'une grande sensibilité. Elle avait trouvé le ton juste pour recueillir des choses intenses[2].

Cet incident m'avait troublée mais pas du tout surprise. M'est venu à la suite de cette rencontre, un très grand intérêt pour ce Monsieur et pour tous les pêcheurs du Long Sault, de même que pour mon père, qui y avaient pêché «beaucoup... beaucoup de dorés». J'ai formé le vœu secret de retrouver des pages pouvant rappeler ce moment un peu fou où s'étaient abîmés tant de songes et d'embarcations – pacte secret et promesse tenue envers un lieu et envers tous ceux qui l'avaient fréquenté, y compris les habitants de Pointe Maligne. Comme tant d'autre, j'en arrivai à reconnaître le principe universel de : «Rien ne se perd, rien ne se créé, tout se transforme.»

À genoux dans les rapides

Je voulais des descriptions – *beaucoup* de descriptions – et qu'elles soient de surcroît en français. Elles se préciseraient; remonteraient à plusieurs siècles. Elles donneraient lieu à des atmosphères vivantes. Je les laisserais parler. À travers elles, je saurais que tout ce qu'on avait pu raconter n'était pas mensonge.

Elles nous entraîneraient dans un monde ensorceleur. C'est tout juste si on n'imaginerait pas déjà une chasse-galerie, le canot ailé se mouvant dans le ciel et rien ne pourrait le freiner. La voie à suivre... la puissance régénératrice, peu importe que l'on remonte ou que l'on saute les rapides.

Ainsi, mes trouvailles.

Rémy de Courcelles qui fit la remarque suivante :

Le 9, on passa le grand Sault, passage effroyable, où ces bouillons au milieu de la rivière sautent de 12 à 15 pieds de haut[3].

Rémy de Courcelles

Toujours en ce côté nord, là où on le disait impraticable, le comte de Frontenac commentait le courage et la vaillance de ses hommes lorsqu'ils devaient en affronter les bouillons «jusquaux aisselles» :

On ne scauroit comprendre sans l'avoir veu la fatigue de Ceux qui trainoient Les bateaux, estant la plus part du temps dans leau jusquaux aisselles et marchant sur des roches si tranchantes, que plusieurs en eurent les piez et les jambes tout en sang[4].

Le comte de Frontenac

Le récit disait plus haut :

Ainsy sur les dix heures s'etant hausse, Les Escadres firent la traverse, et s'avancerent jusqu'au bas du 1er Rapide du long Sau[l]t, mais lamoitie estant passee il se forma un orage qui obligea Mr le Comte desen aller par terre jusquaux rapides pour faire diligenter Celles

138

qui estoient dans le milieu, et empecher les derniers d'avancer plus avant de sorte quil n'y en eut que quatre qui eurent le temps de passer et qui allerent camper aune demilieue audessus, et il envoya les autres dans une ance apres avoir demeuré plus de deux heures alapluye sans manteau, en de grandes inquietudes pour les bateaux qui eurent beaucoup de peine· a monter le rapide, un desquels auroit esté ala derive dans les Courans, Si les gens des Escadres de derriere ne se fussent jettez a Leau avec une promptitude et une hardiesse incroyable[5].»

Idem

Lafitau avait du reste résumé ainsi l'ensemble des saults, y compris le Long Sault :

Le même fleuve Saint-Laurent [...] roule par différentes chutes avec tant de précipitation qu'une flèche décochée d'une main raide et habile ne part pas avec plus de vitesse qu'en a l'eau dans l'impétuosité de ces torrents : et, comme dans ces endroits il a peu de profondeur, ses vagues se brisant contre les rochers répandus dans son lit causent un mugissement perpétuel et paraissent toutes changées en écume[6].»

Lafitau

Une «flèche décochée d'une main» rapide et soucieuse.

Abandonné à la vague

Étaient aussi évoquées la fragilité des embarcations, la témérité qu'il fallait pour remonter le courant et affronter les écueils qui à tout moment pouvaient déchirer le canot. Nous devons à René de Bréhant de Galinée cette image sublime :

Quand on est dans [un de] ces bastiments, on est
tousjours, non pas à un doigt de la mort, mais à l'espaisseur de cinq ou six feuilles de papier[7].
René de Bréhant de Galinée

Comment ne pas craindre l'abysse et, même avant
qu'ils ne se présentent, les remous étourdis au cœur de
celui-ci? Comment déborder de la peur quand il fallait se
déplacer à un rythme que l'on ne pouvait même pas s'imaginer dans la descente des rapides, et inversement, à la
marche si pénible dans la montée? On bravait l'écume, les
rochers tranchants, le *mugissement perpétuel* de l'eau, *l'impétuosité des torrents*. Comment ne pas craindre la catastrophe qui pouvait survenir d'une fausse manœuvre et ce,
avec la rapidité de la foudre. Hypnotisé par la fatigue et la
vitesse, il fallait en appeler non seulement au courage mais,
de surcroît, à une énergie herculéenne.

Comment ne pas craindre l'instabilité des canots, le
froissement de l'eau... cette obstinée, et au moment ultime,
la possibilité de céder à l'angoisse. Jamais n'y aurait-il eu
de certitude face aux éléments.

Existaient-ils ces mots pour décrire l'incommensurable
satisfaction d'avoir réussi à maîtriser les rapides, d'avoir
dérouté le sort et déjoué l'ennemi en soi-même autant que
les forces de la nature.

Le 22 au matin les 3 bataillons monterent le long sault
et les 5 autres vinrent, dont il y en eut 3 qui le pas-
serent et ne fut pas sans peine puisque 5 batteaux
embarderent. Il est plus fascheux par sa longueur
qu'autrement; au large, les courans sont épouvantables, mais loin de terre l'on passe en prenant garde
à soy[8].
Chevalier de Baugy

Le Long Sault *avait ses dangers*, lisait-on. Il fallait avoir
la main sûre, et le coup d'œil bon pour le monter ou le sauter,
être capable de bien déterminer la précarité de la situation

et manier magistralement l'aviron. Le Père Bonnecamps écrivait dans une des Relations des Jésuite en 1749 :

> Le Long Sault a ses difficultés. Il faut avoir le coup d'oeil bon et la main sûre pour éviter d'un côté la Cascade et de l'autre une grosse roche, contre laquelle un canot fut-il de bronze, se briseroit comme un verre[9].

À contresens... toujours

On retrouve dans les écrits de Xavier de Charlevoix :

> Le reste du jour nous ne fimes que franchir des Rapides : le plus considérable, qu'on nomme le *Moulinet*, fait peur seulement à voir, & nous eûmes bien de la peine à nous en tirer. Je fis néanmoins ce jour-là près de sept lieuës, & j'allai camper au bas du *Long Sault* : c'est un Rapide d'une demie lieuë de long, que les Canots ne peuvent monter, qu'à demie charge[10].

Et dans ceux du Chevalier de Baugy, la détresse de perdre un compagnon de voyage :

> Il y eut vn malheureux soldat, qui, après l'auoir bien monté, estant à terre sur la corde de son batteau pour doubler une pointe un peu difficile, se noya; il y eut quelques autres batteaux dans le long sault qui coururent grand risque; nous sommes quittes de tous ces meschants pas à bon marché, je croyais qu'il nous en couteroit dauantage[11]...

***

141

W.H. Bartlett, «Long Sault Rapid, on the St. Laurence, Rapide de Long-Sault, sur le S.-Laurent», [gravure], London, published for the Proprietors by Geo:Virtue, 1840.

«Running the Long Sault rapids on the Upper Reaches of the St. Lawrence», tiré de *The Mentor. The St. Lawrence River*, Ruth Kedzie Woods, volume 7, n° 15, 15 septembre 1919.

«Near View of Portion of Long Sault Rapids», tiré de Arthur V. White, *Long Sault Rapids, St. Lawrence River*, Printed by the MORTIMER CO., Limited, Ottawa, 1913, frontispiece page.

«Portion of Long Sault Rapids», tiré de Arthur V. White,
Long Sault Rapids, St. Lawrence River,
Printed by the MORTIMER CO., Limited, Ottawa, 1913.

«Large Passenger Steamer Shooting the Long Sault Rapids», tiré de Arthur V. White, *Long Sault Rapids, St. Lawrence River*, Printed by the MORTIMER CO., Limited, Ottawa, 1913.

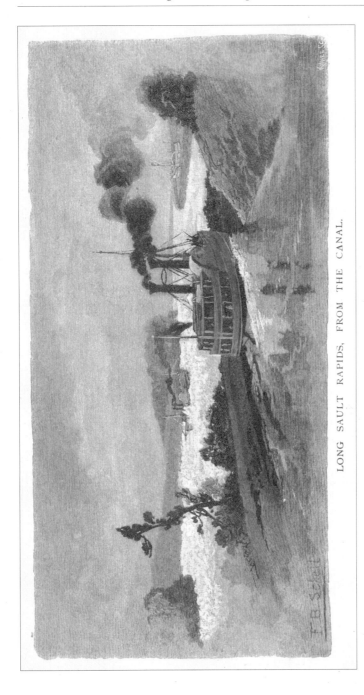

LONG SAULT RAPIDS, FROM THE CANAL.

«Long Sault Rapids, from the Canal», Wood engraving from *Picturesque Canada, the Country as it was and Is.* Toronto. Belden Bros. Volume II. 1882. p. 669. Edited by George Monro Grant, D.D., of Queen's University, Kingston, Ont.. Illustrated under the Supervision of L.R. O'Brien, Pres. R.C.A.

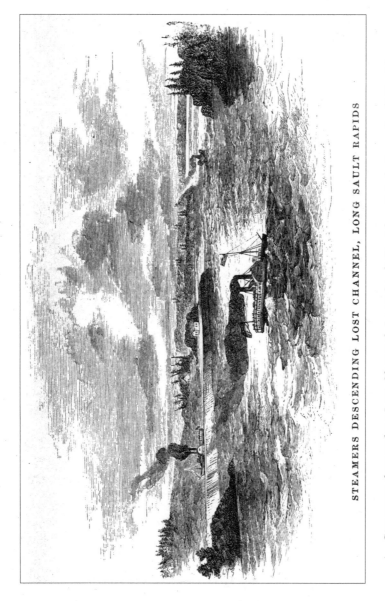

STEAMERS DESCENDING LOST CHANNEL, LONG SAULT RAPIDS

«Steamers descending Lost Channel, Long Sault Rapids», tiré de *Long Sault Rapids*, *Hunter's Panoramic Guide from Niagara to Quebec 1857*, W.S. Hunter 1857, Published by John P. Jewett & Company, Cleveland, Ohio, 1857, p. 31.

Le fleuve,
Œuvre de persévérance,
Et par ses bouillons,
Voie de pénétration.

Le Long Saut a un bon quart de lieue de longueur
dans le N. [nord] & trois lieues de longueur, en le descendant au S. [sud]. L'eau bouillonne comme celle de
la mer dans une tempête[12].

Pierre Pouchot

L'eau. L'interminable, la blanchâtre. De la Barre :

Nous arrivasmes le 2ᵉ. au portage du Long Sault que
je trouvay tres difficile nonobstant le soin que j'avois
eu d'y envoyer cinquante hommes devant pour couper
les arbres qui estoient sur le bord de la riviere et
empeschoient que l'on y pust passer pour y traisner
les canots et batteaux, parce que l'eau estant fort
grosse, et la coste encore, l'on estoit à la nage à l'instant que l'on l'abandonnoit et on n'avoit pas de force
pour tirer lesdits batteaux et les plus grands canots,
ce qu'ils firent heureusement en deux jours sans
aucun accident[13].

Trois siècles plus tard... sans traces

Elle, qui avait été intimidante et claquante de fièvre,
aujourd'hui s'est tue. Eau de l'angoisse et de l'inquiétude.
Eau remplie de dents et de griffes. Eau de l'impatience. Eau
à la chevelure que les sirènes peignaient sur leur passage.
Galopante de toute sa fureur. Était-elle mi-femme? Mi-
cheval? Mi-oiseau? Moitié ailée, moitié amphibienne? En
toute sensualité, Pégase, oiselle de plume, Mélisandre? Cette

écorchée vive, abandonnée aux sirènes terriennes gardiennes de pierres et de phares en devenir. Sentinelles de l'errance. Long Sault : lieu de transmutation.

Rien ne pouvait détruire sa danse sauvage, du moins le croyait-on. Moi non plus je n'arrivais pas à l'oublier.

Je l'avais entendu causer.

Je l'avais vu se décharger, somptueusement.

Puis, à découvert ce Long Sault. Et les signes de sa détresse parce qu'avant d'effectuer les grands travaux, il fallut le mettre à sec. L'éviscérer. Ce géant me fixait toujours.

Quand est-ce que l'eau va revenir, avais-je demandé à mon père. Il me reste encore dans la gorge un lourd silence et ce mot ultime de l'existence – ce «jamais» – que l'on évite de prononcer de peur d'effrayer les enfants.

Le vide s'était installé.

Dans la durée, le Bateau de Thésée

Le 25, elle [la brigade] décampa à 5 heures, monta le Long Sault; qui est le plus long, et dont le courant est très rapide. Il fallut 30 hommes pour tirer chaque batteau. Elle campa à la tête du Sault dans une jolie prairie à demi-lieue[14].

Maurès de Malartic

***

Le Long Sault s'était tu. Doit-on rappeler les circonstances par lesquelles on l'a mis à sec avant d'entreprendre les travaux de construction de la centrale hydroélectrique Moses-Saunders? Le géant avait refusé de coopérer. Il résista si bien qu'on a dû reporter à la saison suivante les travaux de construction. Le Long Sault avait refusé de se taire. Doit-on évoquer que, lorsqu'il fut mis à découvert, on vit un paysage hallucinant qui ressemblait davantage à un site préhistorique ou même à un espace lunaire qu'à l'idées qu'on se faisait du lit du fleuve? Doit-on réveiller le souvenir de ces pierres qu'avaient polies et blanchies les eaux du Long Sault? Elles semblaient venir tout droit d'un vestige «néolithique» d'où l'on pouvait de surcroit dégager quelques boulets de canon, des ancres, des épaves. On y voyait enfin ce qu'avait caché son lit : des griffes, des crocs. Mises à nu, les pierres. Faut-il rappeler la réaction d'un capitaine qui s'y était aventuré? Lorsqu'il vit ces quasi-récifs à sec il se demanda rétrospectivement quelle folie l'avait mené à sauter les rapides. Tout compte fait, avait-il dit, il n'était pas certain qu'il aurait eu aujourd'hui la même témérité[15].

On retenait l'image ultime, la soif du Long Sault – ce géant abandonné à lui-même sans ses colonnes d'eau, ses regards de bruine, l'ardeur de ses torrents. Plus de chutes qui roulent avec tant d'empressement...

> [...] une flèche décochée d'une main raide et habile ne part pas avec plus de vitesse qu'en a l'eau dans l'im-pétuosité de ces torrents[16].
>
> Joseph-François Lafitau

Géant désormais sans danger.

Pour mieux le soutenir

Long Sault

De lointaines sonorités s'allient malgré elles au dia-pason des lieux. Parmi les bouleversantes, le mot «en-gloutissement» et son corollaire, «englouti». Ils ramènent

151

au naufrage et à la goutte d'eau que nous sommes indi-
viduellement. Comment ne pas songer au destin de celle-ci?
Qu'elle provienne d'un lac, d'une rivière, d'un ruisseau,
d'un estuaire ou d'un océan, même ainsi transformée, la
goutte d'eau ne perd en rien de sa nature profonde.
Comme un sanglot, le mot dérange. *Glou*, des larmes en
mots, l'onomatopée d'une plainte, puis son silence. *Glou*,
d'une bouteille, la dernière peut-être. La sonorité est troublante... qui nous avale. Un mot passage, un mot sub-
mergé et de l'éclatement, un mot cœur, un mot d'angoisse
et de légendes. Mot de l'eau qui laisse en soi des vertiges
ainsi que le goût d'un infini départ. *Glou*, paradoxalement
qui nous empêche parfois de partir, de faire, de rompre et
d'avancer. Un mot brutal qui nous oblige à renoncer au
projet qui tenait tant à cœur. Une énergie le commande –
celle de l'eau où se superposent des contextes historiques,
mythiques, alchimiques, géographiques et poétiques. Parfois
même, une *cathédrale engloutie*.

Long Sault. L'eau allait, venait, pivotait, éclatait tel un
cœur léger qui ne connaissait encore rien du chagrin. Il
était fait de buées qui se tiraillaient, se défaisaient les unes
contre les autres, se précipitaient en se faisant souffrir et
en ne sachant pas encore que, dans ce seul élan, elles
étaient déjà perdues. Elles se reconnaissaient, se fixaient
le temps d'un amour vers la fin où elles allaient. L'eau
s'entortillait, grésillait. Volée sauvage. Des éclats tombaient,
crépitaient avant de se figer sur la grève émue. L'eau ainsi
tombée, l'eau qui avait sauté d'une pierre à l'autre, l'eau
qui parfois fouillait la terre et qui n'avait pas de lieu fixe
même si elle avait décidé d'y rester un moment, l'eau...
l'eau qui, comme un corps, lui aussi formé jusqu'à soixante-
dix pour-cent de cette substance, ne mentait pas. Un
demi-siècle plus tard, elle raccordait le ciel à la terre en se
figeant ainsi.

Que reste-il?

Trois siècles
Dans la durée
Pour mieux se souvenir.

La force de l'informe.

Le Long-Sault a ses danger[17].
André Chagny cite François Picquet

Ou encore,

Tous ces rapides sont comme le sépulcre des
voyageurs[18].
Idem

[...] je fis monter de grand matin le canot qui était
resté en bas la veille; à moitié du portage, il cassa et
remplit d'eau, je le fis touer par vingt hommes avec
des cordes et lorsqu'il fut monté le Long-Sault, je dis-
persai sa charge dans les autres canots et laissai le
cassé sur la grève le jugeant hors d'état de faire la
campagne[19].
Chaussegros de Léry

*[...] 1st. I sent Scouts on Foot on each side of the Long
Seau (Sault) that I might be sure of no Enemy being in
ambuscade. I marched about nine, ordered the boats to
row in file one by one[20] [...]*
Jeffery Amherst

Combien d'âmes à bord
Combien d'embarcations disparues corps et biens?

Un glas.

153

Des astres s'entortillent

Eau
Sans compromis,
Échevelée, fougueuse.

Bénie du Manitou.

Estampillée d'une ancienne splendeur.

Vieille de milliers d'années qui n'avait jamais cessé de
se taire.

Eau de déréliction,
D'impatience.
Eau spirale mangeuse de temps,
Eau de l'inattendu. Eau mouline. Eau de l'épouvante.
Soyeuse et ronde qui se plisse encore. Eau fiévreuse,
bruyante, grisante.
Eau, manifestant la fraîcheur enfantine des matins de
juillet.

Eau de la défection.

Ô, croire encore en son énergie profonde.
Tendre. Débordante. Trépignante de bleu. Magie de
l'amont vers l'aval.

13. *Autres rapides en amont du Long Sault*

La terre est la planète de l'eau.

Jacques-Yves Cousteau

Du *païs des Iroquois,* & *des chemins qui y conduisent*

Le Long Sault n'était pas la seule complication du fleuve. De la Pointe Maligne jusqu'aux îles Toniata on comptait plus de quarante milles de rapides. Les difficultés de l'ensemble sont décrites dans les relations des Jésuites, années 1663-1665. Avant que d'arriver au lac Ontario il fallait surmonter ces torrens parfois d'une hauteur prodigieuse.

Avant que d'arriver au grand lac Ontario, on en traverse deux autres [lacs], dont l'vn se joint à l'Isle de Montreal, & l'autre au milieu du chemin. Il a dix lieuës de long, sur cinq de large; Il est terminé par vn grand nombre de petites Isles tres-agreables à la veuë; & nous l'avons nommé le Lac de Saint-François.

155

Mais ce qui rend cette riviere incommode, ce sont les cheutes d'eau, & les rapides, qui continuënt presque l'espace de quarante lieuës; à sçavoir depuis Montreal, jusqu'à l'entrée de l'Ontario; n'y ayant que les deux lacs, dont j'ay parlé, dont la navigation soit facile.

Lors que l'on surmonte ces torrens, il faut souvent descendre du canot, pour marcher dans la riviere, dont les eaux sont assez basses en ces endroits-là, principalement vers les rivages.

On prend le canot à la main, le traisnant aprés soy; d'ordinaire deux hommes suffisent, l'vn à la pointe de devant, l'autre à la pointe de derriere; & comme le canot est tres-leger, n'estant que d'escorce d'arbres, & qu'il n'est pas chargé, il coule plus doucement sur l'eau, ne trouvant pas grande resistance.

Quelquefois on est obligé de mettre le canot à terre, & de le porter quelque temps, vn homme devant, & l'autre derriere; le premier portant vne des pointes du canot sur l'espaule droite, & le second portant l'autre pointe sur la gauche. Ce que l'on est obligé de faire : soit lors qu'il y a des cheutes d'eau, & des rivieres entieres, qui tombent quelquefois à pic, d'vne hauteur prodigieuse; soit lors que les torrens sont trop rapides; ou que l'eau y estant trop profonde, on ne sçauroit y marcher, traisnant le canot à la main; soit lors que l'on veut couper les terres, d'vne riviere à vne autre[21]. »

Relations des Jésuites

Relation de ce qui s'est passé

Voie de pénétration
Mouillages
Là où le Saint-Laurent n'est plus navigable.

On retrouve sous la plume de Jean de Brébeuf, dès 1635, un aperçu des saults et le chemin conduisant vers le lac Ontario.

Il est vray que le chemin est plus court par le Saut de S. Louys, & par le Lac des Hiroquois, mais la crainte des ennemis, & le peu de commodité qui s'y rencontre, en [rend] le passage desert. De deux difficultez ordinaires, la premiere est celle des sauts & portages. Vostre Reuerence a defia [deja] assez veu de sauts d'eau vers Kebec, pour sçauoir ce qui en est : toutes les riuieres de ces Pays en sont pleines, & notamment la riuiere de S. Laurens, depuis qu'on a passé celle des Prairies. Car de là en auant elle n'a plus son lit égal, mais se brise en plusieurs endroits, roulant & sautant effroyablement, à guise d'vn torrent impetueux, & mesmes en quelques endroits elle tombe tout à coup de haut en bas, de la hauteur de plusieurs brasses. Ie me souuenois en passant des Catadoupes du Nil, à ce qu'en disent nos Historiens. Or quand on approche de ces cheutes ou torrens, il faut mettre pied à terre, & porter au col à trauers les bois, ou sur de hautes & facheuses roches, tous les pacquets & les canots mesmes [22].

Jean de Brébeuf

Pour bercer l'infini

Il faut dire que les rapides ne gelaient pas en hiver. Ils s'enroulaient en vapeur, s'écroulaient dans le frasil et le froid.

Ralentissaient... sourdement sur la neige.

La belle fente se refermait sur laquelle ruisselait encore une eau toute blanche. Le fleuve captait l'hiver.

Puis, au printemps, il gonflait, gonflait jusqu'à en narguer le rivage.

Il touchait le monde.

Phénomène dérangeant : on pressent ces rapides sous l'eau. Une force vient troubler la surface même lorsqu'il y a peu de vent. Des frissons nous rappellent la présence de ce qui a été, et la vie bouillante, peut-être même plus sauvage qu'on ne le croit parce que, même aujourd'hui, à partir d'un bateau, on ressent une puissance d'attraction. On est attiré par un mouvement centrifuge, un quelque chose qui se manifeste tel un courant rempli de rythmes atypiques qu'on n'arrive pas à expliquer, à moins de savoir ce qui s'y est passé au cours des années cinquante.

On a peut-être oublié que...

> La rapidité y est grande, & les boüillons fort éleués[23].
> Père Joseph Chaumont, & Père Claude Dablon

La nécessité du passage

Il faudra donc, dans la recherche d'une genèse, continuer de pressentir le fleuve, l'aimer et décrire les particularités d'aujourd'hui, qui ne ressembleront pas à celles de demain : se rappeler en outre que jadis ni le poids de l'eau ni la rapidité du courant n'avaient réussi à *amollir* ou à *briser* les rochers; les cascades étaient *d'autant plus belles* qu'elles étaient «naturelles»; la dénivellation de l'amont vers l'aval si importante que l'eau en sautait *en forme de gros bouillons*; depuis le lac Saint-François jusqu'à *Otondiata*, le fleuve était effrayant à en faire dresser les cheveux sur la tête; on ne pouvait plus y naviguer – personne n'en *viendroit à bout*.

> Ce qui est plus estonnant dans ce fleuve est que ny le grand poids ny la rapidité de ses eaux n'a pu se creuser un lit où il pust se respandre et courir à son aise et d'une course égale, mais il s'est trouvé en beaucoup d'endroits des rochers si durs, que ne pouvant ny les amollir ny les briser, après avoir amassé au-dessus

une assez grande quantité d'eau pour les égaler, il passe enfin par dessus et forme, en ces lieux, des cascades, d'autant plus belles que ce n'est pas l'eau d'un simple canal formé par l'industrie des hommes qui en est la matière, mais celle d'un grand fleuve qui a, comme j'ay dit, une demi-lieue entière de largeur [...]

Je n'ay mis icy que les cheutes d'eau qui se rencontrent dans le fleuve, sans compter les violents rapides qui s'y rencontrent continuellement de /fin de page rognée/ jusques au lac Saint-Louis, depuis le lac Saint-Louis jusques au lac Saint-François, et depuis celuy-cy jusques au lieu qu'on appelle Otondiata, proche le lac Ontario.

Ce qu'on appelle rapide en ce pays n'est pas un simple courant d'eau, mais un courant causé par une pente si grande, que l'eau forme de gros bouillons qui sautent quelquefois de trois ou quatre pieds de haut; j'en ay veu qui sautoient de plus de huit ou dix pieds, en sorte que les cheveux en hérissent à la teste lorsqu'on est obligé de passer dans ces endroits.

[...]

Lorsqu'on arrive à ces endroits fascheux du fleuve dont j'ay parlé ci-dessus, on ne s'arreste pas à les vouloir passer à l'aviron; on n'en viendroit pas à bout; mais, se mettant à l'eau, on prend son bateau ou canot avec la main et on le conduit ainsi le long du bord, en évitant les roches et le tirant avec force pour luy faire surmonter la rapidité de l'eau; mais aux lieux où il y a des cheutes, on met à terre; on descharge le canot, et le chargeant sur les espaules, on le porte jusques à ce qu'on trouve un endroit commode pour se rembarquer.

La navigation sur ce fleuve estant si périlleuse, comme nous avons veu, M. le Gouverneur n'a pu entreprendre le voyage du lac Ontario, où sont les passages les plus difficiles de la rivière, sans de puissantes raisons[24].

Daniel Remy de Courcelles

Dédales vivants

Dire la force transmise parmi ceux qui vinrent,
Passèrent d'île en île,
De rapide en rapide,
Ces semblables de souffle et de salive.
Dire l'autre rivière des Iroquois – le passage précis
Entre le Lac Saint-Louis et Cataracoui.

Frôler ces îles un peu folles,
Les courants et les hauts-fonds,
Le cycle de l'eau, celui d'un chant.

Loin d'être calmc
La poésie se transforme, scintillante et d'ombres.
Eau lancinante qui revient sur elle-même,
Erre, se perd,
Intouchée
Bondit, éblouit, rassure.

Un moulinet où tourbillonnent encore
Les forces inconscientes.

Il y a connaissances
Occultes
Des canots dans l'imaginaire.

La blessure transparente,
Connaissance de l'eau,
Connaissance de l'autre,
Confréries anciennes.

Fusion totale avec l'eau originelle et le désir primordial
d'aller plus avant.

Franchir l'obstacle simplement parce qu'il est là.
Et suivre l'appel du plus *oultre*.

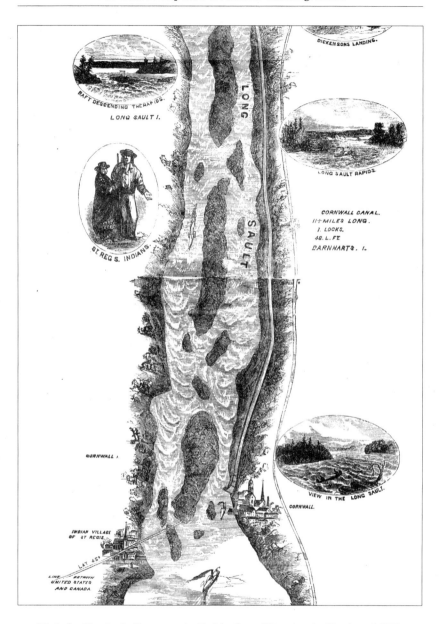

Tiré de *Hunter's Panoramic Guide from Niagara to Quebec 1857*,
W.S. Hunter 1857, Published by John P. Jewett & Company,
Cleveland, Ohio, 1857

Je suis monté en haut d'une montagne qui se trouve au bord des Sauts d'où j'ai aperçu le dit fleuve au-delà des dits Sauts, lequel paraissait être plus large que là où nous l'avions franchi. Les gens du pays nous indiquèrent qu'il y a dix jours de marche entre les Sauts et ce Grand Lac. Nous ne savons pas combien ils font de lieues par journée de marche[25].

Jacques Cartier

Lié à la partance

Ces deux autres témoignages :

Nous entrâmes à quelques lieües au dessus dans le *Lac Saint François*, à qui l'on donne 20. lieües de circonference, & l'ayant traversé nous trouvâmes des courants aussi forts que les précédents, sur tout le *Long Saut* où l'on fit un portage d'une demi lieüe. Il ne nous restoit plus à franchir que le pas des *Galots*. Nous fumes obligez de trainer encore nos Canots contre la rapidité du Fleuve. Enfin après avoir essuyé bien des fatigues à tous ces passages, nous arrivâmes au lieu nommé la *Galete* d'où il ne restoit plus que vingt lieües de navigation jusqu'au *Fort de Frontenac*[26].

Baron de Lahontan

L'on passa plusieurs rapides avec assez de peine et l'on fut obligé de radouber plusieurs bateaux, trois lieues au-dessus de la Galère. Il y avait toujours plusieurs détachements dans le temps des partages pour couvrir ceux qui traînaient les /274/ bateaux[27].

Baquevile de la Potherie

Mauvaise passe ou potentialité

M. le Chevalier de la Corne s'étant porté avec son détachement à la tête des rapides, se porta à l'Isle aux Galops, qui en est l'entrée; c'est un endroit où l'eau, par une pente forte se précipite, et forme en bas de sa chûte un clapotage qui pouvoit faire périr des canots qui ne seroient pas bien gouvernés; il fit faire des retranchemens sur l'Isle, entre laquelle et la grande terre est cette chûte; il est surprenant que l'on ne se fût pas jusqu'alors aperçu qu'on pouvoit passer autre part, et que l'on ne le reconnût que par force[28].
    Société littéraire et historique de Québec, 1873

***

Sauvage,
En quête de sel.

Avec le temps, ont dévalé les cageux sous la houle
Des convois légendaires,
Des milices,
Les gouverneurs,
De simples passants
Qui continuent de laisser leurs traces
en participant à l'histoire

... d'une route secondaire.

V

VADE-MECUM

GUIDE ONIRIQUE
POUR CE MÊME CHEMIN

Où est le perdu? Où s'est perdu le perdu,
là est situé le dernier royaume.
  Pascal Quignard, *Les Ombres errantes*

En 1637 le Père Joseph dit à Richelieu :
Quand je porte mes yeux sur les villes,
sur les forêts, sur les mers, sur les glaciers,
j'en viens à croire que le monde
est une fable et que nous avons perdu
la raison.

                                          Idem

14. *Marcher*

... Et possiblement perdre ses repères en suivant des yeux les bateaux et leur cargaison, en écrivant sur le sable les mots de la soif. Remarquer au loin ce qui vient de loin. Renaître à cette voie intérieure et retrouver le chemin qui, pour une raison mystérieuse, n'est souvent accessible qu'en allant sans but précis.

Trouver un sens.

Saisir l'émotion.

L'instant.

Et la conscience du temps.

Accéder à un *plus oultre* même si, pour ce faire, il faut *essuyer dans la nuit (le) grand orage*.

L'immense détresse semblable au grand amour quand l'un se moule à l'autre.

Hypnotisé par le mouvement de l'eau, le même geste répété, la même mesure, la fatigue...

Envoûté par le balancement des vagues...

Brassé dans ce chaudron de sorcier au rythme d'une musique universelle.

Une autre invitation au voyage.
Accepter le mystérieux parcours.
Il est si tard.

***

Le 1er aoust, nous partimes a 5 h. du matin, nous laissames à 3/4 de lieue à gauche l'isle aux Oiseaux et à une lieue nous sortimes du lac. Il y a beaucoup d'isles au sortir du lac; il étoit une heure lorsque nous rangeames le cap du détour vis à vis duquel il y a une isle, et à une lieue de là nous arrêtames à la Pointe au Diable où nous fimes halte. Après, nous passames un petit rapide quy est près de là et nous fumes moullier à la Pointe aux Chaînes, où nous csuyames dans la nuit un grand orage[1].

Chevalier de la Pause

L'isle aux Oiseaux, suivie de deux autres îles dont les seuls noms font frémir : *Pointe aux Chaînes* et *Pointe au Diable*. Y aurait-il au fond de cette eau un monde dont on ne pressent la présence que dans une sorte de tremblement? Y a-t-il des entités néfastes. Qui oserait franchir ainsi les portes de l'enfer?

Se perdre dans le mouvement. Ou le *grand orage*?
Et remarquer des choses qu'on n'avait pas vues.
Quelques instants de vie.
La relation entre la terre et l'eau et le rapport à soi-même ainsi restiué au monde naturel.

D'autres noms effacés.

Le 2 aoust, nous partimes à 5 heures et à 3/4 de lieue nous rancontrames les Mille Roches, où est un rapide, nous passames à droit et rangeames l'isle à gauche; à demy lieue de là nous trouvames un autre rapide apellé

170

le Moulinet, nous passames de meme à droit et rangeames l'isle, nous arrivames à 10 heures au bas du
commancement du détour du rapide du Tonneau que
nous montames en doublent les équipages et nous
couchames au-dessus[2].

Idem

Le *Rapide du Tonneau*? Qui l'avait donc nommé et
désigné ainsi? Pourquoi? Je trouvais pour la première fois
cette appellation.

L'auteur faisait-il allusion aux tonneaux des Danaïdes?
Il se retrouvait donc ici ce Dédale, père de plusieurs filles,
celui-là même qui les donna en mariage en les instruisant
de tuer leur époux au soir de leurs noces. Ce qu'elles firent
toutes, sauf une, devenue amoureuse de son époux. N'y a-t-
il pas toujours quelque part quelqu'une ou quelqu'un qui
refuse les consignes? Les Danaïdes châtiées pour leur crime
sont condamnées à remplir pour l'éternité des tonneaux
sans fond.

À l'instar du *Moulinet*, le *Rapide du Tonneau* était-il
lui aussi abyssal?

***

Les références deviennent implacablement bouleversantes. Mais comment retrouver l'introuvable quand le fleuve
ne peut plus se définir par ce qu'il est devenu? Comment
le reconquérir en toute sa géographie et le flot de son histoire, petite et grande?

Peut-être en ramener à la surface des trésors cachés.

Confondus, étonnés, happés.

Invitation à accueillir l'*icy hault* dans ce qu'il a de
peut-être insoutenable.

Aller plus loin avec ce qui nous est donné. S'il s'agit
d'une déception, trouver en celle-ci la grâce d'aller jusqu'au
bout pour la transmuer en autre chose d'intense et d'aussi
vrai.

Bon vent.
Bonne traversée.

Au païs d'en-hault
Vers l'ouest

Le 3, nous partimes à 6 h. et arrivames à 9h. au courent de Ste Marie et à 3l. de notre camp a l'isle aux
Chats ou nous fumes camper à une pointe à 1/4 de
lieue au-dessous du rapide plat[3].

Chevalier de la Pause

Le courant Sainte Marie et l'isle aux Chats revenaient
sous des plumes particulières.

La riviere au dessus du Long Saut, a un courant fort
rapide, surtout aux arrêtes des terres, que l'on rencontre fréquemment, & où il faut toujours percher
vigoureusement. [...] et la pointe Ste.Marie, une des
plus remarquables[4].

Pierre Pouchot

Qui sont-ils vraiment ces voyageurs, perche à la main
pour tout bâton de pèlerin?
Que rencontrent-ils sur leur chemin?
L'ont-ils librement choisi?
Les mêmes questions aujourd'hui se posent encore.
Et quelle sera la fin?
Elle est là la route sinueuse avec des escarpements et
un courant qui vient fracasser ou parfois lécher ses rives.
C'est selon.
Toutes les nuances repassent en sourdine, alourdies
de mémoire et d'un vague à l'âme qui s'associe à la mélan-
colie d'une Amérique de vent et d'inconnu. Le Pays d'en-
Haut invite à remonter à ses origines et à saisir ce qu'il a

d'insoutenablement magnifique : une eau qui émeut, une route qui, dans l'instant présent, engendre et reprend.

Long Sault, Longue Sault, Lon Seau, Long Saut, Longue Soo, The Soo[5]

René de Bréhant de Galinée

De Long Sault à Long Sault, René de Bréhant de Galinée refermera la boucle. Il ira jusqu'au lac Ontario en suivant la route du Saint-Laurent et reviendra par la rivière des Outaouais même s'il avait prévu une tout autre trajectoire.

C'est avec Dollier de Casson, premier historien de la ville de Montréal et premier concepteur d'un canal pour contourner les rapides de *LaChine* que René de Bréhant de Galinée se joindra à l'expédition de René Robert Cavelier de La Salle qui, lui, se rendra vers les Grands Lacs. Ce dernier pourra jeter les bases d'un voyage qui l'emmènerait subséquemment jusqu'au fleuve Mississippi. L'expédition empruntera non pas la rivière des Outaouais, mais le Haut Saint-Laurent avec tous ses obstacles. Ils marcheront, portageront, franchiront les rapides dans des *bastiments* à *l'espaisseur de cinq ou six feuilles de papier*. Au retour ni de Galinée ni de Casson ne sauteront les rapides de la *Pointe Maligne*, des *Gallots*, de *LaChine* ou du *Trou du Moulin* mais ils prendront une autre route, celle de la rivière des Outaouais dans des circonstances, pour eux, décevantes.

De Galinée, par ses écrits, complète notre connaissance des lieux en joignant à sa narration une succession de faits et gestes ainsi que de judicieuses observations. Lorsqu'il naviguera sur le Saint-Laurent et longera ses rives, il notera les saults et portages, consignera certains détails que lui auront donnés les Amérindiens. Par ces

derniers, il sera mis au courant que personne, non personne, n'a jamais sauté **la** cataracte – l'impossible, l'invincible cataracte. Il se rendra tout près... si près du Niagara
qu'il l'entendra mugir mais sans voir *la merveille*. D'autres
la verront par après, c'est-à-dire une dizaine d'années plus
tard, notamment Hennepin qui sera le premier expédition-
naire à faire une description des chutes du Niagara.

René de Bréhant de Galinée consigne les détails qu'il
jugea d'importance et, ce, depuis la trajectoire du fleuve
Saint-Laurent jusqu'aux Grands Lacs et le long de la Baie
Georgienne. Il décrit les canots, l'équipage, les *auberges
pour la nuit*, la terre *preste à recevoir (les) corps fatigués*, la
nourriture, les *eslans* dont ils font bonne chère, les habitations et même la *fontaine de bitume*. Il est le premier à
dresser une carte de tous ces lieux.

> Tout le monde a souhaité que je fisse la carte de nostre
> voyage, ce que j'ay fait avec assez d'exactitude; cepen-
> dant j'y reconnus encore d'assez grandes fautes, que
> je corrigeray lorsque j'en auray le loisir; je vous l'en-
> voye telle qu'elle est et vous prie d'avoir la bonté de
> l'agréer, parce que je l'ay faite présentement pour
> vous. Je n'y ay marqué que ce que j'ay veu. Ainsi, vous
> ne trouverez qu'un costé de chaque lac, puisque leur
> largeur est si grande qu'on ne peut voir l'autre. Je l'ay
> faite en carte marine, c'est-à-dire que les méridiens ne
> s'y rétrécissent point auprès des pôles, parce que j'ay
> plus d'usage de ces cartes que des géographiques, et,
> au reste, celles-là sont communément plus exactes que
> les autres[6].
>
> René de Bréhant de Galinée

Le premier! Le premier à tracer une figure ou12robo-
rique qui, étrangement, vit encore sur une autre feuille de
papier – sa carte. Plutôt que de revenir sur leurs pas, les
deux voyageurs passeront par le «deuxième Long Sault»,
celui de Dollard des Ormeaux. Par conséquent ils n'attein-
dront pas le but qu'ils s'étaient fixé et ne se rendront pas

jusqu'au Mississippi. Ils reviendront sans avoir «découvert» – dans le sens strict du terme – quelque chose de
neuf. Or, même s'ils n'ont pas atteint leur but, il reste un
texte sublime, infusé d'un souffle premier. Pour reprendre
les propos d'un historien, quarante-huit pages d'une «précieuse narration[7]».

René de Bréhant de Galinée et Dollier de Casson
étaient-ils rentrés déçus? Outrés? Fâchés? Jusqu'à quel
point? Comment s'étaient-ils réconciliés avec le sentiment
de ce qu'il fallut bien considérer comme étant un échec?
Fallait-il forcément être le premier pour laisser une trace?
Ils auront attendu Adrien Joliet mais, rendez-vous man-
qué, ne l'auront pas rencontré. Était-ce si grave de ne pas
accéder à la terre promise puisqu'elle était pour eux inaccessible? René de Galinée aura ouvert la voie en laissant
des mots qui, non seulement décrivent le parcours, mais
contribueront, des siècles plus tard, à en faire connaître
l'essence. Il en révélera un aspect fantastique et une représentation presque invraisemblable, peut-être sans avoir eu
consciemment l'intention de le faire.

De Galinée... Galilée... Galilé. Prénom prédestiné. C'est
par une autre lunette qu'il verra les grands espaces, les
forêts aussi profondes que la Voie Lactée.

Il nous laisse un texte inspiré, un texte témoin, un texte
cheminement que d'autres reprendront par la suite.

***

Doit-on rappeler les campements, les auberges à la
belle étoile. Il dira que :

> Les auberges ou retraites pour la nuit sont aussi extra-
> ordinaires que les voitures, car, après avoir nagé ou
> porté tout le long du jour, vous trouvez sur le soir la
> belle terre, toute preste à recevoir votre corps fatigué.
> Lorsqu'il fait beau, après avoir deschargé son canot,
> on fait du feu et on se couche sans se cabaner
> autrement; mais quand il fait de l'eau, il faut aller

peler des arbres, dont on arrange les escorces sur quatre petites fourches dont vous faites une cabane pour vous sauver de la pluie[8].

Il tracera la trajectoire du lac Ontario jusqu'à Otondiata après avoir traversé les lacs Saint-Louis et Saint-François, les rapides *fascheux* du Saint-Laurent, les emplacements où l'on érigerait plus tard les forts Frontenac et la Présentation. Cependant, détail d'importance, les voyageurs ne purent continuer plus avant. Pour quelle raison? Dollier de Casson a été pris d'une fièvre qui a failli l'emporter. Les deux religieux doivent donc renoncer à continuer. Plutôt que de revenir sur leurs pas, ils se rendent au lac du Chat (le lac Érié), longent la côte et empruntent la voie de la presqu'île qu'ils nomment presqu'île d'Érié. Aujourd'hui on la reconnaît sous le nom de Longue Pointe, celle qui relie à la terre ferme par des terrains marécageux. Cette longue Pointe est restée difficile d'accès. Seuls les petits bateaux et les embarcations légères longent la côte septentrionale, la côte sud demeurant un « véritable cimetière de navires[9] ».

En 1669, comme aujourd'hui, cette pointe avait l'avantage d'abattre les hautes lames du large et de former un havre profond et sûr[10].

C'est en ce lieu qu'ils hivernent

Le 26 mars 1670[11]. Ils doivent donc prendre le chemin du retour. D'autres peines les attendent. Un vent terrible se lève, tant et si bien qu'ils sont forcés de s'arrêter pendant deux jours. Pour ajouter au malheur, le courant emporte le canot de Galinée. Deux hommes qui accompagnent les deux religieux dans cette expédition tentent de sauver

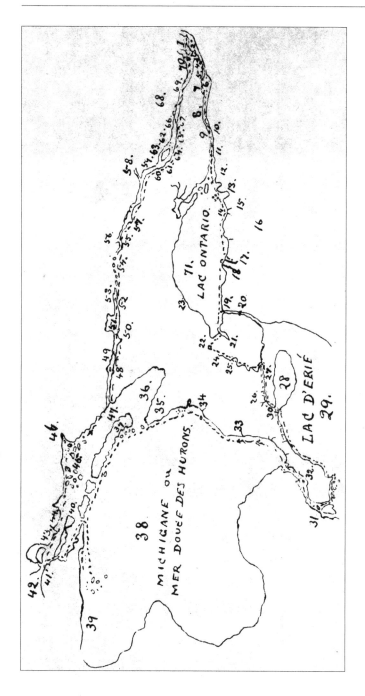

Carte de René de Bréhant de Galinée, tirée de Exploration of the Great Lakes 1669-1670 by Dollier de Casson and De Bréhant de Galinée, Galinée's Narrative and Map, p. 78, translator and Editor James H. Coyne, part 1, Toronto, Ontario Historical Society Papers and Records, vol. IV, 1903.

l'embarcation mais ne peuvent le faire à cause de la force du vent qui a faillit les emporter à leur tour. Incapables de gouverner le canot, ils sont contraints d'abandonner : *le vent estoit de terre.*

Cet accident ajoute à la peine des voyageurs puisqu'une partie de leur bagage est irrémédiablement perdue. Ils tiennent conseil et décident de se diviser. Des neuf hommes qui restent, cinq voyagent *par terre et deux en chaque canot.* Est-il nécessaire d'ajouter que le chemin *estoit fort vilain.* On doit traverser quatre rivières et s'enfoncer dans les bois. À maintes reprises ils sont saisis d'épouvante. À l'un de ces campements ils cherchent, autant que faire se peut, le canot que Joliet avait laissé à leur intention. Ils ne le trouvent que plus tard, par hasard. Les Amérindiens l'avaient caché.

Forte, expressive, inaccessible traversée

Il y eut davantage quand l'expédition se retrouva face à face avec une image gravée dans la pierre. «C'est icy qu'estoit une pierre qu'avoit très peu de figures d'hommes, que les Iroquois tenoient pour un *grand Cap[itaine]* et a qui ils faisoient des sacrifices lorsqu'ils passoient par icy pour aller en guerre [12]» écrit Galinée. Était-ce la représentation d'un diable? D'un sorcier? D'une déité du Nouveau Monde? La tradition voulait qu'on rende hommage à cette divinité, le grand Capitaine, en laissant une offrande. Mais, plutôt que d'agréer à ce rituel de passage, les deux sulpiciens, avec l'aide des hommes qui faisaient partie de l'expédition, détruisirent l'effigie. Cette destruction serait-elle à l'origine d'autres malheurs?

Comment expliquer la suite et l'un des épisodes les plus saisissants qui soient – la *Chasse d'Artus*? Il faut ici se référer à une ancienne légende selon laquelle parfois, au cours de la nuit, des chasseurs viennent hanter les forêts, les lieux obscurs ou reculés; on entend alors des voix qui s'appellent, se cherchent et se répondent. Il n'est pas rare non plus d'entendre des meutes de chiens.

Cette légende veut – en fait elle le commande – que si l'on voit l'un de ces spectres, on doit s'en cacher ou détourner le regard, car il porte en lui le malheur, voire la mort. Les spectres des chiens demeurent parmi les manifestations les plus troublantes. On mentionne aussi que certaines personnes que l'on avait cru mortes reviennent mystérieusement. Ces faits se produiraient encore en Angleterre, en France ainsi que dans certains autres pays d'Europe.

> Nous couchasmes cette nuit sur le bord de cette rivière, environ à deux lieues de son embouchure, et ce fut en ce lieu que (nous entendimes vers le levant des voix qui nous parurent d'hommes, qui s'entr'appellarent. Nous courumes au bord de la rivière pour voir si ce n'estoit point nos gens, qui nous cherchaient, et en mesme temps) nous entendimes les mesmes voix du côté du Sud. Nous tournons la teste de ce costé là, mais enfin nous fumes désabusés, les entendant en mesme temps vers le couchant, ce qui nous fit connoistre que c'estoit ce phénomène qu'on appelle communément la chasse artus[13].

Chemin intime... l'immobilité

Depuis cet incident, les malheurs continuent de s'accumuler pour les voyageurs. Après avoir passé une journée particulièrement éprouvante et attendu les autres membres de leur expédition ils s'arrêtent pour la nuit. Cette fois ils prennent soin de bien s'éloigner de la grève. Mais... Dollier de Casson, à son tour, verra son précieux cargo – son autel surtout – emporté par les eaux. Il faudra dès lors et irrévocablement abandonner le projet de se rendre jusqu'au fleuve Mississippi.

> [...] Les voyageurs y abordèrent, fatigués, après une longue journée de navigation. Instruits par une première expérience, ils tirèrent les canots assez loin vers l'intérieur, mais laissèrent sur la grève leurs *hardes*. Puis ils s'endormirent épuisés. Pendant la nuit un fort nord-est se leva, agitant le lac avec tant de force que l'eau monta de six pieds près de l'endroit où dormaient les missionnaires. Le fracas des vagues finit par réveiller un des hommes. Il se précipite au rivage et voit que les hardes de M. Dollier avaient déjà été emportées. Il donne l'alarme. On sauve les bagages de M. de Galinée et ceux d'un canot. Inutile de chercher davantage au milieu de la rafale et de l'obscurité. Le lendemain, quand l'eau se fût retirée, on trouva un mousqueton et un petit sac de vêtements. Tout le reste, vivres et plomb, surtout la chapelle de M. Dollier, était à jamais perdu[14].

Les voyageurs seront forcés au retour. Pouvait-on attribuer cette calamité à des forces maléfiques plus grandes encore que la foi des marcheurs? Toutes ces circonstances conjuguées font en sorte que René de Galinée et Dollier de Casson reviennent à Montréal. Ils ne verraient pas l'Ohio mais René de Bréhant de Galinée aura cartographié, entre autres, la rivière Détroit, le lac Érié et la Baie Georgienne. D'autres pourraient désormais entreprendre la même trajectoire avec ses précieuses indications.

Ouest...
Far Far West

René de Bréhant de Galinée. Ce nom demeure pour moi de première importance sans que je sache pourquoi. Est-ce en raison du nom de l'auteur, de sa discrétion (qui le connaît?), ou en fonction du mystère qu'il transmet au fil des époques? Je me demande encore si ce ne serait pas lui qui aurait nommé les lieux lorsqu'il les a inscrits sur sa carte. Quoi qu'il en soit, et je ne saurais dire pourquoi ni comment, voilà que son nom est entré de façon imprévue dans ma belle-famille états-unienne.

C'était à San Francisco, à quelques mois seulement des événements du 11 septembre. Un neveu voulut m'initier à Internet et me montrer comment y *naviguer.* Il m'invita à choisir un mot, un thème, un auteur, enfin quelque chose que je voudrais fouiller – même des cartes – m'avait-il dit. J'ai répondu spontanément : René de Bréhant de Galinée.

– *Spell.*

– B-r-é-h-a-n-t...

– Qui est-il?

Un clic... et c'est lui qui devenait à son tour subjugué par la sonorité d'un nom.

– Galinée... *is that like Galilee?*

Le plus inconsciemment du monde mon neveu s'était mis à la recherche de René de Galinée et de quelques racines françaises.

De Manhattan à San Fransisco, que venait donc faire Bréhant de Galinée? Cette nuit-là mon neveu rêva de ce personnage. La recherche informatique l'avait accompagné jusqu'en son sommeil. Le lendemain, il en restait sidéré comme si un rêve avait pu être en accord avec une autre vision du monde.

Tout virevoltait : les Mohawks de Kanawake et d'Akwesasne, (car dans la foulée des événements du onze septembre, on a fait appel à leurs services pour dégager les décombres). Les Amérindiens, qui n'avaient jamais craint les hauteurs et avaient participé à la construction des tours jumelles, prêteraient main forte aux pompiers de Manhattan.

Ainsi tous les ciels défilaient... s'entrechoquaient. Des présences s'ajoutaient à la nôtre, s'y superposaient. L'autrefois était ici. Nous n'avions plus d'emprise sur le temps. *Ne dites rien, ce sont les vivres...* d'une autre époque. Toutes les explications pouvant être valables.

" *I dreamt of Galinée.* "

Mon neveu avait ressenti, je crois, un certain apaisement à se retrouver dans le sillage d'un explorateur, dont la veille il ne connaissait même pas le nom. À des milliers de kilomètres et dans le temps – un instant à peine – il avait oublié les plages du Pacifique ainsi que l'horreur du mois de septembre précédent.

Perte des lieux
Tendre sa mémoire

C'est moi qui demeurai désorientée.

C'est moi qui marchais le cœur lourd. Le rêve avait donné raison à mon neveu. C'est moi qui n'arrivais pas à faire abstraction d'une Amérique bouleversée par l'effondrement des tours jumelles que nous avions vues en boucle à la télévision. Fallait-il cette catastrophe pour que nos yeux puissent regarder en face l'horreur, et, en toute lucidité, la crainte pour la suite des choses. Les dieux étaient-ils à ce point tourmentés? Tous les âges et toutes les saisons s'enchevêtraient.

Personne non plus n'arrivait à oublier ces images affreuses... l'opacité. Plus de train, plus de routes, plus d'avions vers le nord. On avait évacué les aérogares. La terreur, les gorges serrées, les gens hagards quittant la ville à pied, le ciel fermé, piégé. Flammes, cendres, débris. Tous ces inconnus à San Francisco qui me disaient «tu as pris l'avion!» Je me m'étais tout de même pas mesurée au Long Sault! "*Godspeed. Have a safe trip home.*" La peur sévissait encore. Aux douanes, on se heurtait à des mesures de sécurité sans précédent et aux inévitables retards : à d'interminables attentes, à la présence d'escouades canines, vérification sur vérification. Et les malheurs de René de Bréhant de Galinée qui nous allaient droit au cœur. Les noyés des tours. C'était la fin de la traversée. Ces personnes, brûlées de la tête aux pieds, fuyant... pour aller où?

Personne n'avait encore fait le bilan de la calamité.

Une cible avait été définitivement atteinte et on savait dès lors que l'événement aurait des répercussions à l'échelle de la planète.

L'acier fondu, les débris s'empilant, la poussière tombant sur la ville. La fumée noire. Des personnes sautaient dans le vide. D'autres attendaient à la fenêtre.

Les éboulements. Les papiers de toutes sortes jonchant le sol.

Étourdis... Des gens hébétés, bouche bée, à la recherche d'êtres aimés soit dans les hôpitaux de fortune soit devant les barrières... reconnaissez-vous un tel, sa photo placardant la barricade? L'attente.

***

Rien ne serait plus pareil depuis que les astronautes avaient vu, de l'espace, la fumée s'élever au-dessus de Manhattan. L'état d'urgence. Rien ne serait plus pareil depuis que la réalité avait dépassé Hollywood. Nos voisins...

« nos voisins » disaient les journaux d'ici. Moi, je disais plutôt, ma famille. L'image mythique de l'Amérique en avait pris un coup dans sa chair.

Galinée avait servi de repère entre la route de l'eau et celle du feu. Et c'est la route de l'eau qui nous brûlait le cœur.

Marcher. Découvrir l'élan. Retrouver la mémoire des lieux qui ramène l'être à l'essentiel. Comme Galinée, continuer la traversée en solitaire, anonymement. La vie s'arrangera pour qu'on puisse se rendre jusqu'au bout de sa quête. Même défait. Même déçu. S'enfoncer au cœur d'un continent.

Soror Mystica.

René de Bréhant de Galinée et Dollier de Casson, ces frères Lumière du XVIIe siècle, nous avaient ouvert une voie et nous accompagnaient jusqu'au lac Ontario.

Ils avaient passé, avaient laissé à d'autres des traces qui ne seraient plus les mêmes.

L'Anse au Gobelet, le graal de Galinée. Englouti.

15. *Témoin d'un autre monde*
L'inachevé

Continuer. Lentement. En évitant de regarder trop en arrière.

Cape Vincent, Clayton, Alexandria Bay, Cornelia, Hammond, Morristown, Waddington, Oswegatchie, Ogdensburg, Fort La Presentation, Lisbon.

Tonawanda, Lewiston.

La Gallette, Oswegatchie.

Madrid, Massena, Canton, Stockholm, Louisville, Gouverneur, Pierrepont, Morristown.

Norfolk, Hamburg, Edwards.

Chaumont.

Autant de noms que l'on retrouve actuellement sur les cartes américaines, St. Lawrence County, État de New York, municipalités du « Nord », prend-on la peine de consigner. On nous donne aussi quelques détails historiques plus ou moins précis et en toile de fond, une présence française qui subsiste encore et dont on s'enorgueillit.

Cape Vincent.

Les pères Chaumonot et Dablon y sont venus en 1655, Joseph Lemercier en 1656 et Paul Ragueneau en 1657. Galinée le mentionne sous l'appellation *Kahengouetta*, le lieu où ils s'arrêtèrent pour y fumer un peu de tabac. En 1673 ce fut au tour du Comte de Frontenac, puis de Cavelier de La Salle, peut-on lire dans une compilation sur Cape Vincent[15].

***

Du côté canadien, on retrouve les villes et les villages de Lancaster, Summerstown, Cornwall, Matilda, Long Sault, Morrisburg, Iroquois, Mariatown, Cardinal, Prescott, Brockville, Gananoque, Kingston et toutes les îles, y compris celles de Tecumseh, Bathurst, Wellesley.

Au cours des âges, les noms ne sont plus les mêmes :

La Grande Île, maintenant Wolfe Island;

Île Tonti, Amherst Island;

Île-aux-Chevreux, Carleton Island;

Île Cauchois, Howe Island;

On passe d'un pointillé à l'autre.

On a sous les yeux non plus une toile mais une succession de repentirs que nul historien de l'art n'a encore interprétés – les repentirs étant ces changements apportés en cours d'exécution d'un dessin, d'un tableau, d'une œuvre d'art.

Un détail en cache un autre.

Isle aux testes; *Isle aux Chats*; *Isle au citron*; *Rapide Plat*; *Le Galop… la Galette*.

La Présentation; *Pointe aux lièvres*; *Béquancourt*; *Fontaine Bécancour* (maintenant, Brockville); Prescott, où l'on retrouve le Moulin des Patriotes.

Jusqu'au phare de la pointe Tibbett… là où la *mer de Frontenac* devient fleuve Saint-Laurent.

Visite guidée... sans repères

Rien n'est inutile. Chaque fragment est d'importance. Mais sans réponse fixe à quoi que ce soit.

Île à la Savate.
Faisait-on allusion à de vieilles chaussures : «moi, mes souliers...» ou au contexte maritime, la savate étant la pièce de bois sur laquelle reposait une embarcation au moment de son lancement?
Île Troublante quand elle consent à ce qui ne s'explique pas.
Quand le fleuve nous force à contempler ce qui est là et que sans lui on ne verrait peut-être pas. Il bouge, il chante, il respire. Il dit les rêves d'une ville. Participe aux grandes causes.

À vau-l'eau, espère encore.
Il... le fleuve.
Réponse à tous ceux qui ont tellement attendu et qui se vouent au silence... seule dialectique possible à une prière.
Il comprend ceux qui ont la main tendue comme une maison au bord d'une rive.
Le Grand Corbeau.

Le monde est plein d'âmes.

Victor Hugo

Le fleuve désarticulé

" *I'm walking around with a [whole]*[16] *in my heart and nobody sees it.*"

Denys Arcand, *Stardom*

– Changez ce titre.
– Mais pourquoi donc?
Pourquoi me confrontais-je à une autre forme de résistance qui, une fois de plus, me laissait désemparée. Un incident faisait basculer la suite des choses.

J'avais déjà choisi le titre de l'ouvrage qui s'intitulerait *Pointe à la Maudie*. Bien curieusement, depuis que j'avais fixé mon choix sur ce titre rien n'allait plus. De longues nuits d'insomnie, des cauchemars, des pannes d'énergie m'attendaient ainsi qu'une angoisse profonde qui m'assaillait et que rien n'arrivait à résorber. Je faisais appel, en toute conscience, à des dons que je n'avais pas, à une connaissance ancienne, au ciel d'agonie. Je ressentais les mêmes sensations que lorsque j'avais quitté Cornwall, sachant que je ne reviendrais plus y vivre. Un sentiment bien étrange venait ébranler mon équilibre.

L'instant en image

C'est au cours d'un événement social que je fis une rencontre déterminante qui me ferait prendre le recul nécessaire pour intégrer le flot de sensations qui envahissait totalement le champ de ma conscience. Je me souviens d'avoir monté un escalier. En soi, geste banal, mais chaque marche me rappelait toutes les autres marches que, errante, joyeuse, pleine d'anticipation autant que de craintes, j'avais pu gravir. Le fait de monter cet escalier m'en rappelait d'autres franchis inutilement – le terrazzo usé de leurs surfaces, les couloirs au sommet, les portes fermées des salles de classe des collèges et des couvents. Combien d'ascensions inutiles, de va-et-vient d'une pièce à l'autre, d'inquiétude en inquiétude, les épreuves *OSAT, OPAT, OLAT (Ontario Scolastic Achievement Test, Ontario Physics Achievement Test, Ontario Latin Achievement Test)*, examens déterminants de la treizième année. Tout virevoltait. D'étranges annales s'enchevêtraient. Et, l'incident d'une pomme, qui avait eu tant d'importance à mes yeux, faisait dévier le parcours.

Ce jour-là le soleil était éclatant au point de faire mal. Oui, un ciel sous lequel *L'Étranger* aurait pu se reconnaître. Un jour d'octobre absolu où toutes les feuilles brûlaient d'un plein éclat. Les rouges surtout rongeaient le ciel. Les salles de cours, le terrazzo, les planchers usés de jeunes pas prenaient toute la place. Un geste donnerait à la saveur d'une pomme un sens profond. Tout à coup et sans que je le veuille, il me raccrocherait à l'événement le plus doulou-reux de mon adolescence : le décès de mon père alors que j'avais treize ans. Au lendemain de ses funérailles la vie devait forcément reprendre son cours, continuer comme avant, disait-on, alors que pour moi elle venait de s'arrêter. Le chagrin modifiait la réalité. La «déformait», comme aurait dit mon cousin, Pierre[17], quand rien ne tenait plus. Je me confrontais aux sujets d'actualité, aux connaissances qu'il me fallait assimiler, au soliloque à mémoriser *To be or not to be... when I'd rather not.* Il y avait les conflits dans le monde, les famines, les désastres, les discussions sur l'état des récoltes, les pourparlers de nos chefs d'États – sujets qui enflammaient tout le monde, sauf moi. Et il y avait eu aussi le silence de ma mère et des aînés sur la gravité de la maladie de mon père alors qu'intuitivement, je savais; les visites à l'hôpital, l'agonie – l'interminable agonie –, la mort, le salon funéraire, l'accueil des visiteurs à la maison («Où est la nappe de dentelle... tu dois savoir puisque tu vis dans cette maison. Comment se fait-il que tu ne saches pas?»); le service funèbre, les chœurs qui déchirent : *Victoire, tu règneras.* Était-ce une autre forme du chant de Mort rappelant celui de l'*Indien* invité à l'en-tonner au moment de sa capture et à la psalmodier dans la torture[18]? Comment dire? Le matin du retour à l'école je ressentais le profond malaise des filles de ma classe. Ne sachant trop comment réagir, elles m'évitaient. Mais je percevais parmi les plus sensibles l'embarras devant la douleur que l'adolescent comprend si bien et partage intégralement, sans avoir à sa portée les mots pour le dire. Elles partageaient ma détresse, avaient le geste indécis, mélange de foi et de tendresse, de violence et de compréhension. Elles m'avaient évitée jusqu'à ce que le premier cours vienne dissiper le malaise. Je dois dire, toutes sauf une, pas comme les autres, qui était venue dans ma direction. Yvonne, s'approcha de moi et d'un geste sublime brisa le mur de la solitude. Elle tendit la main pour m'offrir une pomme.

"*Bite into it. It's good*", m'avait-elle dit.

L'avait-elle cueillie dans sa réserve de Saint-Régis, maintenant *Akwesasne*? Je n'en sais rien, sauf que ce fruit portait la douceur du lointain, un peu de chaleur humaine et l'ultime complicité de l'automne que je retrouvais à l'instant même dans son émouvante splendeur. Un monde que j'espérais.

Yvonne m'avait invitée à mordre dans la vie – toute la vie – chargée de souffrances et de promesses. De l'Éden à la pomme, le fruit me permettait d'amorcer le mystérieux processus d'une enfance en deuil. Une pomme au lent couloir de sucre dont quelques diamants se cachaient dans la fêlure du pépin. Le séjour du noir en faisait foi.

J'en garde encore le souvenir.

Sur ces rives du fleuve.

En aparté

Difficile de ne pas ouvrir une autre parenthèse sur l'autre pomme. Car je rêve encore de la *neige*. Mon père l'aimait particulièrement. Tous les automnes, nous allions en faire provision chez le pomiculteur de Summerstown. Cette *neige*, car c'est ainsi que nous avions affectueusement nommé cette variété de pomme qui maintenant

190

s'avère presque impossible à trouver dans la région de Summerstown, était aussi ma favorite. Elle atteignait sa pleine saveur à l'automne. Le temps des pommes-neiges s'avérait aussi court que celui des cerises. Il suivait les premiers froids, sinon les premières neiges, d'où son nom : *Snow apple*. Au fil du temps, ce fruit ferme et blanc, aux petites veines parfois rosées, ne serait plus disponible. Cette variété que je croyais indigène a pour ainsi dire disparu, les branches trop fragiles n'ayant pu résister à la tempête de verglas de 1998. Elles ont toutes cassé. La dernière *neige* ne s'offrirait plus à nous comme une dernière douceur avant les froids que l'on sait[19].

Utilité

J'avais consacré quelques heures à peine à cette rencontre sociale, mais elles furent si chargées que je me suis demandé s'il ne s'agissait pas d'un mirage. Une Amérindienne est venue me voir, expressément pour me demander si j'écrivais en ce moment sur les Premières Nations.

– Non, pas précisément. J'ai toujours soutenu que c'était à vous de le faire. Enfin, oui et non.

Je ne savais plus quoi lui dire. J'écrivais, sans contredit, sur un lieu chargé de sens. Comme si elle le savait déjà, elle me dit :

– Changez votre titre.

– *Pointe à la Maudie*?

– Changez-le. S'il vous plait, le plus rapidement possible. Ne me posez pas de questions. Faites-le.

Ce n'était pas la première fois qu'un Amérindien lisait dans mes pensées.

J'aurais souhaité questionner davantage la dame, quand un groupe de personnes est venu m'entourer. Je me suis donc occupée de ces derniers tout en suivant du regard l'Amérindienne qui, discrètement, s'en était allée, aussi mystérieusement qu'elle était venue.

J'aborderais donc autrement la suite du récit. Au sommet de l'escalier et derrière le rouge, il y avait un monde.

***

En amont. Toujours en amont!

Des cartes anciennes m'enseignaient la patience. Elles m'indiquaient une toponymie et des destinations possibles. *Pointe Maligne, Pointe au Pin*, le *Chenal écarté*, le *Rigolet des Milles Roches*, le *molinet rapide*, le *petit chenal du Long Sault*. Je les retrouvais sous d'autres plumes. D'autres influences.

> Le 12, j'arrivai à bonne heure à la Pointe Maligne qui est à 4 lieues audessus de l'entrée du lac, ayant marché la nuit, à 4 h. 59 m., j'en partis [...] à 5 h. 19 m., rivière Cadjagué à gauche, [...] à 5 h. 49 m., Pointe au Pin [...] arrêtai à 6 h. 34 m. [...] à 6 h. 52 mi., chenal écarté à 7 h., Rigolet des Milles Roches [...] à 7 h. 18 m. [...] à 9 h. 6 m., le molinet rapide [...] à 9 h. 15 m., petit chenal du Long-Sault [...] à 10 h. 50 m., portage du Long- Sault, où nous couchâmes[20].
>
> Chaussegros de Léry

Qu'avait donc été cette route semée d'embûches et, à l'instar de son avenir, au parcours difficile?

Essence de noir ou de bleu?

Interstice? Crevasse? Turbidité?

Une barque qui passe dans l'inconnu?

L'errance intérieure?

***

Les routes secondaires nourrissent la permanence. Les discours sauvages et sublimes.

Même si...

... des barrages hydroélectriques contrôlent ses eaux; le fleuve n'arrose plus les rives; il ne nourrit plus les berges; il ne laisse plus l'empreinte de sa vie dans les marais, et la construction de La Voie Maritime et du barrage hydro-électrique modifie la sédimentation.

À l'image même de notre époque, à celle de la planète sans cesse menacée, comme de nos victoires et de nos échecs... il s'agit de ne plus commettre les mêmes erreurs. Chercher. Comprendre et avancer.

En remontant le fleuve
ci-hault

À la cordelle, portage du Long Sault, *la routte réduitte fut... (sic), pointe à la Lamorandière, l'île aux Raisins, le fort Saint-Régis, Bois-clers, Petite rivière à droite, Pointe à Colac, l'anse au Gobelest, Pointe aux Iroquois* :

> À la pointe aux Iroquois, je trouve les 4 batteaux que j'avais demandés au commandant. J'ordonne au caporal qui les conduit d'attendre le détachement. Je continue ma route par terre dans de très mauvais chemins[21].
> Chaussegros de Léry

> Le 13, les voyageurs firent le portage du Long-Sault qui a une demi lieue, on monte les canots à la cordelle à demi charge. Ce portage se fait dans un beau chemin sur le terrain le plus élevé de la rivière de Catarakouis et Bois-Clerc, à 9 h 1/4 nous partimes du haut du Long Sault [...] à 9 h. 35 m. Petite rivière à droite [...] à 7 h. 8 m., sortis du rapide plat et campé.

Le 14, partis à 6 h. 1/2, [...] à 6 h. 37 m., Pte à Colac [...] à 7 h 4 m., [...] petite rivière [...] jusqu'à 7 h. 58 m., fait le tour de l'anse au Gobelest [...] à 8 h. 20 m., Pointe aux Iroquois où le courant est très fort[22].

Chaussegros de Léry

Noème pour le fleuve

Ceux qui ont nommé et décrit les lieux reconnaîtraient-ils encore ce Haut Saint-Laurent à la tessiture de ses étés? À sa voix qui enchante lorsqu'elle s'accorde à la saison qui passe ainsi qu'aux oiseaux qui plongent, se rejoignent, dansent, font des arabesques dans les airs, se dispersent, reviennent encore, bruyamment entre ciel et ciel. Béni des dieux, oublié par l'histoire, le fleuve est ici sphère, kaléidoscope, transparence, étrangeté, envergure. Une lumière y baigne qui, paradoxalement, n'est jamais tout à fait éloignée de l'ombre. Une énergie pure et sans nulle autre restriction appelle en soi un *oultre* univers, semé d'îles.

Dans sa mouvance le fleuve nous dit par où le saisir plus vif encore, bleu sur bleu. Il rouvre le chemin de sa musique. Nous prépare pour l'ailleurs. C'est de l'intérieur qu'il vient nous prendre. Et on se prend à l'aimer.

Ses rives pulpeuses, rieuses, sensuelles,
Souples, serrées, humectées, tremblantes.
Nous laissent seuls devant l'immense.
Vagues lisses.
Vagues en mal de flèches.

***

194

Monsieur de Bougainville avait lui aussi fait le trajet pour y inscrire un fort, une rivière, un *chenail,* un rapide, des pointes, des îles, en une longue journée d'à peine dix lieues.

Le 24, passé à la pointe à Lamorandière; l'île aux Raisins; entré dans les chenaux à trois lieues de l'extrémité du lac. On aperçoit le fort Saint-Régis, qui est sur la rivière à la Mine; le fort est de pieux, établi en 1751. Les Jésuites y ont une mission pour y établir quelques Iroquois; beau canton de chasse; on trouve dans les chenaux le rapide appelé le Chenail écarté, le Moulinet très-dangeureux. La pointe Maline; la pointe au Mai; la rivière de...; l'île à la Savate; les Mille-Roches, au-dessus desquelles on campe: journée de dix lieues[23].
Louis-Antoine de Bougainville

***

À qui et à quoi ont servi ces point de repères dans les déplacements? En quoi nous concernent-ils encore?

Depuis le XVIIe siècle, la route fut témoin d'expéditions, d'explorations, de théâtres de guerre. De tout ça, il reste quelques traces sur le papier. Le comte de Frontenac, Pierre Pouchot, René de Bréhant de Galinée, François Dollier de Casson, Jean Dehayes, Joseph Bouchette en renouvellent l'émotion. Ils disent la trajectoire et en toute simplicité, ce qui la rend poignante.

L'eau des rameurs,
L'eau battue,
L'eau débusquée,
L'eau en plein ciel,
Le soleil sur le poing.

Le parcours infini de la beauté qui tourmente
Une Pointe Maligne qui s'offre à l'imaginaire.

195

Dans cet espace qui avance...

Je me suis toujours demandé pourquoi Denys Arcand
avait choisi ce lieu précis pour camper son personnage
principal de *Stardom*. Quelles circonstances l'avaient mené
à Cornwall? Quelle intention? Quelle intuition surtout.
Le réalisateur aurait-il pressenti la beauté de cette route
secondaire maintenant engloutie. Et, à quelques kilomètres
de distance, les villages bercés par le rythme prégnant d'un
Long Sault disparu? On sait les difficultés que le film a
connues et qu'il n'a pas atteint le succès qu'il aurait
mérité. Était-il déjà voué à la défaite de par le lieu tout
désigné : cette *Pointe à la Maudie*?
  " *Why do you picture time in such a way.* " (Stardom)
  L'intensité de l'éphémère.
  Le personnage principal de Stardom, Tina, entre dans
le mystère de la *Pointe Maligne...* et de *la Galette*. Est-ce
ainsi, qu'à l'instar du nageur qui se noie et qui voit défiler
sa vie, elle pressent déjà l'autre monde dans lequel elle se
retrouvera? Elle y reconnaît ses repères. N'oublie en rien
le lieu originel qu'elle s'est empressée de fuir mais qui, au
cours de ses voyages, la rattrapera. Elle n'en a rien oublié.
Plutôt se sont rajoutés des strates de savoir et un niveau
de conscience qui lui permet de s'en rapprocher. Mais
comment habiter une maison qui n'est plus la sienne? Les
choses sont-elles aussi simples? Que deviendra Tina reve-
nue à l'anonymat? Qui donc s'en préoccupera?
  La traversée en solitaire.
  Son histoire se terminera à l'entrée du pont international, à Cornwall.
  Passion et lassitude en un souffle réunies.
  Toutes les peines du monde y étant conjuguées.
  La porte étroite d'une autre entrée dans le fleuve.
  Un condensé d'émotions rappelant l'histoire de Radisson,
la cruauté.

C'est là où le Saint-Laurent rentre dans sa conque. Sacré ou maudit? Qui oserait le dire? Qui l'oserait?

"There is a hole in my heart."
"Whole" or *"hole"*.
Le vide ou le plein?
Représentation ou réalité?
Vérité ou mensonge?

Le barrage a déjà des fissures.

L'envers est l'endroit.
Quand les deux moitiés enfin se rejoignent.

Le comte de Frontenac vit une fleur
Et *elle fut dessignee par curiosité*

Monsieur le comte vit une fleur qu'il dessina lui aussi pour prolonger la beauté.

Qu'était donc devenue cette fleur fragile. Qu'en reste-t-il trois siècles plus tard? Entre quelles pages d'un vieux livre pourrait-on la retrouver? L'aurait-il offerte à Tina?

> On trouva sous la futaye ou estoit le camp une fleur blanche aussy belle qu'il se puisse voir et qui a une odeur pareille a celle du muguet, mais beaucoup meilleure, Elle [sic] fut dessignee par curiosité[24].

Le Comte, ayant résolu de se rendre le plus rapidement possible au lac Ontario, avait décidé d'aller camper *au-dessus du Long Sault*. Bien sûr, il y eut contretemps. N'y a-t-il pas toujours contretemps? Au cours de cet arrêt non prévu ni désiré, il porte son attention vers ce qu'il n'aurait peut-être pas vu autrement. Les routes secondaires souvent nous y obligent.

Il dessina cette fleur comme d'autres se servent de mots ou d'une pellicule pour capter la beauté du monde. Un voyage. Une musique pour accompagner quelques chants magiques.

On l'imagine, ce Monsieur le comte de Frontenac, dans l'opulence des chênes et des fougères, pousser sa tête contre le feuillage abondant.

Ce monde de parfums et d'odeurs avait donc un avenir!

Le comte de Frontenac le savait-il d'instinct?

Il l'a croqué.

De ces plantes rares on en retrouve encore dans des îles et sur les grèves du Haut Saint-Laurent.

16. *En montant... suite*

Reviennent encore sous les lames d'un même kaléidoscope le rapide du Moulinet, l'île aux Têtes à laquelle s'ajoute
un élément d'information... une phrase qui inscrit un moment dramatique dans le parcours. Monsieur de Frontenac
y avait fait faire une exécution. Puis, la marche de Monsieur
de Bougainville, y compris le *chenal du Long Sault, le Rigolet,
la pointe au Fer-à-Cheval, la Pointe Saint-Marie, l'île au Chat,
la Grosse-Roche* et *le Rapide-Plat.*

> Le 25, le rapide du Moulinet; l'île aux Têtes, ainsi
> nommée d'une exécution que M. de Frontenac y a fait
> faire; le petit chenail du Long-Sault; le Rigolet; le rapide
> du Long-Sault où portage de demi-lieue; le Grand
> Campement; la pointe au Fer-à-Cheval; le Grand-
> Remous; le Courant; la pointe Sainte-Marie; l'île au
> Chat; la Grosse-Roche, le Rapide-Plat, au-dessus duquel
> on campe; marche de neuf lieues[25].
>
>   Louis-Antoine de Bougainville

Sonore, le cœur pesait lourdement

Râle-t-elle encore cette *île aux deux Têtes* et aux deux ventres bombés. Une livre de chair arrachée aux parois de ses rives. Désormais, elle vivrait sans rédemption sous une tombe marine. La mort y avait été annoncée et commandée. Île pétrifiée, inutile et mutilée mais toujours présente sur cette carte ancienne.

Île de la désolation, identifiée à la houle, à deux corps, à deux têtes, à deux ailes inutiles qui ne pourront plus prendre leur envol. Île dont on ne peut effacer le passé, même sous l'eau.

Morrisburg – l'île aux framboises

Après les travaux de la canalisation, Morrisburg n'était plus que la moitié de lui-même. La partie sud avait disparu sous les eaux; la partie centrale prenait sa place et, à tâtons, devenait à son tour le sud. Le village acquerrait un nouveau centre commercial, des maisons toutes fraîches, une population nouvelle et surtout plus nombreuse.

Le paysage, comme d'ailleurs l'ancienne route numéro Deux, se voyait complètement chamboulé. Morrisburg avait perdu sa rue principale longeant le fleuve. Détail important pour les enfants : les terrains plus élevés étaient devenus de nouvelles îles. Ils les avaient baptisées selon leur spécificité. Ces îles, fraîchement venues et abandonnées à elles-mêmes, se transformaient en terrain de jeu où la seule consigne était de vivre à fond. *L'île aux framboises* se vit ainsi nommée parce que, moyennant une courte promenade dans quelques pieds d'eau froide, on pouvait cueillir ces petits fruits. On avançait dans cette eau peu profonde pour retrouver une talle sublime, un cadeau du fleuve. C'était l'île au trésor sans arbres ni points de repère, et dont le mystère, hélas, avait été élucidé. Une dame m'a raconté qu'il s'agissait d'un terrain vague où un paysan avait autrefois cultivé des framboises. L'eau du lac Saint-Laurent n'avait pas encore atteint son niveau et, pendant quelque temps, mais qui selon la chronologie d'une enfant a pu sembler interminable, c'est dans le fleuve qu'elle allait aux framboises!

Le chemin de traverse

Sommes-nous encore nombreux à nous rappeler les routes inondées au-dessus desquelles nous allions nager? Emprunter des chemins de traverse, prendre un léger virage et nager en haut de routes pavées relevait de la fascination; voir la ligne jaune dessinant la courbe, de la prestidigitation, car le fond de l'eau était clair et pas encore brouillé d'algues ou envahi d'une nouvelle végétation. Piscine surréaliste. Plus tard, j'ai pensé au Serpent à plumes, non pas celui des Aztèques mais son complément, qui appartiendrait désormais au règne amphibien. Il nous invitait à l'inconnu. Le plus grand, le plus extraordinaire couloir de piscine du monde était courbe et suivait une route qui ne menait nulle part. S'il était interdit de s'y baigner, aucun panneau ou affiche ne l'indiquait. L'eau n'avait aucune frontière, les routes aucun code de sécurité. Comment expliquer? Comment comprendre? Qu'y avait-il à comprendre sinon enfiler nos maillots de bain et se mouiller?

Pointe aux Iroquois

Ainsi, on remonte le courant. Au-delà de Morrisburg, Iroquois. D'ailleurs, des années auparavant, Chaussegros de Léry signalait la Pointe aux Iroquois

[...] où le courant est très fort[26].

Gaspar-Joseph Chaussegros de Léry

Le Chevalier de la Pause y a campé :

Le 4, nous passames le rapide plat, et fumes camper dans lance a une demy lieue en deca de la pointe des Iroquois[27].

Chevalier de la Pause

***

Et Monsieur de Bougainville qui pousse plus loin l'énumération, cette fois avec toute la précision d'un militaire.

Pointe au Borgne; *La Pointe aux Iroquois*; *Presqu'isle*; *La Pointe à Cardinal*; *Courant Sainte-Marie*; *Rapide-Plat*.

Le 26, la pointe à Colas; la pointe au Borgne; le courant de Sainte-Marie; la pointe aux Iroquois, la Presqu'isle; la pointe à Cardinal; les Galops où un rapide facile; l'anse aux Perches, ainsi nommée à cause que n'y ayant plus de rapide, les Canadiens jettent les perches pour se servir des rames; la pointe à l'Ivrogne, l'île aux Galops; la pointe à la Galette; le fort de la Présentation. La cour avait défendu tout établissement français au delà du Long-Sault[28].

Louis-Antoine de Bougainville

Carte page ci-contre
Élévation du Fort de la Présentation, par Paul La Brosse, en l'année 1752.
Dépôt des Fortifications des Colonies,
Centre des archives d'outre-mer (CAOM),
Archives nationales (France),
FR CAOM 03DFC527B
(Réf. complète à la fin de la table des matières.)

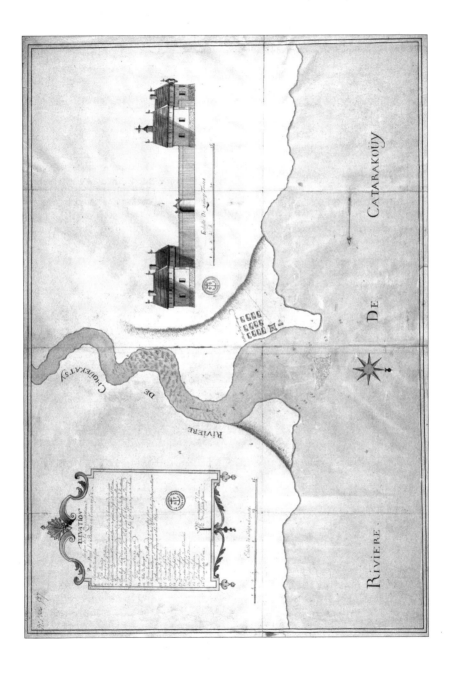

Et si la cour en avait décidé autrement, le Saint-Laurent d'aujourd'hui serait-il francophone? Depuis l'Île d'Anticosti jusqu'au Fort Kataracoui?

Cardinal... les Galops

[...] à 9 h. 8 m., passai la Presqu'isle [...] à 11 h., Pointe à Cardinal [...] les Galops Rapides [...] Depuis la Presqu'isle on trouve trois petites rivières dont la dernière est au-dessus des Galops; elle a deux chenaux[29].

Chaussegros de Léry

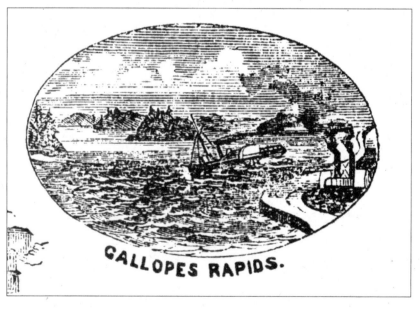

Tiré de *Hunter's Panoramic Guide from Niagara to Quebec 1857*, W.S. Hunter 1857, Published by John P. Jewett & Company, Cleveland, Ohio, 1857

Pourquoi avoir attribué à ce lieu le nom de *Cardinal*? Était-ce en l'honneur d'une éminence religieuse? D'un oiseau au plumage rouge vif? Ou s'agissait-il d'une rose des vents, un point cardinal, à partir duquel on tracerait la direction d'une route?

Cardinal jouxte les rapides que l'on retrouve sous les vocables de *Galoups*, ou encore *Galops*, *Gallou*, *Gallopes* et *Galoo*. Il s'agit d'un même lieu, épelé de toutes les manières possibles dans les textes et sur les cartes. *Cardinal* demeure l'un des rares villages dont le nom s'est rendu jusqu'à nous, inaltéré. Dans le site Internet de cette petite municipalité, on retrouve une référence aux explorateurs français. On nous dit que ces derniers venaient se reposer sur ses grèves. On mentionne également que le vocable *galop* se réfère aux eaux galopantes, dangereuses à franchir.

Au fil du temps, ce point sur la carte est devenu un village qui accueillit des membres des forces armées américaines loyales à la Couronne britannique : *The King's loyal Americans*. Dès 1790 on recense la première scierie et le premier moulin à grain.

Les *Galots* s'avéraient si difficiles à traverser qu'il fallait haler les bateaux au moyen de perches; exercice si périlleux qu'il n'était pas rare de voir s'échouer les embarcations. Il fallait faire preuve de dextérité, de courage, de savoir-faire, mais, là encore, le voyageur pouvait être déjoué par le courant. Plus tard on trouva d'autres moyens de contourner les rapides. On dit qu'un dénommé Henry Lewis y aurait établi une entreprise en installant un système où des bœufs hissaient les bateaux depuis la grève. On dit même que certains jours il amassait une petite fortune, jusqu'à vingt dollars[30]!

Ces deux façons de manœuvrer les embarcations dans les eaux troubles restaient tout de même laborieuses et compliquées. Il fallait donc en arriver à un autre système

plus efficace : celui des canaux. On commença la construction en 1844, tâche ardue car elle se faisait à bout de bras
et au moyen de pics, de pelles, de haches, de chariots, de
chevaux, ainsi que de tous les moyens d'alors. On devait
en outre transporter les volumineuses pierres qui soutiendraient ses murs.

Ce système a pu répondre aux besoins immédiats. Or,
une nouvelle batellerie se développait. Afin de satisfaire les
exigences inédites il fallut bâtir, en 1897, un nouveau canal,
plus profond, certes, mais qui, cette fois, isolerait le village
de Cardinal. On ne pourrait le franchir qu'au moyen d'un
pont levant. Aujourd'hui, il reste des vestiges de ce pont
ainsi que du canal, là où il n'a pas été remblayé.

> Le n° (15) est la Pointe au Cardinal, également remar
> quable par son grand courant[31] [...]
>
> Pierre Pouchot

Portail extrême. Le monde lointain.
Ils sont venus.
Et à leur manière ont survolé l'espace.
Sauteurs de bungee.

> [...] outre ce courant, il y a des arbres tombés du rivage,
> qui embarassent beaucoup cette navigation[32].
>
> Pierre Pouchot

Ils ont bravé les *roulins*, le temps chagrin, les nuits de
vent et de tumulte... la marche interminable aussi bien que
les inévitables haltes, pour mener leur quête aussi loin
que possible.

> Le 4, dès le point du jour, nous sommes partis, dans
> un assez beau calme, nous sommes venus camper à
> l'Isle au Galou éloignée du fort de 11 ou 12 lieües; le

206

vent du sud-ouest nous rendit viste (*sic*) à nostre arrivée qui fut cause que la nuit il fallut mettre les batteaux haut à cause des Roulins qui sont prodigieux
dans ce lac quand il vente un peu. Le soir nous eusmes
auis que 100 Hyroquois chagrins d'auoir eu de leurs
gens pris relascherent du port et n'ont voulu suiure
leurs gens; Il y en a eut vn qui nous dit que deux de
ces braues deuoient s'en aller au pays pour auertir des
gens de nostre marche, cela ne soucie guere n'y ayant
plus de mesure à garder [...]
Le 5, le vent ayant continué avec violence nous fit
sejourner dans l'Isle malgré nous.
Le 6, le vent et les roulins ayant cessé sur le midy
nous nous mismes en chemin et fismes 6 bonnes
lieües dans nostre apres dinée, en chemin faisant l'on
découurit des pistes de nos ennemis qui fuyoient nous
ayant decouvert dans l'Isle au Galos, nos sauuages ne
se mirent pas beaucoup en peine de courir après eux
voyant bien que leurs pas seroient perdus[33].

Chevalier de Baugy

Perdus dans l'instant... et l'instinct de survie.

Journal des campagnes au Canada – l'isle verte

De 1755 à 1760 par Le Comte de Maurès de Malartic

Île verte? Où la retrouver?
Et si l'on prenait le large...

S'il fallait inlassablement contourner, portager et se
servir de perches pour remonter le fleuve, en revanche, le
chemin du retour comportait des moments de pure exalta-
tion. On sautait les galops!

Le 8 n'ayant pas pu avoir des sauvages pour gouverner mes batteaux dans les galops, je gagnai le large. A huit heures, j'apperçus dans le nord des batteaux qui passoient dans les joncs, je fis traverser le mien pour les joindre, je demandai aux conducteurs des guides en état de gouverner les devans et derrière de mes batteaux, ils m'en donnèrent deux très bons qui nous firent sauter les galops au sud de l'isle, nous débarquâmes à l'isle Verte pour y faire du feu, nous traversâmes au nord pour parler à des Iroquois qui y étaient cabannés, lesquels nous donnèrent du chevreuil pour du pain; nous sautâmes le rapide plat, nous y fûmes assaillis par une neige épaisse et un vent du nord-est très contraire. Nous descendîmes sur une petite isle pour laisser éclaircir le tems avant de nous engager dans le long sault, que nous sautâmes légèrement deux heures après, et nous allâmes camper dans une isle au-dessous de la pointe Maline, à quinze lieues[34].

Maurès de Malartic

La Galette

Que de méprises sur un seul nom. *La Galette* a eu un destin singulier, voire capricieux. Même aujourd'hui, si l'on fait une recherche dans Internet sur le terme *La Galette*, on risque de retrouver plus d'information sur la galette de sarrasin que sur le lieu d'un rapide inondé. L'histoire – surtout les personnages qui l'ont meublée – ont souvent « déplacé » cette Galette.

La Galette était une halte. Les Français y avaient établi un dépôt, à la tête des rapides, sur la rive nord du Haut Saint-Laurent. Le site actuel de cette ancienne Galette se situerait aujourd'hui à la hauteur de Johnstown, en Ontario, non loin de la ville de Prescott[35].

Frontenac mentionne *La Galette* lorsqu'il revient d'un voyage du Lac Ontario en 1673. Charlevoix décrit l'endroit au cours de son voyage de 1721. Le Chevalier de Lévis y est passé en 1759. *La Galette* revêt en outre une importance stratégique et militaire puisque située à la tête des rapides dans ce Haut Saint-Laurent. Elle fut par la suite remplacée par le Fort de la Présentation.

La Présentation

Après cette rivière on trouve l'anse aux Perches où finissent tous les rapides [...] arrivé au fort de la Présentation situé à l'embouchure de la Rivière de Chouegatsy, à la rive sud de la rivière Catarakoui.
Le nouvel établissement, que Mr Piquet, prêtre, a commencé sous les auspices du gouvernement, a pour principal but d'attirer les Sauvages des cinq Nations au christianisme, le Roi peut en tirer des avantages, en voici plusieurs qui se présentent naturellement le 1er que c'est un entrepôt entre le fort Frontenac et Montréal, le second d'y attirer des Sauvages des cinq Nations et de savoir ce qui se passe aux grands villages et les préparatifs que pourraient faire les Anglais pour entrer dans la colonie française[36].

La Présentation, à la fois mission et fort militaire, fut établie en 1749 par le missionnaire sulpicien François Picquet qui s'est vu chargé d'un double mandat : chrétien et politique. Il voulut inciter les Iroquois à quitter les Anglais et à forger une nouvelle alliance avec les Français. François Picquet choisit donc le site de la rivière Oswegatchie, laquelle se jette dans le fleuve Saint-Laurent sur la rive sud, là où se trouve l'actuelle ville d'Ogdensburg dans l'état de New York. Il fit bâtir un fort assorti d'un commandement et d'un magasin.

Au cours de la guerre de Sept Ans (1756-1763), *la Présentation* devint un centre d'activités névralgique. On y faisait le recrutement des Iroquois à la cause française. *La Présentation* a aussi joué un rôle stratégique, surtout en raison de sa position géographique, le lieu se situant à la tête des rapides. À partir de ce point précis, on pouvait détecter toute activité sur le fleuve.

C'est à propos de *la Présentation*, qu'il y a souvent méprise quant à la nomenclature. Les Anglais y font référence en attribuant à *la Présentation* le nom de *La Galette* ou en nommant Swegatchie ou Oswegatchie [Chouegatchi] la rivière à l'embouchure de laquelle était située *la Présentation*[37]. Cette *La Galette* devient alors une cible militaire pour les armées anglaises[38].

Revenons à ce François Picquet (ou Piquet). Qui était-il donc? Né en France, ordonné prêtre en 1734, il vint à Montréal au cours de la même année. C'est en 1749 qu'on le chargea de la mission bien particulière de «la Présentation de Marie». On dit qu'il s'attacha «de toute son âme» aux Iroquois pour qui...

> [...] il éleva un fort de pierre, entoura quatre villages en pieux de cèdre, et les flanqua de bonnes redoutes. [...] Il couche dans les bois, sur la neige, marche des journées entières, passe le premier les rivières. Il trouve, au milieu de ces travaux, le temps de rédiger des mémoires, de faire le récit de ses voyages, d'aller même en France porter ses doléances jusqu'à la Cour où il est reçu en héros. Montcalm l'appelle : Mon cher et très respectable patriarche des Cinq-Nations[39].
>
> Mgr Olivier Maurault

Carte page ci-contre, Jacques-Nicolas Bellin, « Le fleuve Saint-Laurent de Québec au lac Ontario 1757.» Renseignements tirés de *Histoire générale des voiages ou nouvelle collection de toutes les relations de voiages par mer et par terre*. Tome quatorzième, Paris, Didot Libraire, 1757. Avec approbation et privilège du roi.
(Bibliothèque et Archives Canada, NMC 15950, numéro de négatif, réf. complète à la fin de la table des matières.)

210

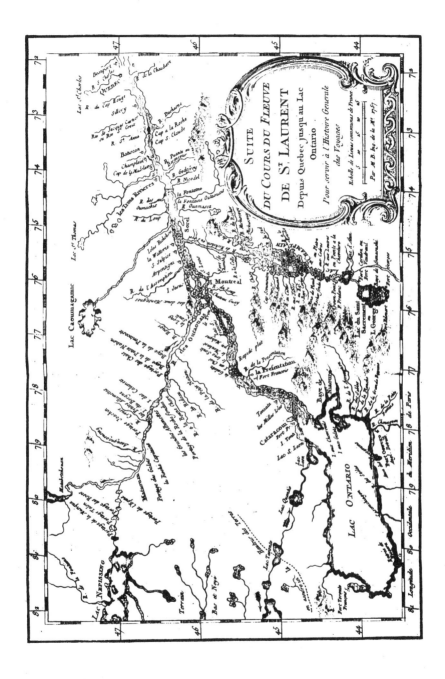

211

Gros plan de la carte de la page précédente

Tout *n'étoit* pas tranquille dans les pays d'en-Haut

L'abbé Picquet réussit à faire des Iroquois ses alliés. Il savait qu'au-dessous des Mille-îles...

[...] là où le fleuve, rétréci, pouvait offrir un passage aux Anglais pour envahir le Canada : il était à la porte des Cantons iroquois et dans un poste plus avantageux que celui du fort Frontenac[40].

L'auteur ajoute :

Durant la guerre de 1757-1758, l'abbé Picquet fut toujours sur pied, recrutant des alliés pour la France, suivant les armées et ses guerriers dans leurs nombreuses expéditions à Chouaguen, à Oswego, à William-Henry, à Carillon; déployant un zèle sans bornes et les ressources de son intelligence, de son intrépidité; communiquant le feu sacré du patriotisme à toutes les âmes. Les officiers le contemplaient avec admiration et étonnement. "L'abbé Picquet, disait le gouverneur Duquesne, me vaut mieux que dix régiments."
Les Anglais tremblaient à l'approche des guerriers iroquois, conduits par le missionnaire, et pour s'en défaire, ils mirent bravement sa tête à prix : mais qui eût osé frapper le "Grand Chef" au milieu de ses guerriers? Ses ennemis avaient plus de peur d'être scalpés, que lui n'avait peur d'être pris[41].

Plusieurs militaires évoquent *la Présentation,* ainsi que l'*Anse aux Perches* qui signalaient pour eux la fin des rapides. La force du courant à cet endroit était considérable là où l'eau *par une pente forte se précipite et forme en bas de sa chûte un clapotage qui pouvoit faire périr des canots qui se seroient pas bien gouvernés.* Sans compter les difficultés qui relèvent du vent et des roulins, bref, tout ce qui pouvait entraver la montée jusqu'au lac Ontario où l'on se retrouverait enfin en *grande eau.*

Il sera également question de la Mission *la Présentation* dans la correspondance de M. Chaussegros de Lery.

A Quebec le 20. 8bre [20 octobre] 1749
Le peu de temps que J'ai resté a l'établissement de Mr. Picquet n'a pas eté assez long pour que l'on puisse attendre que j'en donne un mémoire bien détaillé. Je me contenterai donc de faire voir avec précision ce qui m'a paru le plus dans les avantages que lon peut tirer de cet etablissement L'on prend possession d'une riviere dont l'entrée forme un bassin propre a contenir des barques et les y faire hiverner. Cette riviere que les sauvages appelent souegatsi que les françois de la Présentation prend sa source aux environs de Corlac, laquelle source a rapport aussi avec celle de Choucgucn au rapport des sauvages.
Ce poste est situé de façon que ni françois anglois et sauvages ne peuvent eviter d'y passer en allant et en revenant de Montreal ni de nos postes des lacs, on peut y mettre des barques et bateaux en sureté et y en construire, les bois convenables étant sur les lieux.
Par la suite les habitants qui y seront pourront fournir des vivres au fort Frontenac et par ce moyen épargner au Roy les transports qui montent tous les ans a une somme considerable[42].
Lettre de M. Chaussegros de Lery fils

***

M. de Bougainville évoque à son tour la mission de l'Abbé Picquet. Il mentionne qu'on avait découragé toute démarche visant à implanter des habitations au-delà du Long Sault, mais que ce dernier, dans toute sa débrouillardise, avait réussi malgré tout à le faire. Il y fit transporter vaches, chevaux, cochons et poules. On cultivait la terre et enseignait aux exercices français pour la guerre.

[...] La Cour avait défendu tout établissement français au-delà du Long-Sault, Mr l'abbé Piquet, missionnaire, habile et connu par un voyage fait en France avec trois Sauvages, a obtenu au-dessus de la Galette une concession de 12 arpens; il a établi il y a 5 ans, en cet endroit un fort de pieux quarré, flanqué de quatre bastions, palissadé en dehors avec un retranchement et un fossé plein d'eau. A côté du fort est le village habité par 100 feux ou chefs d'Iroquois des 5 nations, tous guerriers. Chacun de ces chefs coûte environ 100 écus au roi. Ils ont fait un désert, ont vaches, chevaux, cochons et poules. Ils sèment du blé d'Inde et l'année passée en ont vendu 600 minots. L'abbé Piquet les instruit, les dresse aux exercices français pour la guerre[43].

17. *Le Chemin de la rame*

Autres noms de lieux et d'îles en périphérie de la Présentation

Autant de noms, autant d'orthographes et peut-être autant de manières de consigner une même information.

Ainsi défilent...

Pointe au «Barry», isles de Toniata, Petit Détroit, lac Toniata, l'ance aux Corbeau, isle aux Citrons, isle Cochoir, isle aux Cèdres, Mont-Réal, baye de Cataracouy.

L'ance aux Perches, les Galots, Isle Piquet, isle à la Cuisse, isle Magdelaine, pointe à la Corne, pointe à l'Yvrogne, Orakointon, Fort Lévis, la Présentation ou Chouégatchi, fort de la Présentation, l'Ance à la Construction, Pointe au Baris, baye de Niaouré, l'isle Catherine, isle Cochois.

Presqu'isle, la pointe aux Baptême, le Petit Rocher, l'isle au Cerf; isles aux Citron, isles aux Cochons, isles aux Cerfs, isle aux Cèdres, isle aux Ours.

Au commecement des Mille-Isles; les isles plus grandes, baye de Cataracoui.

Chacun ayant sa signature... sa main d'écriture.

Nous devons au Chevalier de la Pause la présentation suivante :

Le 5, nous doublame la pointe aux Iroquois et fumes déjuner à la presquisle, nous passames les galots et fumes camper à La Présentation.

Le 6, le vent étant tros fort nous séjournames et fumes joints par la 2ème division.

Le 7, nous partimes à 6 §heures; nous trouvames à 3 l. la pointe au Barry, à 5 l nous trouvasmes les premières isles de Toniata, nous fumes camper à 3 l.1/2 en decea du petit détroit, estiment avoir fait 9 l.

Le 8, nous partimes à 8 h. à une lieue et demy nous trouvames le lac Toniata, et fumes diner au détroit, on l'apelle ainssy a cause que c'est l'androit ou l'on passe en montent, il na pas plus de 12 toises de large. Le vent nous ayent arretté nous campames à une lieue en decea de l'ance aux Corbeaux.

Le 9, nous vimes à une lieue l'ance aux Corbeaux et à 3 l. 1/2 du détroit l'isle aux Citrons, où est un beau camp et à 2 l. plus loin l'isle Cochoir qui a 5 l. de long. A la moitié de l'isle Cochoir nous vimes l'isle au Pou, et à une lieue de Frontenac l'isle aux Cèdres, ou après avoir doublé la pointe de Montréal nous fumes dans la baye de Cataracouy, ou nous arrivames; nous nous campames à la droite de Bearn[44].

                    Chevalier de la Pause

... au militaire Pierre Pouchot de Maupas les désignations sur sa carte :

Le n°. (17) est la Pointe aux Iroquois. Elle n'est pas extrêmement rude. C'est un endroit remarquable, parce que l'on s'y arrête presque toujours, soit en montant, soit en descendant.

Les Galots sont deux arrêtes fort roides. La riviere dans tout son travers descend en bouillonnant. On range la terre de la premiere arrête, & l'on vient auprès d'une espece de jetée de pierre, où l'on met à la traîne. Il faut bien avoir attention de tenir le devant du bateau à terre, si l'on ne veut pas se laisser emporter au courant. Le second au dessus n'est pas tout-à-fait aussi long. A la portée du fusil, au dessus, est l'ance appellée aux *Perches*, parce que c'est là où on les quitte. N'y ayant plus de rapide, on n'a besoin que de la rame ou de la voile. En descendant les Galots, on suit les courants au large.

Le n°. (18), vis-à-vis cette ance, est l'isle aux Galots, qui peut avoir 700 toises de tour. Elle n'est presque pas abordable que par le haut sur un front de 150 toises, à cause que les courants se réunissent au dessous. Cette isle bat bien la passe du N. On l'avoit retranchée en 1759.

Le n°. (19), à côté, est l'isle appellée *Piquet*, parce que ce missionnaire s'y étoit réfugié avec les Sauvages établis à la Présentation. Si on avoit un camp avec de l'artillerie dans cette isle, & l'isle aux Galots étant occupée, l'on ne pourroit pas descendre la riviere.

Ce poste est le meilleur pour arrêter les ennemis, pouvu qu'il y eût du monde suffisamment pour garder ces isles. L'isle Piquet a une lieu de tour. Elle n'est abordable que par quelques endroits aisés à défendre. On peut y arriver par le haut & par le bas : elle est bien boisée.

[...]

Le n°. (20), l'isle à la Cuisse a un quart de lieue de tour [...]

Le n°. (21), l'isle Magdelaine est un peu plus grande que la précédente [...]

Le n°. (23), la pointe à la Corne [...]

Le n°. (22) est la pointe à l'Yvrogne [...]

Orakointon est une petite isle basse, ras de l'eau, dont le fort Lévis occupe le deux tiers. Ce fort est une redoute de 108 toises de tour [...]

La Présentation, ou Chouégatchi, est un établissement d'Iroquois, formé par M. l'abbé Piquet, Sulpicien [...]

Derriere le fort de la Présentation, il y une butte fort propre à bâtir une ville ou un village. La position en est avantageuse.

Le fleuve St. Laurent est beau, & ses côtes sont très-belles dans cette partie, jusques à deux lieues au dessus de la Pointe au Baril, soit pour cultiver, soit pour la chasse & la pêche, qui y est très-abondante.
La riviere n'y a pas plus d'un bon quart de lieue de largeur, & son canal est fort droit pendant onze lieues, depuis les isles au dessus des Galots, jusques à Toniata. Elle n'est point embarrassée d'isles, & a une profondeur d'eau assez considérable[45].

Il rajoute d'autres éléments d'information, décrit la rivière qui protège les bâtiments, la profondeur de l'eau, la qualité du bois, le lieu où l'on pouvait assurer la meilleure défense.

A trois lieues au dessus de la Présentation, dans la terre du N. est une pointe de terre appellée la *Pointe au Baril*. Elle découvre bien la riviere, & protégeroit des bâtiments qui y feroient en station pour la défendre. Un camp peut y être avantageusement placé, parce qu'à une lieue & demie plus haut, les terres sont des écors de rochers où l'ennemi ne sauroit se placer en force. Ces écors continuent jusques à l'ance au Corbeau.
Très-proche de la pointe n°. (24), est une ance appellée *l'Ance à la Construction*, depuis les bâtiments qui y ont été faits en 1759. Elle est très-commode pour y construire; l'eau sur le devant est profonde; les bois sont à portée; & l'on peut y faire un bon retranchement pour couvrir les chantiers.
Une lieue & demie au dessus de la Pointe au Baril, est une petite isle, marquée (25), qui peut avoir 500 toises de tour. C'est un rocher sur lequel on pourroit bâtir un fort. Il découvre la riviere depuis Toniata, & la croiseroit bien par son artillerie. Il y a un fort bon mouillage dans sa partie inférieure. C'est où l'on envoyoit les bâtiments en station pour observer la riviere[46].

... à Bougainville, nous devons une énumération plus succincte, mais où il est facile de retrouver la même familiarité.

Passé la pointe au Baril, à 3 lieues de la Galette, où nous avons dîné; campé à environ 5 lieues de la pointe au Baril. Fait 8 lieues.

Mercredi, 28. – Partis à 5 h., passé la presqu'isle Toniata, le petit détroit ou la pointe au Baptême, ainsi nommée parce qu'on y fait un baptême comme sur le grand banc (remarquez en passant tous les usages de la marine établis dans cette colonie); les mille isles, dîné à une demi-lieue de l'anse aux Corbeaux; passé ensuite l'anse aux Corbeaux, l'isle aux Citrons où nous avons fait halte jusqu'à 6 h. du soir à cause de la chaleur. Campé à l'isle aux Cochons à 8 heures 1/2.

Jeudi, 29. – Partis à 4 h. Passé le petit rocher, l'isle aux Cerfs, l'isle aux Cèdres, où est une garde, la pointe de Montréal où en est aussi une; entrés dans la baye de Cataracoui et arrivés au fort de Frontenac à 10 h. du matin[47].

Louis-Antoine de Bougainville

Pointe aux Perches

Ici prend fin l'étape la plus difficile. La *Pointe aux Perches* signale la fin des rapides. Plus besoin de perches. On jette les javelots. La traversée est terminée. Les Mille îles attendent, labyrinthiques, et balayées par le ciel, les arbres y mirant leurs cimes, le soleil les brûlant, le fleuve immense... passage où elles ne s'arrêteraient jamais plus de flotter.

Les *Mille Îles*, jardin du Grand Esprit.

Il fallait s'engager dans les dédales des *Îles Toniata*. Passer à travers les sinuosités et le hasard d'autant d'îles sans s'y perdre relevait d'une prouesse.

Pointe-au-Baptême

Ainsi nommée parce qu'on jetait à l'eau ceux qui y passaient la première fois.

L'isle Cauchois était située au dessus de *l'île aux Citrons*. Monsieur de Vaudreuil s'y était arrêté pour permettre aux soldats de se ravitailler et, surtout, de fumer. Ils y trouvèrent des

Mississagues qui [leur] donnèrent du chevreuil pour du pain et [allèrent] camper dans une petite anse vis à vis du détroit[48] [...]

Maurès de Malartic

Isle Orakouintone – actuellement Chimney Island
Isles Toniata – Mallorytown et les environs
Orakouintone qui veut dire « Soleil suspendu ».

Le soleil du midi & maintenant englouti !

La Famine

Isle au Cheuvreuil. En 1684 :

En partant du Fort Frontenac, nous fusmes coucher à une isle sur nostre route ou il fust tué environ cent cheuvruils, ce qui luy a confirmé le nom de l'Isle au Cheuvruil[49].

Gédéon de Catalogne

Petite rivière *La Famine* :

Deux jours après, nous arrivames à une petite rivière que l'on appelle de La Famine ou Mr de Labarre s'aperseut, un peu trop tart, qu'il n'estoit point en estat d'insulter l'Iroquois, ce qui le détermina d'envoyer le sr Le Moine qui estoit fort estimé de ses nations pour engager les chefs iroquois à le venir trouver pour renouveler les trettés de paix[50].

Gédéon de Catalogne

Isle Catherine

On retrouve dans la correspondance de Lévis (Lettres des Divers Particuliers), la mention d'une île Catherine. On la prisait pour la qualité de son «bois de bûches» et «bois de chauffage» que l'on jugeait supérieur à celui de l'île Fort Lévis. On dit que ce bois aurait servi également à la construction des bateaux.

Au *delà l'eau,*
L'île voluptueuse.
L'île Catherine évoquait peut-être une autre figure : Katheri Tekakwitha[51] (1656-1680). Était-ce en hommage à cette jeune Iroquoise, convertie au catholicisme, qu'on avait ainsi dénommé l'île? Katheri Tekakwitha s'était illustrée par sa vie exemplaire. Plusieurs disent avoir obtenu, par son intercession, des grâces exceptionnelles. Je me souviens des filles de ma classe, les Amérindiennes surtout, qui lui adressaient des prières.

Katheri aimait en outre se recueillir auprès d'une eau vive.
L'eau là-bas
On lui attribuait d'immenses qualités.

Dieu continüe d'honorer une bonne fille Iroquoise denation decedée et enterrée en cette mission, Le Ciel accorde quantité de graces à ceux qui implorent son assistance.

Les Ecclesisastiques et les laïques y viennent en pele-
rinage remercier Dieu des faueurs quils ont recües par
son Intercession *on y enuoye des presens a cette Eglise*
pour marquer a Dieu sareconnoissce. on enuoyedes
presens a l'Eglise ou repose son Corps[52].

Les relations des Jésuites

Isles Toniata

On y pêchait l'anguille. Ces îles représentaient un
endroit stratégique pour les Iroquois puisque personne ne
pouvait passer sur le fleuve sans y être détecté. En ce
sens, les Iroquois pouvaient contrer leurs ennemis, y
compris les Français et les empêcher de filer plus avant
sur le fleuve.

L'été on pêchait et on chassait la sauvagine. On y faisait aussi la culture traditionnelle, y compris celle du maïs.
On communiquait avec d'autres tribus. On dit que, même
jusqu'aux années 1930, les autochtones venaient encore
pêcher le poisson et trapper le gibier. Les femmes, quant à
elles, ramassaient le foin d'odeur qui poussait le long des
grèves et s'en servaient pour fabriquer des paniers qu'elles
vendaient aux visiteurs[53].

Les Îles du Saint-Laurent

Gentiane à cinq feuilles
Desmodie à feuilles rondes
Airelle à longues étamines
Coqueret à longues feuilles

Verge d'or dentée
Chardon discolore
Épervière paniculée

Autant de plantes rares que l'on retrouve dans les îles du Haut Saint-Laurent[54]. Elles y poussent encore, parfois en des lieux insoupçonnés, comme au bord des routes, dans des clairières, sur les plages, dans les endroits rocheux, secs ou sablonneux. Ou encore elles se pointent en milieux humides, sur les grèves et dans les fossés. Cette flore qui avait attiré l'attention des voyageurs s'est vue, depuis, menacée. En fait, dès la fin du dix-neuvième siècle on commença à s'inquiéter à son sujet. Si on n'avait pas fait preuve de vigilance on aurait risqué de perdre beaucoup d'îles à l'état sauvage, soit aux mains d'acheteurs privés, soit aux exploiteurs des forêts feuillues. C'est pourquoi, dès 1904, le Gouvernement canadien créait un réseau de parcs nationaux pour préserver l'intégrité de la flore et de la faune du pays. Et l'on sait à quel point chaque espèce joue un rôle dans l'écosystème.

> La disparition d'une seule espèce de plante peut entraîner la perte imprévue d'une autre espèce, d'un insecte qui s'en nourrit ou qui pond ses œufs sur sa tige ou peut-être même d'un oiseau qui s'en sert pour construire son nid[55].

18. *Le temps qu'il fait* ou des injures de l'air

Si un thème se dégage – doit-on s'en étonner – c'est celui du temps qu'il fait. On navigue sur le fleuve, on longe ses rives sous tous les ciels : grêle, grands vents, orages, neige, tempêtes, chaleur intense et aussi, heureusement, par temps sublime. De fait, presque tous les comptes-rendus des explorateurs français sont marqués d'observations météorologiques. Combien de fois les canots doivent rester sur place parce que le mauvais temps *détourne de la route.*

Journées d'ennuagement, jours mouillés – *deux heures alapluye* – temps maussade, houle, brume, tout y passe comme d'ailleurs les jours de gel, les jours de pluie, suivis de matins tendres lorsque *le temps [s'estoit] mis au beau* avant qu'il devienne propice à la navigation *un petit Nordest settant Levé.*

Filent les journées chaudes suivies de tonnerres et d'éclairs *moüillons de tous costez*; puis les nuages qui se dissipent et c'est le retour du soleil avant le brouillard; précisons : *[le] grand brouillard.* Les journées transparentes et celles où il pleut à boire debout. Et le soleil des temps

227

doux *le beau temps nous est veny voir, pourueu qu'il conti-nuüe nayant pas plü de la journée*; la plue fine et celle qui vient adoucir le temps.

Nous sommes témoins de saisons qui passent, de jours qui se refroidissent, rallongent ou racoucissent, des pre-mières neiges toutes fines, celles qui tombent en poussière. On y décrit comment s'ouvrent les glaces et comment il fallait s'y prendre pour s'assurer un passage, *la hache en main pour [la] fendre... , & se faire passage.* Le choc de l'eau, des jours de poudrerie, un froid de nord, une autre tempête qui s'annonce, un vent glacial de *sud-ouest [qui] empeschoit de marscher.*

∗∗∗

Vient le moment où tout gèle. La glace se développe par plaques. Il fait un froid de loup. On entend hurler le vent.

Suivent les grosses bordées de neige, le frimas, le grésil, le froid intense quand il pouvait avoir *neigé extra-ordinairement.*

Ou encore les dégels qui font obstacle lorsque le temps redevient si doux qu'il oblige *de marcher dans l'eau jusqu'à my jambe.*

Temps froid, humide et pluvieux.

Pluies grosses et incessantes; diluviennes et qui vous pénètrent jusqu'à l'os.

Refroidissement, réchauffement.

Les jours qui passent, passent.

Le temps intelligible.

Venteux d'un *vent mauvais*; ciel variable *par un gros tems*; chute de température; temps sous les moyennes sai-sonnières puis au-dessus de celles-ci.

Averses de neige fondante; dégagement, *le froid est moins vif.* Une autre tempête majeure.

Le ciel suffocant.

Carte postale

Ainsi, s'exprimait le Chevalier de Baugy, aide de camp de M. le marquis de Dononville et rédacteur du journal d'une expédition contre les Iroquois :

M. le Marquis [...] ne peust partir le 15 à cause de la pluye et du vent.
Mais le 16, il poursuit sa route le temps s'estant mis au beau.
Le 19 la pluye [leur] a rendu toujours visite *aussi bien que le 20 où elle les* a encore un peu détourné de [leur] route.
Aux abords du lac Saint-François il ajoute : [qu'] il a fallu camper [...] à cause de la pluye qui vint auec violence sur le midy.
Le 24 ils firent 3 lieües, le beau temps [...] est venu [les] voir, porueu qu'il continüe nayant pas plü de la journée.
Mais le 27 le temps se gâte : le vent de sud-ouest [les] empeschoit de marscher.
Le 28 vn orage qui se leua, et [...] donna de la pluie toute la journee qui [les] empescha de marscher.
Le 5 [Juillet] le vent ayant continué avec violence [les] fit sejourner dans l'Isle [au Galot] malgré [eux][56].

Le dit du temps

Chaussegros de Léry note lui aussi les affres du temps «Dans les lacs, on marche la nuit pour profiter du beau temps[57].»

[...] Monsieur le Général m'écrit qu'il envoye ces Canadiens munis de trènes d'éclisses, pour trainer sur les glaces les batteaux et les vivres. Le tems est toujours froid[58].

Chaussegros de Léry

Le 4 [mars], je pars à 7 heures du matin, n'y ayant point de neige, je campe vis à vis l'isle aux Chats; ayant fait 5 lieues. Le temps a été si doux que nous avons été obligés de marcher dans l'eau jusqu'à my jambe.

Les troupes ont souffert, n'ayant jamais fait semblable route. Nous avons passé des Pinières et des Ravins, pour faire sécher leurs hardes. La plus part des soldats peu au fait de ces campagnes les brûlent. Je fais raccommoder pendant la nuit les traines cassées.

La nuit du 4 au 5, il neige, et une partie de la journée, mais d'un tems si doux, qu'elle fond à mesure qu'elle tombe.

Les batteaux nous joignirent à 9 heures du matin. Nous partimes ensemble et couchâmes aux rapides plat, ayant fait 4 lieues par des chemins affreux. Le tems fut beau[59].

Chaussegros de Léry

***

D'autres y ajoutent leur voix :

[...] Le 14 [octobre], le tems ayent été mauvais encor, nous ne peumes partir de ce jour.

Le 15, les vents ayent changé du nord-ouest au sud-ouest nous ne peumes partir encor, nos soldats trouvèrent dans cette isle plusieurs caches des sauvages ou il y avoit du bled dinde, de nates et autres choses.

Le 16, nous partimes content le tems calmé, mais le mauvais tems ayent recommencé à peine avions nous fait une lieue qu'il nous fallut relacher, nous eumes peine à regaigner la terre chacun comme il nous fut possible, nous tenions plus demy lieue de terrin le long de la cotte.

Le 17, le vent ayent été mauvais, nous ne peumes partir.

Le 18, en fut de meme, nous enterrames ce jour un soldat [...]

Le 19 [novembre], le vent fut trop fort, nous ne peumes partir ny le 20 non plus.

Le 21, nous fimmes une grande journée par un gros tems. [...]

Le 24, le vent fut affreux et ne peumes partir. Le 25, nous restames encore [...]

Le 29, nous fimmes 9 lieues et fummes obligés de nous arretter par la pluye.

Le 30, ayent gellé, nous fumes obligés de faire couper la glace pour dégager nos batteaux, nous fimmes alte à la Présentation et fummes coucher à la Pointe aux Iroquois[60].

Chevalier de la Pause

Voix antérieures

[...] quand il fait de l'eau[61].

René de Bréhant De Galinée

[...] Nous [...] fusmes accueillis d'un si gros vent, qu'il fallut s'arrester et demeurer deux jours pendant lesquels le vent continua si fort, que trouvant mon canot que mes gens n'avoient pas eu soin de bien affermir, il l'emporta au large si loing [...][62].

Idem

[...] Nous nous moüillions de tous costez, car nous auions vne partie du corps en l'eau, & le ciel arrosoit l'autre d'vne grosse pluye[63] [...]

Père Joseph Chaumont et père Claude Dablon

[...] [La] pluie suruenant là dessus obligea nos affamés à se refaire tout le iour, sans douleur de perdre le beau-temps[64].

Idem

[...] On ne sçauroit avoir une plus belle navigation et un temps plus favorable que Celuy quil fit le 3, Un petit Nordest setant Levé[65].

Comte de Frontenac

[...] Le 5 [Juillet] yayant apparence de pluye On se contenta de faire partir les bateaux ala pointe du jour pour leur faire passer le rapide du long Saut[66] [...]

Idem

[...] [Il] se forma un orage qui obligea Mr le Comte desen aller par terre jusquaux rapides pour faire diligenter [les escandres] qui estoient dans le milieu[67]...

Idem

Thème récurrent :

[...] La nuit du 5 au 6 [Juillet] fut si pluvieuse que Mr le Comte ne put dormir d'apprehension que le biscuit ne fust moüllé[68] [...]

Comte de Frontenac

Le temps paroissoit le plus beau du monde Ce qui le fit resoudre de passer le Rapide qui est tres difficile à cause des arbres qui sont au bord de leau et qui debordent dans la rivière[69].

Idem

[...] deux heures alapluye sans manteau, en de grandes inquietudes pour les bateaux[70].

Idem

[...] Nous naviguâmes ensuite jusqu'à trois heures du soir à la Voile; mais alors la Pluye nous obligea de camper & nous arrêta tout le jour suivant. Il tomba même le huit un peu de Nége, & la nuit il gela[71].

Xavier De Charlevoix

Le 6, un grand brouillard s'esleva sur le lac Saint-François qu'on avoit à passer, en sorte que M. le Gouverneur fit marcher son canot à la boussole, faisant sonner les trompettes afin que tout le monde s'assemblast, et qu'on ne s'esgarast point dans le brouillard, et on fit tant qu'on arriva aux isles qui sont au bout du lac du costé du Sud-Ouest[72] [...]

Rémy de Courcelles

Dix jours aprés nostre départ, nous trouuasmes le Lac Ontario, sur lequel nous voguions, encore gelé en son emboucheure : il fallut prendre la hache en main pour fendre la glace, & se faire passage[73].

Paul Ragueneau

Il avoit neigé extraordinairement toute la journée, ce qui continua dix-neuf jours de suite, avec un froid extraordinairement rigoureux, n'ayant jamais veu en Canada un sy rude hyver [...] Je vous puis asseurer que je n'ay jamais tant pati par le froid ny eu plus de peine, parcequ'on ne pouvoit se servir de raquettes, les neiges estant trop molles, et qu'estant encore comme suspendues sur les herbes, il y en avoit jusques à la ceinture, en sorte que, quoyque je sois assez grand, marchant devant, comme j'ay toujours faict, pour encourager mes gens en leur battant le chemin, j'avois souvent de la peine à enjamber par dessus la neige que je poussois devant moy avec mon corps[74].

Cavelier de La Salle

[L]a barque [est] restée à la Galette voyant les vents toujours contraires[75].

De La Barre

Année 1755. Il y note : le 3 [septembre] [...] : très mauvais tems. *Le 4,* continuation de mauvais tems [...]; les 6 et 7, mauvais tems [...] Le 9, mauvais tems [...]. *Et le 14 [octobre] :* très mauvais tems» [...] à midi le vent mollit[76].

Maurès de Malartic

Nous partimes de Montréal au commencement de Mars. Dès que nous fumes en route, les pluys furent si fréquentes que les glaces et les néges devindre [sic] impraticables[77].

Gédéon de Catalogne

Chemin chimérique

OCTOBRE

[...]

Enfin nous partimes le 5 8ᵇʳᵉ [octobre] à 10 heures du matin, et fumes nous arreter au bout de l'isle, toutes les golettes ne peurent partir de ce jour [...] Le 6, il fit pandent la nuit un coup de vent affreux et nous ne peumes partir de cette journée, plusieurs de nos gens perdirent de leur biscuit qui s'étoit moulllié.

Le 7, le tems s'étant mis au beau nous partimes à six heures et demy, nous fimmes tout de suite la traversée de la baye du Couy [...]

Le dix, nous partimes mais nous ne peumes faire qu'une lieue[78].

Chevalier de la Pause

Comment ne pas être ému devant ces lignes? Ne pas avoir le sentiment d'un va-et-vient ou d'une dérive entre le temps qui passe et le temps qu'il fait. Et surtout, comment ne pas être touché de pouvoir accompagner les auteurs dans leur marche du Lac Saint-François au Long Sault, de l'île au Chat à la Pinière des Ravins et dans le parcours du Haut Saint-Laurent jusqu'au Lac Ontario *en son embouchure*.

19. *Dans leurs pas...*

Ce sont ami que vens enporte
Et il ventoit devant ma porte
Ses enporta
                    Rutebeuf

René Cavelier de La Salle

Que de pages écrites sur ce héros controversé qui, lui aussi, passa par la route du Haut Saint-Laurent pour se rendre là où son destin le guidait. En juillet 1669, il accompagna Dollier de Casson et René Bréhant de Galinée dans la première partie de leur expédition. Par la suite, de La Salle y reviendrait pour entreprendre ses *Voyages des Découvertes*, tel que mandaté en may 1678, par Le roi Louis XIV. Il passerait alors dans la région qui porterait plus tard l'appellation *Pointe Maligne*. On retiendra l'image d'un homme attiré par la fatalité – la redoutable –, celle d'aller toujours plus à l'ouest, plus au sud et en pays toujours plus éloigné, hostile même, jusqu'au Mississippi. Nous abordons en compagnie de de La Salle un chapitre immense, inaugural, d'un sombre absolu. Il s'agit d'une trajectoire qui a transformé l'Histoire. On s'imagine de La Salle et ses hommes, hache à la main, pénétrant des forêts de plus en plus désespérantes, naviguant une eau encore plus glauque, piétinant les terrains parcourus par des bêtes plus sauvages encore, tout cela afin de se rendre au cœur d'un univers où nul homme blanc n'avait encore pénétré.

On devinera le destin des hommes que de La Salle avait entraînés avec lui dans l'aventure et de ceux qui ne rentrèrent pas au pays. On se souviendra de la fin tragique de deux d'entre eux qui ont pris part à l'expédition de 1684 à destination du golfe du Mexique, voyage qui aboutirait au présent état du Texas. L'un sera dévoré par un alligator, l'autre mordu par un serpent venimeux. Ce dernier trouvera la mort après avoir subi une amputation de la jambe dans des conditions de fortune[79]. La Salle nomme la rivière où le premier de ses hommes perdit la vie la *Rivière Maligne* (connue aujourd'hui comme étant la rivière Colorado, au Texas, cours d'eau qui s'écoule dans le Golfe du Mexique)[80]. On a à l'esprit un de La Salle, plus grand que nature, qui avait souvenir de l'autre *Maligne* et qui avait su attirer ses semblables vers les horizons démesurés. On ne compte pas le nombre de fois qu'ils ont défié la mort; le nombre de fois où Cavelier de La Salle fut projeté dans une solitude profonde, en quête d'un lieu – un Eldorado – dont il souhaitait faire présent au Roi. Plus que quiconque, il avait compris le sens à donner au Nouveau Monde qu'il cherchait à ouvrir. On pressentira le lieu qu'il avait «arpenté» bien avant que les digues et les levées cèdent devant l'ouragan Katrina.

On dira du personnage qu'il était austère, qu'il vivait dans l'inquiétude pour ses hommes et que, de nature taciturne, il ne s'épanchait pas. Plutôt, il s'isolait en ses pensées ne partageant pas ses états d'âme. Il évitait de faire part de ses projets dans les détails. Il se souciait de perdre ses hommes par noyade, de les savoir égarés en contrée inhospitalière ou qu'ils soient entraînés dans une forme de désespoir. On avait affaire à un être téméraire, audacieux, farouche, intransigeant, qui tous les jours en exigeait davantage. Il part à la conquête d'un royaume qu'il découvre et où s'entrechoquent mystère et réalité. Mais, malgré tout, les hommes de de LaSalle étaient prêts à courir le risque de le suivre, cœur au ventre, entretenant l'espoir de trouver bonne fortune dans un projet complètement insensé. Ils iraient, malgré la crainte des attaques, la hantise des accidents et la possibilité de catastrophes démultipliées. Ils marcheraient dans l'humidité excessive, la chaleur, la tempête. Ils marcheraient encore et toujours dans des paysages caméléons, ayant la certitude que tout restait à faire. Le Saint-Laurent de houle et de glaise représentait le premier pas vers le Mississippi et ses marécages, ses bancs de sable, ses obstacles, sa nature violente, sa faune inconnue, sa flore parfois vénéneuse. Son déchaînement.

***

D'autre part, Cavelier de La Salle se doutait-il, lui, qu'il serait abandonné. Tué. Le savait-il lorsqu'il a longé la *Pointe Maudite*?

On ne peut pas rester insensible devant le destin d'un Cavelier de La Salle diffamé par plusieurs même si d'autres reconnaîtront par ailleurs sa générosité et son abnégation. Il connaîtra une fin sordide. Il sera traqué, poursuivi, victime d'un complot. Ses propres hommes l'assassineront et laisseront son corps nu en pâture aux bêtes sauvages. En avait-il la prémonition? Au cours d'une marche antérieure, il bâtit, en 1679, un fort qu'il nomma Crèvecœur

Désir de gloire et de reconnaissance? Quelle était sa motivation? Et si c'était tout cela à la fois. Et rien du tout.

S'il s'agissait simplement de suivre sa route où l'instinct le conduisait. Une légende personnelle accompagnée d'insuccès, de malheurs, de descentes aux enfers, de naufrages, de déceptions, de déroutes et de capitulations devant une nature insurmontable. Et si c'était là l'autre chemin de la sagesse, sûrement le plus difficile à assumer? Parfois la première quête sera suivie d'une deuxième, et d'une troisième, toujours la même recommencée et qui laisse sans réponse.

Personnage légendaire ou passeur? Était-ce de sa faute s'il n'avait pas atteint le but fixé et si, au cours de sa dernière expédition, ce voyage au Golfe du Mexique, en 1684, il n'avait pas trouvé ce qu'il cherchait – l'embouchure du Mississippi. Comment dire? La route secondaire en était-elle moins importante, la traversée moins congruente dans l'ensemble des choses? N'avait-il pas saisi le feu?

> A une lieuë & demie plus avant, nous trouvâme une autre riviere plus belle, plus grande & plus profonde que n'est la Seine à Paris, bordée des plus beaux arbres du monde comme s'ils avoient esté planté à la main, entr'autres quantité de Meuriers, & autres fruitiers, ayant des prairies d'un côté & des bois de l'autre, nous la passâmes en Cajeux; cette riviere fût appellée la Maligne[81].

Remy de Courcelles

Le premier!
Sous sa direction, en 1671, une flottille de canots et un bateau plat franchirent le fleuve de Montréal au Lac Ontario. L'expérience relevait de la pure témérité, car le but premier de l'expédition de de Courcelles était de faire la

démonstration qu'une force militaire pouvait se mesurer aux Iroquois. Ces derniers, qui continuaient de menacer les Français, ne pensaient pas qu'il serait possible qu'une formation de soldats puisse être capable de franchir les rapides du Haut Saint-Laurent. Un autre but de l'expédi-tion de de Courcelles était de mieux connaître cette route fluviale afin de choisir un site soit sur les rives du Haut Saint-Laurent, soit sur celles du lac Ontario afin d'y établir un fort et ainsi protéger les intérêts français dans la traite des fourrures[82].

Deux ans plus tard, en 1673, c'est Frontenac qui répé-tera la manœuvre, de manière plus spectaculaire encore, lorsqu'il s'aventurera en ces mêmes eaux, sachant que son prédécesseur avait déjà navigué sur le fleuve de cette manière. Par cet exploit, Frontenac impressionnera les Iroquois et, dès lors, laissera un tracé dans l'imaginaire.

Même voyage, seul point de vue : « il n'y a pas de place pour les inutiles » avait écrit de Courcelles. Était-ce le mes-sage retenu par les eaux ? Par les rives ? Par le passage en cette terre battue qui, au fil des convergences, deviendrait un chemin, une route, une grande route : *From a byway to a highway*. Chacun participant à sa manière à la vie du fleuve.

De Courcelles décrit les *gros bouillons* et les saults à franchir. Mais au fait, de Courcelles est-il bien l'auteur de ces pages ou les lui a-t-on attribuées ? En un sens, il fait partie de ces auteurs qui contribuent à préserver le secret des origines. Les textes qu'ils ont laissés ne figurent pas parmi les plus connus, non parce qu'ils manquent d'inté-rêt, mais parce que leur attribution n'est pas toujours cer-taine. Dans le cas de de Courcelles l'équivoque a existé jus-qu'à ce qu'un historien fasse la preuve. Comment a-t-il trouvé ? Est-ce en raison d'une main d'écriture, des termes choisis, d'indices, d'anomalies ou de recoupements pos-sibles avec d'autres textes que l'historien a pu dire : l'auteur semble bien être celui que l'on croit[83] ?

Louis-Armand de Lom d'Arce, baron de Lahontan

Voici un autre personnage disons-le, étrange, et tout aussi audacieux. Tout comme à Radisson on lui a attribué beaucoup de défauts. Il faut donc se départir des idées reçues, s'écarter de la controverse entourant les écrits de Lahontan pour les apprécier, rétrospectivement, à leur juste valeur.

On s'en est pris à son style, à ses propos iconoclastes, à son interprétation des faits. On a mis sur le compte d'une trop grande imagination la manière que Lahontan avait de déformer la réalité. On lui reprochera d'avoir induit en erreur ses contemporains en faussant les événements et en exagérant leur portée. Par exemple, on dira de lui qu'il a inventé de toutes pièces l'existence de la *rivière longue*, quoique les Américains deviseront plus tard qu'il s'agit de la rivière Minnesota.

On l'a affublé de tous les noms ce Lahontan qui a si joliment dessiné les canots, à la plume et au plomb. Il nous a laissé de ses nombreuses pérégrinations de belles esquisses et peut-être une nouvelle mythologie. C'est avec beaucoup de respect qu'il consignera les gestes des Dakotas et des Iroquois, protecteurs de la terre rouge dont ils étaient issus. Il décrira, tout comme l'avait fait Radisson, un calumet dont le fourneau était fait de cette terre sacrée.

Lui aussi avait longé les berges de la *Pointe Maligne*.

***

Il serait très difficile de marcher dans les pas de Lahontan. Apatride, on le retrouve en Hollande, au Danemark, au Portugal, en Allemagne, aussi bien qu'en Nouvelle-France où il séjourne pendant plusieurs moments de sa vie. On le découvrira en traduction, en réédition, en « modification ». Il est partout... et surgit de nulle part.

240

À son époque, Lahontan était peut-être victime de son propre succès. Loin de passer inaperçu, il laissera des traces vives de son passage en Nouvelle-France. Ses écrits se retrouvent au palmarès des best-sellers, au même titre que les *Relations des Jésuites*. Il signera des pages controversées et immenses. Dès 1703, l'œuvre de l'auteur sera lue, traduite « plagiée, résumée, commentée, citée[84] ». Elle fera l'objet de huit rééditions, de contrefaçons, de traductions et de nombreux comptes-rendus. Elle se verra insérée dans le siècle des Lumières[85].

C'est en 1684, à l'âge de dix-sept ans, que Lahontan se joint à l'entreprise de M. de la Barre, Gouverneur Général. Il participera à l'expédition contre les Iroquois. Lahontan sera par après entraîné vers ces terres qui, avec le temps, deviendraient le Haut-Canada. Son œuvre se compose de trois ouvrages : *Nouveaux voyages de M^R. Le baron de Lahontan dans l'Amerique Septentrionale; Mémoires de l'Amerique Septentrionale ou la Suite des Voyages de M^R. le baron de LaHontan; et Suite du voyage de l'Amerique ou Dialogues de Monsieur le baron de Lahontan et d'un Sauvage.* L'entreprise est colossale et la démarche de Lahontan, éminemment personnelle. Son œuvre est faite de carnets de voyages, de comptes-rendus, de réflexions, de présentations suivant l'esprit encyclopédique de son siècle. Il décrit la géographie de l'Amérique, la flore et la faune, les coutumes des Amérindiens, les explorations dans la région du sud-ouest des Grands Lacs, les ressources que l'on y retrouve et, surtout, il illustre abondamment ses récits et ses comptes-rendus. Il fera par ailleurs intervenir sous la forme de dialogue les propos d'Odario, un Amérindien.

Des voix qui interviennent encore

D'après certains auteurs, notamment les hommes d'Église, Lahontan était imbu de lui-même, un être de peu de foi, voire un traître.

Pourtant... pourtant.

À l'instar de Radisson, il commence lui aussi à sortir de l'ombre. On le lit maintenant sans l'entrave des autorités qui parfois font si mal. On voit autrement les choses et, par les yeux étonnés, un aperçu... un clin d'œil au XVIIᵉ siècle.

Ses exploits valaient aussi bien que ceux de *la Guerre des Étoiles* ou des pages venues de l'imagination de romanciers, non?

Ce Collier contient ma parole

La Lettre VII intitulée – *Qui contient une ample description du Fleuve Saint Laurent depuis le Monreal jusqu'au premier grand Lac de Canada. Les Sauts, les Cataractes & la navigation de ce Fleuve. Du Fort Frontenac & de son utilité. Entreprise de Mr. De la Barre Gouverneur Général contre les Iroquois. Son accommodement, ses harangues & les réponces* – surtout, retient l'attention. On prend un réel plaisir à lire la vingtaine de pages qui portent sur le trajet de Montréal au Lac Ontario. Lahontan y décrit les saults et les portages. Défilent sous ses yeux et les nôtres le Sault de *Saint Loüis*, les *Cascades*, le [sic] *Cataracte du Trou, les courants à refouler, le Sauts des Cèdres & du Buisson*, le lac Saint François, les Galots, la Galette, Fort de Frontenac. Il nous dit la rapidité de l'eau,

si violente, qu'on n'oseroit éloigner le Canot de quatre pas du rivage[86].

Il dit encore :

Imaginez-vous, Monsieur, que les courans vont presque aussi vîte qu'un boulet de canon, & qu'il faut éviter des rochers sur lesquels on seroit porté si on donnoit un faux coup d'aviron, car on descend en zigue-zague pour suivre le fil de l'eau qui fait cinquante détours[87].

Il décrit en outre le cérémonial entourant le calumet de paix, nous fait part des détails qui retiennent l'attention des voyageurs, comme par exemple, la nuée de maringouins et les berceaux que l'on fait pour s'en protéger. Il reste toujours aussi ému devant la fragilité des canots et la témérité des humains qui y prennent place.

Enfin, Lahontan nous fait part du regret de n'avoir pu sauter ces mêmes rapides en canot plutôt qu'en *batteau*. Il trouvait le canot plus léger, plus facile à manœuvrer. Il aurait ainsi voyagé sans être indûment encombré de bagages. Il fait part de son déplaisir dans le passage suivant :

J'aurois bien souhaité de descendre toutes les cheutes d'eau, les cascades & cataractes dans le même Canot où je les avois monté, car tout le monde nous menaçoit d'un naufrage infaillible à ces passages pleins de bouillons & de rochers, & où les Canots sautent à peine lors qu'ils sont chargez. On n'avoit jamais ouï dire qu'aucun Bâteau eût encore monté ni descendu ces dangereux précipices; cependant il falut risquer le paquet, chacun étant fort embarassé de sa contenance; & si nous n'eussions engagé plusieurs Canoteurs de sauter dans leurs Canots ces Cataractes à la tête de nos Bâteaux pour nous montrer le chemin (après avoir dressez nos Soldats à ramer tantôt à droit, tantôt à gauche, & à scier quand l'occasion le requeroit) nous aurions été tous engloutis par ces Montagnes d'eau[88].

Idem

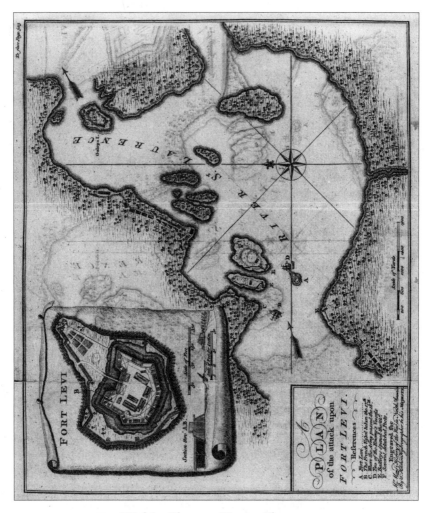

Kitchin, Thomas Mante, *Thomas,*
A plan of the attack upon Fort Levi.
Engraved for Mr. Mante's History of the war in North America
by T. Kitchin, Hydrographer to his Majesty.
Bibliothèque et Archives Canada, NMC 19491
(Réf. complète à la fin de la table des matières.)

L'Amérique est un passage

Ou plutôt une Odyssée mais à la différence, qu'en ces lieux aussi éloignés, il n'est plus possible de rentrer chez soi.

Mortes questions qui emportent tout.

20. *L'Amérique présage*

Et les soleils qui attendent.

Les manuscrits de la Pointe

Si vous le voyez cet Amérindien au regard austère, dos courbé sur son canot; si la cadence de sa rame vous paraît excessive; si vous l'observez au bout de l'arc-en-ciel suite à un orage particulièrement violent; si, un jour de grand vent, vous reconnaissez le chant de l'oiseau prophète qui l'accompagne, *Tskelelei*, – son bec stupéfait et immense –; s'il vous arrive de croiser celui qui a peut-être jeté un sort sur cette région occultée des livres d'histoire; ou encore, si vous retrouviez quelque part, dans un grenier ou ensevelies dans un caveau, les archives manquantes sur ce qu'aurait pu être la *Seigneurie de Mille Roches*, ne détournez pas le regard. Ne résistez pas. Ne fuyez pas. Surtout, ne fuyez pas. S'il vous arrivait de voir, au-delà du barrage, des saults rouler, danser, s'écrouler; s'il vous arrivait de les entendre mugir et écumer dans toute leur intensité, ne fuyez pas. Il est possible que votre imagination ne soit pas en train de vous tromper. Vous serez au seuil d'un monde mythique, englouti, oublié. Débridé. Il demande qu'on le délivre de sa malédiction et non qu'on l'agresse à nouveau. Il supplie qu'on le libère à travers le langage de la vie. Il veut sortir de cet entre-deux. Terre des ombres en quête d'un absolu, et surtout, en quête de mémoire.

Le 4 juillet 1958, quatre jours après le début de la montée des eaux qui créera le lac Saint-Laurent, des gens de tous les âges, de tous les métiers, de toutes les affiliations se retrouvaient déjà sur les berges, chacun ayant des raisons personnelles pour ce faire. Aujourd'hui encore, en ce troisième millénaire, on y retrouve quelques passants qui se souviennent. Demain, nous en serons peut-être.

***

Le fleuve s'écrivait au quotidien.

De la Barre demeurait jaloux de de La Salle.

Lahontan, imaginatif, fulgurant et mystificateur.

On a dit de de la Barre qu'il *était plus dangereux pour le Canada que les Iroquois eux-mêmes.*

François Salignac de la Mothe-Fénelon, prêtre sulpicien et jeune confrère de Claude Trouvé, avait prononcé un sermon qui avait tant déplu à Frontenac, que ce dernier le força à retourner en France. Fin du voyage. Passage et politique obligent.

Imaginez une poignée de Français jetés sur un territoire plus vaste que l'Europe, lisai-je.

De La Salle, à la recherche d'une nouvelle mère patrie, ne s'entendrait pas avec de La Barre.

De La Salle, diable au corps, vif, agissant, entreprenant, infatigable, homme des coups de tête. Homme de cœur et de fer.

Dans le jeu de la transmission, d'autres fissures.

Le fleuve nourricier.
Le fleuve vorace.

***

L'eau est l'élément qui se souvient des morts.

Bachelard

Le Léthé s'attache à l'ombre.
« Eau », troisième des éléments.
Eau forte.
Eau de vie.
L'eau qui tremble dans le temps.

Que nous dit cet endroit? Comment trouver les mots du vingt et unième siècle pour faire en sorte que le fleuve et la voix puissent se toucher?

Le passant en vient à s'oublier lui-même : il n'a plus d'image à soigner, plus personne à éblouir. L'eau, à la fois remous, tourbillon, cascade, gouttelette;

Agitée, courante, stagnante;

Engrenage, vertige, roue, toupie;

Forte, intense, pâle ou terne... la vie!

Mais, comment revenir sur le passé du fleuve, le remonter quand il n'est plus le même. Quand il est tout balisé.

Comment l'accueillir dans ce qu'il reste de baies et de havres?

***

Je dirais : retenez d'abord les mots et les expressions qui vous touchent. Nommez les choses pour qu'elles ne perdent pas leur réalité. Dites-les à voix haute, ces mots, comme on réciterait un poème. Captez-les dans leur oralité. Jusqu'à l'âme. Inscrivez-les dans la continuité; ils ne seront jamais tout à fait les mêmes.

249

Car les mots portés par les voix sont comme des fleuves.

Saisissez aussi la joie qui les enfle.

Qu'ils *aillent à la mer.*

Car nous sommes encore au commencement.

Sauvage qui appelle à plus sauvage encore.

De rive en rive, il y a une cohérence.

Je dirais : marchez dans les rues des villes et des villages qui bordent le fleuve. Même dans le non-dit, et, même si ces villages semblent traqués par quelque chose que personne n'arrive à nommer, suivez leur trace.

Lorelei, walkyries, ondines, hydres, méduses, néréides, sirènes amérindiennes qui porteraient à la main un hochet, la petite danoise sur le rocher de Lahontan, mythes mêlés aux voleries et aux volières de la musique de Messiaen dans le *Sanctuaire d'Oiseaux* des îles du Saint-Laurent, quelques matelots qui y passent encore, et qui nous attendent.

Volcan d'eau.

Don de voyance.

Encore faudrait-il redéfinir les concepts «gagnant»... «perdant». Pour celui qui va jusqu'au bout de son rêve il y a tous les autres qui le souhaiteraient et qui, ce faisant, font aussi avancer de grandes causes. Ces voix peuvent être à l'origine des plus grands bouleversements... Même si ce n'est que plus tard.

Pointe à la Maudie

Mais, me direz-vous,

Pourquoi continuer quand les mots n'ouvrent plus rien.

Quand les mots d'hier ont si peu d'importance.

Comment se souvenir par anticipation.
Quand les mots enfoncent la détresse.
Quand on ne sait plus ce qu'on leur a donné,
ni ce qu'il nous reste.
Quand, farouches, ils se débattent,
Météores au bout d'une plume.
Sont arrimés à un monde peut-être autre que celui-ci.
Dites le Saint-Laurent. Nos cœurs en brûlent.

Souvenirs from Alexandria Bay

Quel touriste n'a pas rapporté un souvenir de voyage?
Il suffit de circuler dans les endroits de villégiature pour
remarquer dans les boutiques les inévitables cartes postales
et autres articles et babioles.

Imaginez ce missionnaire qui expédie, lui aussi, il y a
plus de trois cents ans, une *boette* vers le vieux pays. Quelles
trouvailles, quels trésors insoupçonnés a-t-il envoyés à ses
proches? Qui au juste était le destinataire? Qu'importe.
Essentiellement la question est la même : qu'as-tu rapporté
de ton voyage? As-tu pensé à moi? As-tu vu le monde comme
j'aurais souhaité le voir? Quelle part de moi s'est rendue
jusqu'à toi? Qu'as-tu appris de ton voyage?

Que contenait au juste cette «boîte» des origines?
Voici le décompte de ses merveilles :

Voicy le contenu dans la boette que ie vous envoye
24 ouragans de diverses grandeurs
2 cuillieres de bois
Une petite courge pleine de baume de copal qu'on m'a
aporté des Akansa [...]
Des graines de melons d'eau de 3 façons du pays de
l'Ilinois.

Des graines de melons d'eau de Canada qui viennent
sans façon comme les citrouilles en france Il ne faut
pas les planter si tost que les autres
Des noix des Ilinois
Un morceau de porphire de la carriere qui est dans
l'isle st Pierre
Des écorces figurées avec les dens
Un poignard de pierre, il y manque le manche qui
n'est rien autre chose qu'un morceau de bois sans
façon, vous pourrez y en faire mettre un
Un autre poignard plus petit [...]
Les poignards et ce couteau sont de ceux dont les
Ilinois se servent encore auiourdhuy quoyqu'ils en
ayent de fer.
Du sable noir qui se trouve en grande quantité vers les
3 rivieres [...] est presque tout fer, [...] Il y a cependant
un peu d'argent comme on a reconnu par des epreuves
qui en ont été faites.
Un peu d'une racine que les Ilinois et les chaouanons
meslent avec le tabc quand ils fument.
Deux marcassites [...][89].

Alexandria Bay nous rappelle avec insistance que ce
n'est pas d'hier que l'on rapporte avec soi des souvenirs.
Tout y est : reproduction de canots d'écorce; banderoles,
T-shirts, dépliants décrivant le château inachevé de
Monsieur Boldt[90]; petites cuillers à l'effigie de ce même
château, ballons de plage, tasses et soucoupes, sacs de
billes, encens, feux d'artifice et pacotilles de toutes sortes.

Mais, qui sait la force de germination d'une graine.
Jusqu'où s'était-elle rendue? Dans quel jardin avait-elle
produit d'autres fruits? À quel moment mourrait-elle afin
que naissent les nouveaux? En quel lieu apocryphe?
Cape Vincent.
Chaumont, U.S.A.

***

252

Sous d'autres plumes sont repris d'autres passages de cartes postales aux couleurs toutes vives. L'énumération prend vie sous nos yeux. Et voici l'invite à la découverte[91] :

> *1. d'arbres :* [...] pins, sapins, pruches, épinettes, cedre blanc, tremble, érable, cerizier, merizier, prunier, bois blanc, hestre, orme, fresne, noyer, bouleau, coudre, bois dur et chesne blanc et rouge [...];
> *2. d'animaux terrestres :* [...] les orignaux, loups cerviers, martres, renards, visons, loups de bois, cerfs, pecans, carcajoux, chats sauvages et ours noir [...];
> *3. de mamifères aquatiques :* [...] la loutre, le rat musqué et le castor [...];
> *4. de petites bêtes diverses :* [...] le porc-epy, la beste puante, l'écureil et la belette blanche [...]; [...] l'ecureuil roux, l'ecureuil volant; [...] une sorte de belette dont le poil est gris l'été et devient blanc l'hyver [...];
> *5. de gibier :* [...] des outardes, des oyes bernaches, des canards et des cercelles [...], le canard branchû, la becassine, la becasse, le ralle, le pluvier, le chevalier, le corbigeau et l'allouette [...]

Monde métissé de voyages et des traces d'horizon.
D'anciens vestiges.
Le temps comme d'une géographie.

En remontant le fleuve

Quelques noms :
Louis-Antoine de Bougainville.
Il débarque en Nouvelle-France.
Avec Montcalm il se rend jusqu'au fort Frontenac.
Une question toute simple qui nous mène loin : comment se fait-il que les Français ne se soient pas établis au-delà du Long Sault jusqu'au Lac Ontario?

Bougainville sera témoin d'une nouvelle manière de faire la guerre. Ici, l'on s'écarte des batailles rangées à l'européenne. On a plutôt recours aux embuscades et aux attaques surprises. Pour déstabiliser l'ennemi on pousse des hurlements épouvantables. Contrairement à Montcalm, Bougainville reconnaîtra, qu'en sol canadien, il y aurait peut-être avantage à s'adapter à la réalité nord-américaine.

***

Sous le Régime français, les troupes remontent le fleuve et, ce faisant, se mesurent aux inévitables obstacles. La navigation vers l'amont demeure difficile. En revanche les troupes adverses vont en sens inverse. Celles de Amherst sauteront les rapides en aval, ce qui leur facilite de beaucoup le voyage.

La victoire a-t-elle tenu à ce fait?
Au nombre plus imposant de soldats britanniques?
À la mauvaise stratégie des Français?
Au fait d'avoir surestimé les forces conjuguées des troupes françaises, des alliés amérindiens et des Canadiens?
Aux mésententes entre Montcalm et Vaudreuil?
Quoi qu'il en soit, l'une des dernières batailles de la Guerre de sept ans s'est déroulée ici même, dans le Haut Saint-Laurent. (Il en sera question sous la rubrique *Pierre Pouchot de Maupas et le fort Lévis*, ci-après ainsi que dans les Textes choisis, Tome II.)
Les deux adversaires, Pierre Pouchot et Jeffery Amherst, vont tenir conseil.
Amherst refuse de livrer ses prisonniers aux Iroquois.
La guerre est terminée.

Et il nous reste une carte, magnifiquement dessinée

Pointe de Ganalargoin, La vielle Gallette, fort Levis, Isle de la Cuisse, Isle de la Magdeleine, Isle Péquétou de Gal... de la carte de Pouchot.

Des noms anglais ont remplacé les noms d'origine.

Fort Levis – Chimney Island
La Vieille Gallette – Johnstown
Pointe de Ganalargoin – Indian Point
Isle à la Cuisse – Spencer Island
Isle de la Magdelaine – Drummond Island
Isle Péqué Tou de Gal – The Gut

Pierre Pouchot de Maupas
Fort Lévis

Ainsi nommé en l'honneur du Chevalier de Lévis qui, en août 1759, après la chute du fort Niagara, fut mandaté pour examiner quelles défenses seraient requises dans la section des rapides y compris le Long Sault jusqu'à Montréal dans le but de contrer la menace anglaise. Une île fut désignée pour y ériger un fort. Le 26 août 1759, Lévis devint l'hôte d'une cérémonie officiée par les alliés amérindiens de la Présentation et fut accueilli dans la confrérie iroquoise. C'est au cours de cette cérémonie que l'on attribua à Lévis le nom d'*Orakouintone*, ce qui signifie «Soleil suspendu». Dès le jour suivant, ce même nom fut attribué à l'île, et le sieur Désandrouins, ingénieur, fut chargé de la fortification à laquelle on attribuerait aussi le nom de fort Lévis[92].

Les Anglais appellent également Isle Royale[93] l'île où était situé fort Lévis.

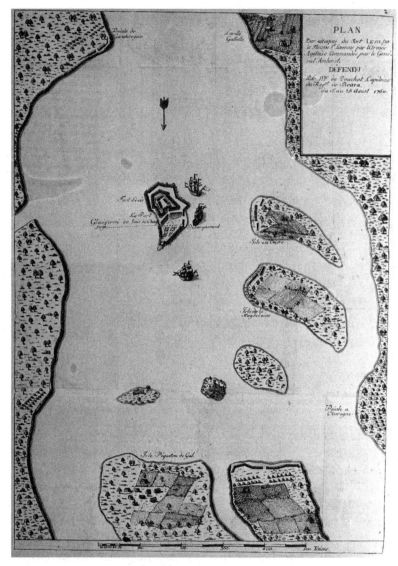

Plan des attaques du Fort Lévis sur le fleuve Saint-Laurent par l'armée anglaise commandée par le général Amherst défendu par M. de Pouchot, capitaine du Régiment de Béarn, du 16 au 26 août 1760.
Bibliothèque et Archives nationales du Québec,
cote : P600,S4,SS2,PLivre 23, négatif : NC95-5-1- 2.
(Réf. complète à la fin de la table des matières.)

256

Pierre Pouchot est le commandant des troupes de fort Lévis qu'il devra céder à l'ennemi, le général Jeffery Amherst[94]. Ce dernier a donné l'assaut le 18 août 1760. La capitulation a lieu le 25 août 1760[95].

L'île où fut établi fort Lévis se nomme présentement Chimney Island, dans l'état de New York, où sa partie nord fut scindée au cours des travaux de la Voie maritime du Saint-Laurent[96].

Pierre Pouchot (1712-1769) : ce nom ne nous est peut-être pas familier. Pourtant, ce militaire n'a-t-il pas joué un rôle de haute importance dans la région des rapides du Haut Saint-Laurent, la porte ouest vers Montréal et Québec, en livrant la contrepartie de la bataille que s'étaient livrée Montcalm et Wolfe sur les Plaines d'Abraham? La chute de la Nouvelle-France se retrouverait aussi dans cette section trouble du Saint-Laurent? Faudrait-il donc ajouter un autre volet à notre connaissance des faits[97]?

***

On peut alléguer que...

Pouchot a une plume agile mue par un verbe rapide qui se déplace selon le flux des idées. Ses écrits nous transportent de lieu en lieu, parfois sans transition ou sans nous dire précisément «voilà ce qui se passe». Il évoque d'abord Québec, puis fait allusion à la Pointe au Baril avant de redescendre le fleuve.

Ce faisant, il laisse une carte très précise qui indique les noms de lieux et qui, aujourd'hui, a une valeur inestimable puisqu'elle nous aide à comprendre cette section du fleuve en amont de Montréal et l'importance qu'elle avait aux yeux des Français. Il va. Dans sa narration, a de la suite dans les idées, sans que les mots leur succèdent forcément. Elles suivent leur propre flux cartésien sans l'être. Il y indique des saults, des arrêts obligatoires, des retours, des projections dans l'avenir... qui, pour nous, est déjà passé lointain. Il nomme les lieux, les inscrit sur une carte qu'il suit à l'œil et à la lettre. Sa plume en prolonge le tracé rigoureux.

***

Aujourd'hui, *Chimney Island*, île sur laquelle fut bâti le fort Lévis, est submergée. Mais comme tant de lieux engloutis, son passé a laissé des traces. À Ogdensburg, des amateurs d'histoire font des recherches sur la possibilité de reconstituer le fort de la Présentation. Depuis quelques années ils soulignent la présence des Français et de l'Abbé Picquet et rêvent de créer le pendant de *Upper Canada Village* afin de faire revivre le passé français en sol américain. Initialement, il s'agissait d'un projet d'été, fruit d'initiatives locales. Or, ces amateurs d'histoire voient grand. Ils souhaitent que leur projet devienne une réalisation permanente et soit même subventionné. J'y ai rencontré la femme du forgeron. Elle était vêtue en costume d'époque et se préparait à la grande fête où l'on reconstituerait une journée dans la vie du fort de **la Présentation** et où l'on évoquerait la présence de l'inimitable François Picquet. À l'été de 2002 on a même organisé des visites en bateau au-dessus de *Chimney Island* dont on pouvait encore apercevoir les contours sous l'eau.

Ainsi, deux forts – fort Lévis et fort de la Présentation – continuaient de marquer l'imaginaire.

Le général Jeffery Amherst – l'adversaire

Le général Amherst consignait de façon quotidienne et souvent à toute allure les faits de la journée. Sa description du parcours entre les Milles Îles et la Pointe Maligne, est d'ailleurs remarquable de précision. Il est question entre autres des rapides et de la valeur des troupes qui devaient les franchir.

Les volumes VIII à XVIII de son journal concernent son passage en Amérique[98]. Chaque volume fait l'objet d'un résumé, incluant les noms de lieux visités et la distance entre ceux-ci. L'éditeur y joint des cartes, des plans et la documentation qui faisait partie de l'ensemble. Ces cartes sont souvent tracées à main levée par les ingénieurs d'Amherst; d'autres sont des copies de cartes déjà publiées. Plusieurs se retrouvent en français.

Pointe Maligne

Après sa victoire au fort Lévis, Amherst continue sa route jusqu'à Montréal. Il campe à l'isle au Chat, puis à Point de Maline qu'il appelle aussi Johnson's Point, probablement en l'honneur de William Johnson[99] qui l'accompagne mais le quitte temporairement pour se rendre au village d'Asquesava (Akwesasne) afin de rassurer les Iroquois. Ils sont saufs. Les Britanniques ne les attaqueront pas, « s'ils se tiennent tranquilles »[100].

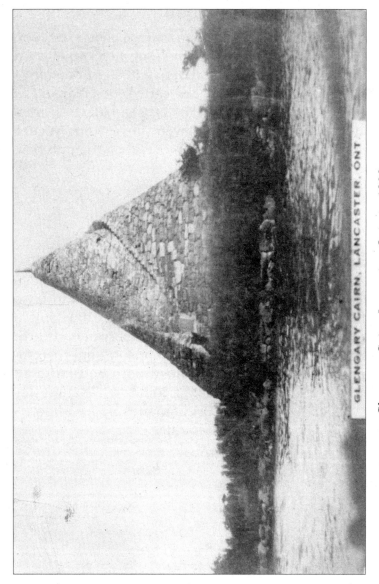

Glengarry Cairn, Lancaster., Ontario, 1908
Bibliothèque et Archives Canada. Négatif de copie 1969-001 NPC C-024498
(Réf. complète à la fin de la table des matères.)

21. «*Il s'est passé tant de choses ici.*»

«Tant de choses»... me disait mon père. Était-ce en raison de sa connaissance de l'histoire qu'il s'exprimait ainsi? Je ne le pense pas. Je crois plutôt qu'intuitivement il le savait. Les lieux étaient en effet chargés de sens mais personne, du moins à ce que je sais, n'avait encore rassemblé tous les morceaux épars du passé.

Faut-il rappeler que suivre la voie du fleuve équivalait à sonder le cœur de l'histoire, mais en s'appuyant sur la géographie. En peu de temps le canot d'écorce avait cédé le passage aux bateaux, puis aux cargos et aux canaliers. Jamais n'avait-on cessé de s'interroger devant l'eau vive. Se superposaient les époques. S'y imbriquaient sans cesse des strates supplémentaires. Ainsi, comment interpréter la présence du cairn, près de Lancaster, en face de l'île Akwesasne? Combien de fois s'est-on demandé quel événement il commémorait au juste. Combien de fois à partir d'un bateau l'avais-je vu émerger du fleuve. À toutes les fois, la question : qu'est-ce que c'est? Qui l'a construit, comment, et surtout pourquoi? J'avais pour toute réponse : c'est l'histoire d'une rébellion. Dans la vie, il faut parfois contester l'ordre établi.

Le cairn de Lancaster, m'avait-on dit, avait été érigé à la mémoire des combattants de l'insurrection de 1837-1838. On l'avait construit en hiver et transporté pierre par pierre sur le fleuve gelé. Avec le temps, ce site devint le plus naturellement du monde un point d'arrêt pour les bateaux de plaisance. On y faisait des haltes et souvent des pique-niques. En ce lieu témoin d'un événement passé, un étrange dialogue s'était amorcé entre la pierre et l'eau.

Points de vue divergents

Comment ne pas évoquer les nombreux convois militaires qui passaient littéralement à nos portes? Durant les années cinquante l'autoroute 401 n'était pas encore complétée. Les convois, qui allaient et venaient depuis les bases de Kingston ou de Trenton jusqu'à Montréal et au-delà, devaient donc emprunter le Chemin de Montréal.

Une fois en particulier, le convoi nous a semblé interminable. Il dura toute la journée et eut le pouvoir de ranimer les spectres d'une autre guerre possible, la menace nucléaire en sus cette fois.

Des centaines de camions, des jeeps, des véhicules militaires défilèrent sous nos yeux. Je me souviens de la chaleur intense, presque insoutenable, qu'il faisait. Mon père, propriétaire d'une petite épicerie située justement sur le Chemin de Montréal, avait, dans un geste de bonté spontanément vidé sa «glacière à Coke». Ce qui me revenait souvent à l'esprit, c'est le geste quasi désespéré avec lequel il le fit. Que lui rappelaient donc ces jeunes soldats?

Je me suis toujours demandé s'il n'était pas troublé par d'autres représentations dont il ne faisait part à personne. Avait-il saisi leur soif comme d'autres auraient cherché à assouvir la faim d'un passant? Je ne pouvais m'empêcher de noter les nombreuses fois où, dans les relations, les journaux de bord et la correspondance on mentionnait un manque de vivres et jusqu'à quel point cette pénurie avait provoqué de souffrance.

> [...] Le 14, la pesche, ny la chasse ne nous fauorisant point, & nos viures se touuant bien-courts, & nos dents allongées par la faim[101] [...]
>
> Les Pères Joseph Chaumont et Claude Dablon

> [...] La famine cependant nous tenoit à la gorge[102] [...]
>
> Les Pères Mercier, Dablon et al.

> L'unique chose qui nous occupe actuellement est l'arrivée des farines que nous avons demandées à Montréal [...] Nous ne devons rien négliger pour nous assurer qu'il ne se perdra pas, s'il est possible, un seul épi de blé parce que nous n'avons presque point d'autre ressource que la récolte du gouvernemnt de Montréal pour faire vivre toute la colonie jusqu'au printemps prochain[103].
>
> Lettre du Marquis de Vaudreuil
> au Chevalier de Lévis

> Pendant que l'on l'amarinet, Mr de St Circq partit avec ses canadiens et quelques malades. Lorsqu'il fust dans les isles Touniata [...] plusieurs canots se détachèrent pour chasser au gibier[104].
>
> Gédéon de Catalogne

La Rébellion

Wilfred Nelson, Louis-Joseph Papineau, William Lyon Mackenzie, le Dr Cyrille Côté, le Chevalier de Lorimier, Joshua Bell... et tous les autres rebelles des années 1837-38 avaient livré un combat. Un combat... pour des raisons différentes mais entrepris dans un même idéal : celui d'enrayer toute forme d'oppression. On souhaitait plus que tout la mise en place d'institutions qui seraient le reflet du pays que l'on souhaitait construire. Plus jamais l'hégémonie de quelques familles représentant la classe dirigeante. Plus jamais, dans ce qui allait devenir le Haut-Canada, le *Family Compact* grâce auquel de vastes étendues de terres étaient attribuées au clergé ou aux familles influentes. Pour le Bas-Canada on souhaitait une province indépendante de la Grande-Bretagne, l'abolition de tout vestige du régime seigneurial et la séparation de l'Église et de l'État. Il n'y aurait plus de terres de la Couronne réservées au clergé; les *Indiens* auraient les mêmes droits que tous les autres citoyens; la peine de mort serait abolie; le vote serait universel et secret. Le français et l'anglais auraient droit de cité dans toutes les sphères publiques. On garantissait l'éducation publique aux enfants et on abolissait les dettes ou obligations réelles ou supposées envers les seigneurs [105].

Est-ce nécessaire d'ajouter que les auteurs de la Rébellion n'ont pas atteint de leur vivant le but qu'ils s'étaient fixé?

Dialectique

Vous voulez dire qu'on a érigé ce cairn à la mémoire des Patriotes?

– Pas tout à fait non plus. C'est plutôt pour commémorer la victoire des forces de l'ordre, me répondait-on.

– Bon. C'est comme les Plaines d'Abraham, alors?

– Pas tout à fait non plus. Disons qu'il s'agit là d'une trace à la mémoire de tous ceux qui ont participé à cette insurrection.

L'âme dans la gorge. Personne n'osait dire la vérité. *Le Reel du pendu* accroché aux lèvres de l'île.

La construction d'une mémoire.

Le rapport aux choses auxquelles on tient et que l'on défend.

J'ai appris, beaucoup plus tard, que le cairn avait été érigé en l'honneur de Colborne, l'ennemi.

Il y a davantage. Il y a toujours davantage!

Même aujourd'hui ce cairn est source de controverse. L'île sur laquelle on avait construit le monument appartenait aux Mohawks d'Akwesasne bien avant qu'on le déclare site historique, en 1925. Personne ne savait que cette île contenait d'autres vestiges. C'est en 1997, alors qu'on effectuait des réparations au monument, qu'il fallut excaver plus à fond. C'est alors qu'on a découvert des ossements et des sépultures. Les archéologues ont pris le relais. Les analyses ont déterminé que ces ossements remontaient à plus de 2 500 ans. Devons-nous ajouter que, depuis lors, le public n'est plus admis sur le site?

On attend toujours la suite des travaux.

Toujours la même Pointe...

S'il fallait évoquer toutes les batailles, il conviendrait d'en recenser une «autre», postérieure à la Guerre de Sept ans et antérieure à la Rébellion de 1837 : la bataille de Chrysler's Farm durant la guerre de 1812-1814. Cette fois on protégeait le territoire contre les Américains. Ont combattu côte à côte, les Britanniques, les Canadiens et les Amérindiens.

Pointe Maline. C'est là où Johnston fut pris à partie par les Iroquois. Ils revendiquaient leur territoire. Les traités manquaient de clarté.

Aujourd'hui le nom de Pointe Maline n'est plus... pas plus que le site de Chrysler's Farm englouti suite à la construction de la Voie Maritime.

***

Au pied du bouleau, dans la torpeur, il m'a dit : « Monte. »

– Monte et saisis-toi de la cime.
– Mais je ne sais pas grimper. Je n'ai pas de griffes.
– Vole alors.
– Je ne sais pas voler; tu vois bien que je n'ai pas d'ailes
– Rampe.
– Je n'ai qu'une seule peau et elle est déjà écorchée.
– Alors marche. Marche dedans le bouleau. Marche là-haut et plus haut encore jusqu'à ce qu'il n'y ait plus de traces. Plus de direction. Que l'infini.

Le Saint-Laurent.

Magtogoek.

Roi-a-ta-tokenti,

Pour les Iroquois, le chemin qui marche vers la mer.

Va!

Akwesasne, "*where the partridge drums*", là où la perdrix bat le tambour.

Est-ce suffisant? Est-ce trop? Que nous faut-il au juste pour saisir l'essentiel?

22. Contemporanéité

À quelle heure le Horla?

Elle portait le fleuve sur ses épaules. En vérité, il était trop lourd, trop vrai. Elle commettrait l'irréparable.

Une dame que j'ai connue s'est enlevé la vie. *Tête, épaules, genoux...* Elle l'avait toujours porté haute, la tête, plus haute encore.

... Genoux, orteils. Je me souviens de ses traits expressifs et de son regard qui vous disait qu'un ailleurs était encore possible même s'il semblait de moins en moins accessible.

Pour certains le fleuve est poignard.

D'excès en excès.

Yeux, nez, bouche, oreilles. The Bridge is falling down[106].

Quels enfants, quelle cause, quelle œuvre encore aurait-elle pu porter qui ne verraient jamais le jour. Mouvement perpétuel de l'eau. La matrice.

La souffrance était donc une loi de ce monde.

Le fleuve tremblait en chaque mot.

Une soif de feu. Un inaudible mal de vivre. Une immense solitude.

Sans doute n'était-ce pas la première fois qu'elle voulait s'en aller. Que s'était envolé le désir... comme d'ailleurs l'enchantement. Je me suis demandé par quel autre moyen elle avait déjà cessé de vivre. Pourquoi n'avait-elle pas tendu la main? Quelqu'un n'aurait-il pas pu lui porter secours?

Tout est connecté

Je n'arrivais pas à écrire ces lignes. Les mots me restaient coincés dans la gorge, résistaient de toute leur force, restaient rivés à la douleur. Au fleuve. Je les avais donc mis en veilleuse, craignant leur portée. «On ne parle pas de ces choses-là» m'avait-on si souvent répété. Voilà une autre responsabilité que je n'osais pas assumer. Par lâcheté, je gardais le silence.

Pourquoi avait-elle fait «ça»? Qu'espérait-elle de cette ultime fois? La profondeur? L'intensité? La mesure plus complète de ce qu'elle n'avait pu être? Ce ni trop près, ni trop loin, sans l'éprouver? Sans doute cherchait-elle par-delà le fleuve, l'harmonie. Ignorait-elle la raison pour laquelle elle était ici sur cette terre? Je me suis demandé quelle pulsion était venue à sa conscience, si elle avait soulevé les bras vers le ciel, cherché un moment d'équilibre, réprimé un cri de douleur ou au contraire, hurlé. Muscles, poignets, articulations. Savait-elle qu'elle était abîme... qu'elle le deviendrait? Sisyphe se cassant les os. Avait-elle à son insu, au plus profond de son être, porté une *Pointe Maligne* indéfinie?

268

Elle aura traversé la vie comme on traverse une année difficile, puis une autre, et une autre encore. Année après année, d'épreuves successives. Elle portait en elle le générique des arbres, la sève des mots, le soufre de la ville qui lui avait déjà déchiré les poumons. Elle ferait corps avec cette ville. Le sifflement des usines battrait une dernière fois. Et son cœur s'engourdirait.

Elle cesserait de tourner sur elle-même, indéfiniment, inlassablement, au point d'en perdre le sens du mouvement. Moulinet, orbe, roue, tournoiement; oui, sublime toupie qui tourne si vite qu'on ne peut plus percevoir si elle bouge. Elle s'arrêterait enfin, après avoir si souvent chanté. *Toupie à musique*, il m'a semblé que je ressentais sa détresse, et la *Pointe Maligne* en aval sur laquelle elle n'avait pu se fixer. Il y aurait le vertige du vide et le poids de toute une vie. Je me souviens particulièrement du fait qu'elle aimait les mots et qu'elle les faisait vibrer.

Pour l'essentiel, je marchais dans sa voie. Il m'a semblé l'entendre et même m'imaginer le choc brûlant au contact d'une onde qui l'emportait avec les vaisseaux fantômes, les cargos et les voiliers.

Que reste-t-il des gens que l'on a connus et admirés même rétrospectivement, des années plus tard? Que reste-t il de leur présence dans nos vies et dans les lieux qu'ils ont fréquentés? Tous ces souvenirs finalement n'avaient aucun sens.

Je m'interrogeais sur ce qu'avait été sa vie. Je souhaitais... mais non, il était trop tard. Je me suis demandé si elle n'aurait pas pu s'extirper de la grisaille. Sa voix m'appelait et m'adjurait de ne pas l'oublier. Sa voix se mêlant à toutes les autres pour s'y superposer tandis qu'elle-même allait rejoindre les âmes qui avaient déambulé ici-bas, sur ces rives du fleuve.

Un jour, un mercredi, car c'est le jour où j'allais voir ma mère, je lui demandai ce qu'était devenue cette dame. Je sais qu'il ne s'agit pas d'une coïncidence si ce mercredi-là maman m'annonçait son décès. Nous n'avions pas retenu d'elle les mêmes souvenirs. Elle me dit simplement : elle s'est enlevé la vie, dans un moment de folie, c'est sûr, parce qu'il n'est pas naturel d'agir ainsi. Ma mère en était demeurée très troublée. La dame n'était pas la seule à avoir fait « ça ».

Le temps l'avait prise dans sa maison. L'oiseau tonnerre s'était vidé de son cri. Les flots la porteraient avec le vent. Elle avait intégré le poids des choses, petites et grandes, étouffées de lourdeur. Plus rien ni personne ne lui était d'aucun secours.

Elle irait s'endormir dans l'eau troublante, plongerait là où se lancent les corbeaux. Elle serait arrachée à elle-même et du lieu qui lui échappait. Elle serait la contemporaine de tous les voyageurs anciens : "*The place of missed opportunities.*" Douleur de l'instant qui frissonne quand nul autre cœur ne s'accorde au rythme du sien. Elle aurait cessé de poursuivre ses rêves et laisserait les traces de ses pas sur l'eau; la mappemonde d'un autre monde perdu, la mémoire d'une cage d'où elle émigrait. Oiseau blessé, la terre était trop petite pour la porter.

J'étais bouleversée d'apprendre qu'elle n'était plus.

C'était donc aussi « ça », *Pointe Maligne*.

Plus loin que l'interdit

On ne parlait pas de ces choses. Autant dire qu'on attirerait vers soi le malheur. On ne parlait pas des gens qui avaient perdu la vie en nettoyant un fusil de chasse, en traversant le fleuve à peine gelé ou qui s'était égarés dans les bois un jour de tempête. On ne parlait pas de ces drames. Jamais. Ou, si on le faisait, c'était par des mots chuchotés.

Je me suis demandé ce qu'elle portait ce jour-là, cette femme superbe et modèle d'élégance, et si, au fond d'un monde inversé – *mundus inversus* – univers glauque du fleuve, elle n'avait pas cherché un peu de lumière, une voie incorruptible. Une verticalité.

Elle deviendrait de la même matière que le fleuve. Et crépiterait sous l'eau, le feu de sa folle crinière jamais plus tranquille.

J'ai pensé que nous étions, sans le savoir, à la veille d'un grand malheur. D'un long *Dies Ire*.

La fin est-elle là où on la voit?

Ma belle Dame blanche du Saint-Laurent, j'ai bien peur de n'avoir plus grand-chose à ajouter sur elle par crainte de révéler son identité. Elle aura vécu sa vie et cette vie aura eu sur moi un impact beaucoup plus profond que je ne l'aurais cru. Elle m'avait fait désirer ce qu'elle n'avait pu atteindre.

STARDOM! Encore. Denys Arcand devançait-il son temps lorsqu'il fixa sur pellicule le pont international reliant deux petites localités, l'une canadienne, l'autre américaine, et desquelles tant de gens souhaiteraient sortir, quand, ultimement, il s'agit du point de départ – l'astre qui fixe la direction d'une route – et qui force celui qui s'en éloigne à considérer à nouveau le choix initial, à savoir s'il valait mieux partir, rester. Ou encore, revenir.

Mélange de réel et d'irrationnel, le cycle d'une vie, d'un cercle infiniment, serpent qui tourne sur lui-même se mordant la queue et ressentant la morsure... le désir de *plus oultre* et de plus loin, l'éternel retour, la recherche de la beauté, voilà ce qui retient.

***

Quand on ne peut plus transmettre l'âme d'un lieu, il faut renoncer à soi-même, pensai-je.

Peut-être est-il si important de dire ce qui était là pour n'en pas perdre le souvenir collectif et répondre à un désir inconscient de faire revivre un jour, envers et contre tous, ce qui était. Aux États-Unis, on a déjà commencé à entretenir ce rêve. On se demande s'il n'y aurait pas lieu de défaire les structures qui harnachent les cours d'eau. On émet des doutes sur les projets du passé. On prévoit même que, dans un avenir proche, on en viendra à exploiter d'autres formes d'énergies qui ne menaceront jamais plus la beauté du monde. On redonnera aux fleuves, aux arbres, à la vie végétale et animale, leur expression[107].

Est-il utopique de croire à un tel avenir?

Malédiction

Je me suis toujours demandé si quelqu'un n'avait pas jeté un sort sur cette région et que depuis, personne n'avait fait quoi que ce soit pour en extirper le malheur.

C'est à se demander à quelle source inconsciente les premiers explorateurs se sont raccordés pour nommer ainsi : *Pointe à la Maudie*. Qui donc – quel clan, quel shaman ou quel Grand Chef aurait prononcé le tout premier ce mot : malédiction. Peut-être s'agissait-il d'une âme blessée à qui on aurait volé le territoire. N'oublions pas que, depuis ce lieu, le Canada cesse d'avoir son chenail maritime en propre. Qu'il entre dans l'ère des projets conjoints. Qu'il franchit le premier pas vers la mondialisation. Ou encore, peut-être était-ce le vent d'ouest, le Long

Sault, dont on savait déjà les jours comptés, qui soufflèrent la première malédiction?

Derrière des portes closes se déroulaient des choses terribles – le viol de cœurs innocents. Des sacerdoces arrachés. Des accusés, des coupables et des témoins, acculés à la même responsabilité : celle de réhabiliter des vies brisées.

Le Saint-Laurent.

De la *Pointe Maligne.*

***

On ne prend pas impunément la route secondaire.

273

VI

MARCHÉ DE LA POÉSIE

Quelque chose en moi, d'être allé plus loin
que moi-même, n'a pas voulu revenir.
Pierre Nepveu, *Lignes aériennes*

Plus que le pays, la langue m'est une patrie.
Pour elle, je renierai l'autre, s'il le faut.
Roger Levac, *L'Anglistrose*

Nous sommes ici le lieu de la mémoire blessée.
Ibid.

23. *Poésie sur place*

Samedi 3 mai 2003 – Marché francophone de la poésie.
Poésie sur la place.

Pourquoi avais-je accepté de me rendre à ce marché,
vers le lieu stratégique – Mont-Réal – où, autrefois, les
Amérindiens venaient au printemps échanger leurs
fourrures?

Je les ai retrouvés là, les poètes, sous un chapiteau.
Cette fois, on se prêterait à un tout autre genre d'échange,
celui des mots.

Comme musique, on eut droit à un jazz lourd en
décalage avec un soleil qui fondait sur les mots. Mai ressemblait à mai en nous prenant dans sa lumière. Était-ce
à cause d'une mauvaise acoustique, qu'au lieu de contri-
buer à la joie, la musique agressait? On l'aurait voulue
hors champ alors qu'elle participait à l'agitation générale.

Défilèrent les poètes dont Pierre Nepveu qui attira
mon attention par des propos qui me touchèrent particulièrement. Le poème qu'il récita avait Mirabel pour toile de

fond et le difficile exode suite à l'expropriation des terres agricoles. Leur destruction donnerait lieu non pas à un barrage mais à un aéroport. Pierre Nepveu ranimait la détresse des gens contraints de quitter leur cadre familier : les fermes, les maisons, l'aménagement rural, le milieu qui les avait fait vivre. Par ses mots, il m'a semblé voir le lent convoi de maisons défiler dans le tourment et la terre se fissurer une dernière fois sous le poids des choses. Car rien ne dure. Je voyais se superposer dans ce drame celui-là même que je décrivais, sauf que, dans mon cas, personne ne savait. Dans les années cinquante, il s'avérait inutile de résister aux autorités qui en avaient décidé du sort d'une région. Au nom du progrès, la majorité des gens avaient accepté, même à contrecœur, que l'on détruise ce qu'ils avaient contribué à bâtir. Sauf en quelques rares exceptions, il n'y avait eu aucun soulèvement, aucune manifestation, aucune protestation. Ce qui fut tout le contraire dans le cas de Mirabel. C'est dans ce contexte que j'aurais aimé rencontrer personnellement Pierre Nepveu. J'ai tant souhaité qu'il vienne faire un tour au kiosque où je me trouvais mais que je ne pouvais pas quitter étant donné que j'étais seule pour assurer une présence. J'aurais voulu partager avec lui quelques moments de poésie et surtout, pousser la réflexion. Comme je l'avais déjà fait tant de fois dans le passé, j'ai essayé, d'une ardeur puérile, de l'attirer vers moi par le seul pouvoir de la pensée. Évidemment que je n'y réussis pas et j'attribuai en partie l'échec à un jazz qui n'avait pas sa place. Les gens ne s'entendaient pas crier et, par le fait même, ne pouvaient plus écouter. Pierre Nepveu ne viendrait pas.

Ce serait pour une autre fois me suis-je dit. Valait mieux ainsi. Le « marché » de la poésie n'était peut-être pas, du moins pour moi, le lieu de rencontre, mais comme son nom l'indique, un endroit où l'on achète et où l'on vend. J'avais le vague à l'âme. Navrée.

Puis, vinrent ces deux-là : deux têtes grisonnantes, aux cœurs endurcis – du moins, telle a été ma perception. Ils jetèrent un coup d'œil sur la couverture de mon *Ô Saint-Laurent* – *Le fleuve à son commencement.* «Qu'est-ce que c'est, que cette chose?» Je n'oublierai jamais le regard glacial du plus impertinent des deux.

– Le fleuve Saint-Laurent n'a rien d'ontarien. Ne savez-vous pas qu'il est québécois?

Bien sûr, je sais. C'est précisément pourquoi j'écris. Il a pour moi une autre réalité. Le fleuve prend sa source dans les Grands Lacs, que vous le reconnaissiez ou non. C'est une donnée géographique, ne vous en déplaise.

Seulement, je n'ai pas eu le courage de lui dire cela. J'étais à court de mots, sidérée par le chagrin. Je n'étais pas en pays de connaissance. Je me suis contentée de lui répondre :

– Je sais que le fleuve est québécois. Plus que quiconque, je le sais.

– D'où viens-tu toi?

J'aurais souhaité, pour la première fois de ma vie, que l'on me vouvoie.

– Je suis originaire de Cornwall.

«Ah, le mur de blé d'Inde», me dit le deuxième qui s'était jusque-là contenté de hocher la tête en signe d'approbation aux propos de son ami. On ne m'avait pas injuriée de cette façon depuis l'enfance quand, pour me fâcher, mes neveux me disaient : «Toi, tu viens d'un mur de blé d'Inde». Ou encore, «Cornball». Une boule de blé d'Inde. Ça, j'aimais mieux. Je préférais la «boule de blé d'Inde» à ce mur. Je savais, dès lors, que ces propos étaient inacceptables, et que je me porterais à la défense de ma ville natale. Non seulement je la défendrais mais je retrouvais en elle ce qu'il y a de généreux. Ce n'est quand même pas si mal un mur de blé d'Inde. Ce lieu de la sagamité. Il y aurait donc eu quelque chose d'organique en cette ville. Un muret de végétation? Non, tout compte fait, muraille pour muraille, mieux valait celle-ci, n'en déplaise au Prince de Galles, duc de Cornwall, puisque c'est en son honneur que la ville porte le nom. Je tenais à elle. Je la portais en moi comme un trophée blessé, sauf que je ne revenais pas de guerre.

J'ai voulu la défendre ma ville natale, face à ces deux gnochons, car c'est comme ça qu'on les aurait appelés dans ma ville – des «gnochons». J'ai plutôt ouvert le livre aux pages où les noms de *Pointe Maligne* et *Pointe à la Maudie* étaient indiqués sur des cartes.

– Vous voyez.

– Mais pourquoi faire revivre ce qui remonte à cent cinquante ans?

– Il faut en rajouter, Monsieur; il s'agit de plus de trois cents ans. Rien de moins. Pourquoi le faire revivre? Parce que j'ai besoin de savoir, de m'y reconnaître.

– Et puis, je vais vous le dire, moi, pourquoi on ne prenait pas cette route du Saint-Laurent. C'est à cause de ces Iroquois.

Puisque cette fois le commentaire s'adressait à d'autres que moi, me vint un insoutenable désir de représailles. Allais-je, à mon tour jeter un sort? Pour toute réponse, je n'ai pu esquisser que :

– Vous avez raison.

– Bien sûr que j'ai raison.

– Mais Monsieur, vous avez oublié aussi les portages. Parce qu'il y avait des rapides. Et cessez de blâmer les Iroquois. Ils n'ont que défendu leur territoire comme ils continuent de le protéger à l'heure actuelle en naviguant sur le fleuve et en habitant ses rives. Comme moi, en ce moment, qui essaie de défendre ma ville natale sans y arriver. Vous êtes plus nombreux, vos arguments convaincants, sans appel. Montait en moi la colère. Elle avait cédé à la peine. Je bouillonnais et réprimais un sacre – un «calvaire!» sonore que je n'arrivais pas à proférer. Trop bien élevée!

Quand je me trouve, dans ce qu'on appelle au Québec le *ROC* (*Rest of Canada*), et que l'on dénigre mon Québec, je me porte farouchement à sa défense. Je peux devenir une vraie louve. On me dit alors « fanatique », surtout lorsque je ne récuse aucun de mes propos.

Inversement, ici au Québec et au milieu de cet outrage, j'ai voulu rentrer le plus vite possible en Ontario. Je souhaitais, plus que tout, me retirer de ce débat stérile et retrouver l'esprit des Premières Nations. Il me semblait donc qu'il me faudrait adopter la démarche inverse et, sur le plan émotif, la perspective iroquoise que mes deux compères avaient méprisée. L'essentiel était de m'insurger, une fois de plus. J'ai donc voulu rejoindre ceux à qui l'on avait tout arraché. C'était souvent auprès d'eux que je revivais le sentiment premier de liberté et de non-attachement.

"Let go... Let go ", m'avait dit l'un de ces Amérindiens.

Me revenait en rafale le souvenir des rues de Cornwall et de l'île Saint-Régis, maintenant Akwesasne. Le monde serait un jour unifié, « sur le dos de la Tortue » m'avait dit encore un autre Amérindien, un sage, que je préfère pour le moment ne pas nommer.

Toute cette souffrance parce que je n'avais pas pu retrouver mes balises. N'importe quoi pour échapper à ce mal de vivre. *Baby-boumette* ratée, inapte à se dire, incapable d'arriver à ses fins et de défendre son Saint-Laurent tant aimé. *Boumette, boumette.* Je devais quitter ce lieu où je me sentais en exil. Une collègue arriva enfin pour me remplacer au kiosque.

Pierre Nepveu avait quitté les lieux depuis un bon moment. Je pris le métro jusqu'au centre-ville. Je voulais de la couleur – la boîte des soixante crayons *Prismacolor* comme quand j'étais petite. Même si j'étais vêtue de noir, j'étais saisie d'une irrésistible envie : redécouvrir les palettes de maquillage qui me rappelleraient les teintes pastelles à la San Francisco. Je devais quitter cette foire, et ce marché

Carte, vue d'ensemble (page ci-contre) et gros plan :
[Pierre POUCHOT], «Carte des Frontières Françoises, et Angloises
dans le CANADA depuis Montreal jusques au Fort du Quesne.» [1781],
Bibliothèque et Archives Canada, NMC 51128 (H3).
(Réf. complète à la fin de la table des matières.)

morose. Vite *Les Ailes de la Mode* et le comptoir *Benefit*[108].
Il me fallait la poésie de couleurs printanières et quelques
pinceaux à maquillage.

J'éprouvais l'impérieux besoin de revivre la poésie
à l'extérieur des paradigmes habituels. Et je l'ai prise à
bras-le-corps dans les rues de Montréal; ses escaliers en
colimaçon, ses balcons, ses ruelles, ses mansardes, ses
corniches, ses passants et leurs fantaisies. J'étais réceptive à ses saveurs, ses couleurs. Je retrouvais la beauté
d'un maquillage, non plus au comptoir *Benefit* mais sur de
vrais visages de filles et de femmes. J'avais la preuve irré-
futable que la poésie était vraie. J'aimais Montréal. Plutôt,
je l'aimais davantage. Je ne savais plus quel regret m'animait : celui de n'avoir pas suivi le Chemin de Montréal où
ma mère avait exploité un minuscule commerce de chape-
lière après le décès de mon père, ou celui d'avoir pris le
chemin d'Ottawa dans le but de poursuivre mes études.
Car j'avais si longtemps caressé le rêve adolescent d'aller
vivre un jour à Montréal.

Sans savoir pourquoi, j'ai cherché l'ombre de Pierre
Maheu, le poète – et mon cousin – mort prématurément
alors qu'il avait mis au point les dernières lignes d'un
document phare. Le bureau du premier ministre René
Lévesque lui avait confié la rédaction du *Livre blanc sur
l'avenir constitutionnel du Québec*[109]. Très en avance sur
ses contemporains des années soixante, il participait aux
projets les plus audacieux. Les extrêmes et les fabuleux.
S'insurgeait contre les desseins insensés. Déjà, il avait
compris que :

> L'espèce arrive au contrôle de l'environnement plané-
> taire, en tire tout le suc, l'épuise, en tire le moyen de
> migrer. Simultanéité de la fin du monde et de l'origine[110].

C'est à ce cousin passionné, d'une intelligence vive,
«un littéraire égaré en politique[111]», généreux, d'une incommensurable bonté que je faisais appel, parce que là je ne

savais plus. Je cherchais à mon tour un «autre monde» possible. «Quelle "conscience" quelle transcendance? Qu'est-ce que c'est que ce besoin d'impossible, cette soif sans objet, cette passion inutile» avait-il écrit[112]. Toujours Rimbaud. L'avait-il terminé dans l'*oultre*-dimension son projet de *Phénix ou la mère-mort*[113] auquel il tenant tant? Il l'avait dans la peau. Pierre, l'un des fondateurs de la revue *Parti Pris* dont je retrouvais le souvenir dans ces rues de Montréal. Je l'imaginais une fois de plus, dans sa prime jeunesse, alors que j'étais encore une gamine et que je l'admirais tant. Je ne sais pas pourquoi ma famille avait eu ainsi son lot de causes inachevées. Je me rappelais la ferveur de Pierre, de ses parents qui nous rendaient visite sur les rives du Haut Saint-Laurent, à Summerstown, à quelques lieues d'un mur de blé d'Inde. Pierre ne reconnaîtrait plus rien des lieux d'antan. Ils ont été transformés, les routes alsphaltées, la grève aménagée, les chalets à dimension humaine remplacés par des mastodontes de maisons que l'on peut habiter en chaque saison. Non, plus rien ne subsiste. Toutes les propriétés sont désormais clôturées. Il est impossible de marcher en toute liberté sur le rivage, de courir dans les champs d'herbes folles. Bien sûr, il y a maintenant le gros filage, et probablement, l'accès à Internet haute vitesse!

***

Je revins au chapiteau de la *Poésie sur la place*. Troisième lecture. Plus que tout, je voulais maintenant rentrer. Je n'attendais plus rien. Mais, n'est-ce pas quand on n'attend plus que les choses viennent? Il s'est passé pour moi un incident inespéré. Une dame, toute discrète, ouvre le *Ô Saint-Laurent* et prend en note les coordonnées. J'aurais aimé lui parler mais il y avait trop de bruit et le micro portait trop fortement la voix des poètes. L'acoustique était toujours aussi mauvaise. Rien à faire. La dame me dit simplement qu'elle trouvait ça «troublant». J'ignore, si oui ou non, elle m'en savait l'auteur. C'était vraiment sans importance. J'avais besoin plus que tout de la contrepartie de l'expérience vécue auprès de mes deux compères. Quelques heures plus tard je rentrais à Ottawa.

Ottawa. Voilà ce qui mit un terme à la conversation avec les deux gnochons après que l'un d'eux me demanda où j'habitais maintenant. J'ai eu le malheur de répondre : Ottawa.

– Sachez, ma petite dame, qu'on ne peut pas écrire sur le Saint-Laurent si l'on n'est pas Québécois.

– Vous avez raison, Monsieur, mon Saint-Laurent est transgression. J'ai toujours cru que l'acte d'écrire était une transgression – surtout pour moi, l'Ontarienne.

Mais je vous dirai pourquoi j'ai écrit ce livre : non pour exorciser la douleur d'être mais celle de ne pas être.

Au retour, la lune était bleue, telle qu'on en voit peu souvent, son croissant nu accroché sur un fond indigo et déchiré d'étoiles. On pouvait lire, comme sous une tache de fusain bien défini, le cercle parfait d'une pleine lune en devenir. *Once in a blue moon.* Merci pour cette lune bleue. Le Saint-Laurent m'habitait. Deux fois en un seul mois, en une seule expression : la pleine lune! Suivrait l'été et puis l'apothéose du mois d'août. Dans toute sa splendeur, la nuit des perséides aussi nommées *larmes de saint Laurent* puisque la nuit des étoiles filantes traverse le ciel à la date de la mort de ce même saint (Laurent), le 10 août. Je verrais en traînées de lumière des poussières de comètes, m'imaginerais les plus tendres parhélies.

Intense et intime : sa place

Pour reprendre les propos de *Mémoire des villages engloutis*, les travaux de la Voie Maritime ont pu détruire la trace des premiers itinéraires, la route des voyageurs, des missionnaires, des explorateurs et des coureurs de bois. Ils ont pu effacer l'Iroquoisie, inonder les rapides, engloutir des villages, mais ils n'auront jamais la puissance de nous dérober un patrimoine que je nommerais ainsi : patrimoine onirique. Il suffit d'observer, de se taire et d'écouter, de faire un petit effort d'imagination et de chercher dans le flux de cette route qui a déjà été, ce qui est encore. Il suffit d'entrer en relation avec les lieux et de les aimer. Se saisir de la beauté sur laquelle personne n'a droit de propriété.

La route secondaire nous invite à suivre de près la trace des Iroquois pour qui perdre la faculté de rêver équivaudrait à perdre son âme.

Nous voici donc au bord de la vie.
De la vie en alternance.

Marcher

Marcher dans les pas de Lahontan, le nomade, de La Salle, qui cherche sans relâche mais sans trouver, de Galinée, le poète, de Frontenac, homme au panache!
Par où commencer?
Je dirais, par le *Chemin du Long Sault* (*Long Sault Parkway*) qui nous entraîne sur des terres inondées. À la suite des grands travaux, des hautes terres, fraîchement isolées, ont formé un chapelet d'îles. Il avait été prévu, au moment de la construction de la Voie Maritime, de bâtir une chaussée et des ponts pour les relier entre elles. Comment oublier un de ces ponts situé alors au beau milieu d'un champ? Inutile de dire qu'il confondait même les moins sceptiques d'entre nous. Or, les ingénieurs avaient eu raison sur toute la ligne. C'est ainsi que l'on peut aujourd'hui

se promener au-dessus d'un monde englouti. Le chemin a de particulier qu'il donne l'impression de marcher au-dessus de l'Hadès. On se retrouve littéralement par-dessus le monde sous-marin, souterrain, engouffré. On passe, d'île en île, par un parcours sinueux, presque surréaliste. Ici, il y a des plages, là des terrains vagues, des aires de pique-nique. Si on allonge le regard, on pressent une route qui se jette plus avant dans la profondeur. Des rapides y sont engloutis et attendent que notre énergie se mêle à la leur. L'histoire nous projette dans une dimension plus oultre, bien plus loin que ce nouveau lac Saint-Laurent. Bien sûr que ces îles manquent de «naturel». On se demande ce qu'elles font là. On a l'impression de les rencontrer sur une route où elles se seraient égarées. Elles donnent parfois aux visiteurs l'impression d'un chemin de croix. Du moins, voilà le plus souvent ce qu'on m'en a dit.

Se taire. Écouter.

Retrouver la passion du chemin qui marche.

***

L'eau ouvre le monde des rumeurs, contribue au travail de la mémoire. L'eau vecteur de chant, lieu alchimique et de transformation. Une énergie cosmique l'habite. C'est maintenant que l'on doit faire appel aux forces qui l'animent. Aimer ce fleuve et savoir qu'il y aura toujours quelque chose en lui qui nous échappe.

Un monde et une *Pointe Maligne*.

Rentrer chez soi... et traverser le temps.

Il n'y a pas de frontières dans l'infini des eaux.

Transmuer la malédiction en bénédiction.

ÉPILOGUE

J'avais terminé depuis plus d'un an l'écriture de *Pointe Maligne*. Contre toute attente, la parution d'un livre exceptionnel venait refermer la boucle. Des auteurs s'étaient préoccupés des mêmes questions que celles qui me hantaient. Un livre bellement illustré mettrait un terme à mon impatience de chercher davantage. Je me plongeai dans sa lecture, et surtout, dans l'observation de détails les plus fins. Et c'est tout comme si l'encre des cartes anciennes me restait collée aux doigts. J'étais particulièrement reconnaissante aux auteurs Raymonde Litalien, Jean-François Palomino et Denis Vaugeois de *La mesure d'un continent - Atlas historique de l'Amérique du Nord 1492-1814* paru aux Éditions Septentrion vers la fin de 2007. Ils me plongeaient non plus dans l'histoire mais dans cet état de poésie que j'avais déjà pressenti. Une centaine de cartes anciennes illustrées parfois de monstres marins et de sirènes, d'arbres forestiers et de montagnes, de portraits d'Indiens, de flèches et de calumets, de classification d'oiseaux, d'animaux, de poissons et de fruits, bref toutes ces planches venues « des Vieux Pays » qui inventaient le nôtre. J'ai admiré les pictogrammes, les illustrations, les enluminures, la nomenclature, les toponymes, les récits fantastiques, les itinéraires imprévus. La carte des Grands Lacs par Chatelain (1719), la grande rivière du Canada par Jean Dehayes (1715), la carte générale du Canada par Lahontan (1703) et celles de Couagne (1711), de Jean-Baptiste Franquelin (vers 1678), la carte d'un Métis canadien dessinée dans une taverne de Londres (1744), la carte de Jacques Nicolas Bellin (1755), pour ne citer que celles-là, avaient sur moi un pouvoir d'envoûtement. J'y retrouvai d'emblée un sentiment diffus d'errance et d'appartenance, celui-là même qui m'avait si souvent animée tout au long de mon propre parcours et de mes découvertes personnelles.

Mon premier réflexe fut de chercher précipitamment la mention *Pointe Maligne*. Vivement l'index. Je ne l'ai pas retrouvée. Je dois ajouter cependant, à la décharge des auteurs, qu'ils ont bien indiqué qu'il s'agissait d'un *index partiel des noms de lieux présents sur les cartes*. Voilà. Mais quand même, je me suis demandé pourquoi cette absence. Je me suis aussi demandé si la carte de la page 198 (J. Deshayes, 1687) ne cacherait pas sa mention dans la reliure. Ou encore, si je ne retrouverais pas celle du *moulinet*. J'aurais aimé poser la question à Monsieur Vaugeois dont j'ai si souvent lu et admiré les ouvrages. Si un jour j'avais l'occasion de le rencontrer, j'aimerais partager avec lui mon modeste point de vue. J'en profiterais surtout pour le remercier, ainsi que les co-auteurs, pour ce somptueux cadeau qui s'inscrit hors du temps. Je les remercierais pour la générosité (toutes les sources y figurent) et l'esthétique de cartes qui font rêver. J'ai aimé leur manière d'inscrire la voie de l'eau au cœur de la démarche; la beauté qui surprend à toutes les pages; un ouvrage qui éveille la mémoire.

À mon tour, j'ose m'inscrire, en toute candeur, à la suite de cette communauté qui s'interroge devant son passé, et surtout, qui s'inquiète pour la suite des choses. Quelle est notre destinée? Quelle sera la fin de ce long parcours?

NOTES

NOTES PAR SECTIONS

I. Prologue ou Le chemin qui avançait, p. 13

1. Emprunt à plusieurs nomenclatures. En langue algon-
    quine, le cours d'eau porte le nom Magtogoek ou « le che-
    min qui marche »; en langue iroquoise, *Roi-a-tatokenti*, « la
    rivière qui marche ». Par après, les Européens l'appellent la
    Grande Rivière, la rivière de Canada, et enfin un 10 août
    Jacques Cartier le nomme fleuve Saint-Laurent en l'hon-
    neur du saint dont c'était l'anniversaire.

2. Nicolas Perrot, *Mœurs, coutumes et religion des sauvages
    de l'Amérique Septentrionale*, p.173.

    En 1890, la ville de Cornwall faisait partie du district de
    Lunenburg. L'auteur J.F. Pringle ajoute dans son ouvrage
    Lunenburgh or the Old Eastern District un élément d'inté-
    rêt : l'été 1868 l'on fit la découverte du squelette d'une
    baleine blanche.

    > *In the summer of 1868 a discovery was made which proves
    > conclusively that at some period in the far past the site of
    > the town [Cornwall] was covered by the ocean, or that the
    > St.Lawrence was an arm of the sea, the waters of which
    > spread over a large portion of what is now the eastern
    > part of Canada [...] bones were found at a depth of twelve
    > or fourteen feet from the surface, which on examination
    > proved to be part of the skeleton of a white whale* (p. 296).

3. Voir la bibliographie.

4. Nicole V. Champeau, *Ô Saint-Laurent – Le fleuve à son
    commencement. Poésie*, p. 14-15, 36-37, 54-55, 94-95.

5. *Préceptes de vie issus de la sagesse amérindienne*, p. 106.

6. *Ibid.*

7. Cornelius Jeanen, professeur émérite d'Histoire, Université
    d'Ottawa. L'auteur fait la démonstration de la présence
    française dans les Pays d'en Haut sous le régime français.
    Au fil des ans, il y a extension de la souveraineté française
    mais sans peuplement. Bien sûr il y a quelques postes de
    traite, quelques missions et des forts tels le fort Frontenac
    et fort Détroit, mais seulement une poignée d'hommes sur
    l'ensemble du territoire. Leur influence demeure néan-
    moins énorme.

8. Bacqueville de la Potherie. Voici la phrase complète de *[L']Avertissement* que fit Bacqueville de la Potherie à ses lecteurs concernant la véracité de ses propos.

   On ne dit rien qui ne soit exactement vrai : tout ce que l'on rapporte à l'égard des glaces, des terres, des mouillages et des vents, est la pure vérité; telle qu'on l'a éprouvée parmi les plus effroyables tempêtes, sans qu'on n'y ait rien ajouté ni changé, qui puisse en imposer au Lecteur. *Histoire de l'Amérique Septentrionale* Relation d'un séjour en Nouvelle-France*, p. 28.

9. *MEMOIRE DE QUESQUES PARTICULARITEZ DE LHISTOIRE NATURELLE DE L'AMERIQUE SEPTENTRIONALE, ET PARTICULIEREMENT DU PAYS DES IROUQOIS, ET DES PAYS NOUVELLEMENT DECOUVERTS PAR MR DELA SALE*, p. 168, in *The Canadian Historical Review, New Series of The Review of Historical Publications Relating to Canada*, p. 15.

10. Chevalier de Baugy, aide de camp de M. le marquis de Denonville. *Journal d'une expédition contre les Iroquois en 1687*, p. 70.

11. *Ibid.*, p. 73.

12. Louis-Armand de Lom d'Arce, baron de Lahontan, *Œuvres complètes II, Lettre VII*, p.803.

13. Il s'agit d'une citation tirée d'une émission spéciale animée par Monique Giroux, diffusée à l'antenne de la Première chaîne de Radio-Canada le 14 octobre 2005 suite au décès de Madame Cree. Des extraits de cette émission ont été repris à Espace Musique (Radio-Canada). Madame Cree fut connue à titre de journaliste et d'animatrice à Radio-Canada. Elle animait superbement les émissions telles l'*Embarquement pour si tard* ainsi que *Cree et chuchotements*. Elle appartenait à la nation Mohawk.

14. Terminologie : le terme «iroquoien» désigne «un individu ou un groupe parlant une langue de la famille iroquoienne» tandis que la désignation «iroquois» s'applique à un «individu ou peuple appartenant à la Ligue des Cinq Nations.» Roland Tremblay, *Les Iroquoiens du Sant-Laurent*, p. 135.

15. Mira Cree. Voir note 13.

16. Mark Abley, *Parlez-vous Boro? Voyage aux pays des langues menacées.* Voir le chapitre 10 – Les mots qui viennent avant tout le reste – qui porte sur la langue mohawk.

17. Nicolas Perrot, *Mœurs, coutumes et religion des sauvages de l'Amérique septentrionale*, p. 197.

18. *Apocalypse de Chiokoyhikoy, Chef des Iroquois, Sauvages du Nord de l'Amerique. Écrite par lui-même vers L'an 1305 de l'Ere Chrétienne. Traduite en Français sur l'original iroquois.* Il s'agit des libéllés 117 et 118, p. 58.

19. Voyage de Daniel Remy de Courcelles, Gouverneur de la Nouvelle France au Lac Ontario. *Voyage des Français sur les Grands Lacs et Découverte de l'Ohio et du Mississipi (1614-1684)*, chapitre VII, p. 186.

20. Pierre Perrault, *Toutes Isles*, p. 138.

II. Le premier lieu, p. 61

1. *Op. cit., Apocalypse de Chiokoyhikoy*, libellé 18, p. 42.
2. Il y aurait beaucoup à dire sur les aspects historiques et géographiques et notamment sur comment le Canada devint «Province de Québec». Comment, vers les années 1763, la section du Haut Saint-Laurent s'est vue de manière bien imprécise amérindianisée avant que les frontières proprement dites soient délimités et qu'elles soient reconnues pour ce qu'elles sont actuellement. Voir l'ouvrage de Marcel Trudel *Histoire de la Nouvelle-France, Tome X*. Le régime militaire et la disparition de la Nouvelle-France 1759-1763, p. 513-530. L'auteur cite le rapport de Murray qui indique
   > [...] combien il est difficile de définir dans quelles limites de l'Amérique du Nord se trouve renfermée la contrée que les Français appelaient le Canada : nous ne possédons ni charte, ni carte, ni registre public contenant quelque chose à ce sujet (p. 514).
3. Louis-Armand de Lom d'Arce, baron de Lahontan, *Œuvres complètes, Lettre VII, vol. I*, p. 296.
4. *Ibid.*
5. *Relations des Jésuites*, vol. 42, années 1632-57, chapitre III, «Voyage du Pere Ioseph Chaumont & du Pere Claude Dablon, A Onontagué, païs des Iroquois Supérieurs», JR 42 : 64.
6. Comte de Maurès de Malartic (lieutenant général des armées du Roi, Gouverneur des Iles de Frances et de Bourbon) *Journal des Campagnes au Canada de 1755 à 1760*, p.29.
7. *Voyage du Comte de Frontenac au Lac Ontario, en 1673 "Journey of My Lord Count Frontenac to Lake Ontario"*. Il existe d'autres versions de ce texte mais dans lesquelles on a soit supprimé certains mots ou phrases soit embelli le texte original. J'ai donc retenu cette version qui provient de la photographie du texte original. Elle est disponible sur microfilm à Bibliothèque et Archives Canada. On peut retrouver ce texte dans l'édition de James S. Pritchard à la page 14.
8. *Ibid.*, p.14.

9. Par M. Pouchot, Chevalier de l'Ordre Royal & Militaire de St. Louis, ancien Capitaine au Régiment de Béarn, Commandant des forts de Niagara & de Lévis, en Canada, TOME TROISIÈME, Chapitre II, « Du fleuve Saint-Laurent, depuis Mont-Réal jusqu'à Chouegen» dans *Mémoires sur la Dernière Guerre de l'Amérique Septentrionale entre la France et le Canada*, p. 81 (sur microfiches).
10. *Op. cit.*, Comte de Frontenac, p. 12.
11. *Relations des Jésuites*, vol. 43, années 1656-57, *Voyage du Pere Ioseph Chaumont & du Pere Claude Dablon, A Onontagué, païs des Iroquois Supérieurs.* JR 43 : 138.
12. *Relations des Jésuites*, vol. 49, années 1663-65, chapitre V, « Du païs des Iroquois, & des chemins qui y conduisent », JR 49 : 260.
13. *Op. cit.*, *Voyage du Comte de Frontenac au Lac Ontario*, p. 16.
14. *Op. cit.*, Bacqueville de la Potherie, p. 63.
15. Voyage de Daniel Remy de Courcelles, Gouverneur de la Nouvelle France, au Lac Ontario. Puisé dans *Découvertes et Établissements des Français dans l'ouest et dans le sud de l'Amérique Septentrionale 1614-1698. Mémoire et Documents Inédits recueillis et publiés par Pierre Margry. Récit de ce qui s'est passé au voyage que M. de Courcelles, gouverneur de la Nouvelle France, a fait au lac Ontario, ou, des Irocquois*, p. 185.
16. *Op. cit.*, Maurès de Malartic, p. 29.
17. *JOURNAL D'UN VOYAGE FAIT PAR ORDRE DU ROI DANS L'AMERIQUE SEPTENTIONNALE Adressé à Madame la Duchesse DE LESDIGUIERES Par le P. De CHARLEVOIX, de la Compagnie de Jesus DOUZIÉME LETTRE. Voyage jusqu'à Catarocoui. Description du Pays, & des Rapides du Fleuve de Saint Laurent A Catarocoui, le quatorze de May, 1721*, pp. 284-285.
18. *Op. cit.*, Pierre Pouchot, p. 81.

III. Parcours informe   Pierre-Esprit Radisson, p. 97

1.   *A Quebec City Boyhood*, poésie, p.3.
2.   Onondaga, en français, Onontagué. Il s'agit de la destination de l'expédition, mission nouvellement fondée par les Jésuites en juillet 1656, près du lac Gannentaha et du bourg d'Onontagué :

> Le lundi [17 juillet 1656], on commença à construire le fort et les bâtiments, sur une colline surplombant le lac, à cinq lieues du grand bourg d'Onnontagué. Le nom était choisi depuis longtemps : Sainte-Marie de Gannentaha, pour rappeler Sainte-Marie des Hurons. Centre de la confédération iroquoise, Onnontagué regorgeait de représentants des cinq cantons. Lucien Campeau. *Gannentaha Première mission iroquoise (1653-1665)*, p. 27.

D'après le *Dictionnaire biographique du Canada*, Onondaga est le terme anglais désignant, en français, Onontagué.

> Ils se désignaient eux-mêmes du terme de Onontage, dont la signification emblématique est « Peuple des Collines ». Les Onontagués étaient établis près de l'actuelle ville de Syracuse, N.Y., occupant la partie la plus centrale du territoire des nations iroquoises, de sorte que le siège politique de la ligue se trouvait sur leur territoire. « Glossaire des noms de tribus indiennes ». *Dictionnaire biographique du Canada*, volume III de 1741 à 1770, p. XLI, A.E. [Arthur Einhorn].

Dans son introduction du tome I *Iroquoisie 1534-1652*, de Léo-Paul Desrosiers, l'historien Alain Beaulieu donne les noms français et leur équivalent en anglais de la manière suivante :

> Sur les plans politique et territorial, les Iroquois se subdivisent en cinq nations. D'est en ouest, on trouve les Agniers (Mohawks); les Onneiouts (Oneidas); les Onontagués (Onondagas); les Goyogouins (Cayugas) et les Tsonnontouans (Senecas). *Iroquoisie 1534-1652*, tome 1, p. XVI.

Il rappelle que le centre de la confédération « onontagué » est aussi le village principal des Onondagués.

Dans les indexes des quatre volumes de *Iroquoisie* on retrouve différentes orthographes : [...] « Onnontaghé » ou « Onnontagué » (capitale), (tome 2, p. 338); « Onnontagué » ou « Onontagué » (tome 3, p. 343); « Onondage ou Onondagua » [= Onondaga, anglais], (tome 4, p. 356). On retrouve en outre un autre terme, soit « Onnontaé » ou

«Onnataé» (tome 1. p. 320, tome 3, p. 343, tome 4, p. 356) «Onontaé» (tome 2, p. 338).

En ce qui a trait au peuple ou à la nation, on retrouve les orthographes «Onontagués» ou «Onnontagués» (tome 1, p. 320; tome 2, p. 338) et «Onnontaehronnons» (tome 2, p. 338).

Dans sa lettre du 9 août 1657, JR 44 : 68, décrivant le voyage à Onondaga, Paul Ragueneau utilise le terme «Onontaghé» afin de désigner le village et «Onnontagheronons» (JR 44 : 68) ainsi que «Onontagheronons» (JR 44 : 70) pour désigner le peuple.

Puisqu'il s'agit d'un chapitre portant essentiellement sur Radisson, j'ai opté pour l'utilisation du terme que l'on retrouve principalement chez Adams. Il s'agit du terme anglais *Onondaga* (Adams, p. iii) pour désigner l'emplacement géographique et du terme *Onondagas* (Adams, p. xviii) en référence au peuple.

Lucien Campeau identifie le «lac Gannentaha» au «lac Onondaga» que l'on retrouve dans la région de Syracuse (Voir Campeau, *Gannentaha*, pp. 27, 29, 31, 45) :

> [...] on bâtissait le fort, d'une centaine de pieds en carré, avec l'église et les bâtiments des Pères. C'était sur une colline dominant le lac actuel d'Onondaga, alors nommé Gannentaha, dans la localité aujourd'hui appelée Liverpool, p. 29.

3. Martin Fournier, *Pierre-Esprit Radisson Coureur de bois et homme du monde (1652-1685)*, p. 64-65. Cet auteur a consacré des ouvrages exceptionnels à Pierre-Esprit Radisson. Il nous le présente sous un tout autre jour que celui des historiens plus traditionnels. L'auteur s'attarde sur la qualité historique des récits et leur valeur intrinsèque. Il a le mérite d'aborder (pour l'une des premières fois) les écrits de Radisson dans leur version originale anglaise.

Le concept *d'audace et de prudence* est repris dans un autre ouvrage du même auteur, soit *Pierre-Esprit Radisson, Merchant Adventurer 1636-1710*, p. 50.

4. Voir les chapitres «Les manuscrits du *Brief Discours*» p. 63 et «Rapport de recherche : une mission en Espagne», p. 93, de Laura Giraudo, ainsi que «Le *Brief Discours* est-il de Champlain», p. 83 de François-Marc Gagnon, in *Champlain la naissance de l'Amérique française*. Les auteurs rappellent

le mystère entourant ce *Brief Discours*. À ce jour, il y a toujours absence de preuves documentaires qui confirmeraient que Champlain en est bel et bien l'auteur.

5. Radisson a laissé à la postérité des écrits, mais peu le savent. Les historiens les ont très longtemps ignorés, préférant se référer à d'autres sources.

6. Il s'agit de Nietzsche qui écrivait : « Ce qui ne me tue pas me rend plus fort. »

7. Grace Nute, une chercheuse américaine – spécialiste de Radisson et source incontournable portant sur le sujet – part du postulat que les textes ont été traduits en anglais. D'autres auteurs, tel Arthur Adams, un autre spécialiste en la matière, émettent par contre des doutes quant à cette hypothèse. À ce jour, nulle certitude, mais demeure probante la thèse voulant que les quatre premiers récits aient été rédigés en anglais et, les deux derniers, en français.

8. Arthur Adams a signé *The Explorations of Pierre Esprit Radisson from the original manuscript in the Bodleian Library and the British Museum*. Il s'agit d'un document essentiel accompagnant la version en anglais moderne par Loren Kallsen. Voir « *Captivity voyage* », p. 38, en ce qui a trait à la citation.

9. *Ibid.*, Arthur Adams est d'avis que les quatre premiers récits de Radisson auraient été écrits en anglais. Voir « *Forward* », p. XIV-XVI.

10. *Ibid.*, « *Forward* », p. I à XVI.

11. Là-dessus, s'entendent Ragueneau et Radisson. Le massacre commence dans une île, « probablement celle qu'enjambe aujourd'hui le pont international à Cornwall ». Lucien Campeau, dans *Gannentaha Première mission iroquoise (1653-1665)*, p. 34.

12. *Op. cit.*, Adams, p. I à XVI.

13. J'aime ce clin d'œil – renvoi en bas de page – de René Dionne qui se demande si Radisson aurait été le premier auteur bilingue (français-anglais) au Canada. *Histoire de la littérature franco-ontarienne des origines à nos jours*, p. 89.

14. Voir les ouvrages de Roland Viau, particulièrement *Enfants du néant et mangeurs d'âmes*, essai remarquable qui porte sur l'Iroquoisie.

Dans la tradition iroquoienne, on pouvait remplacer un proche décédé par l'adoption. Ce pouvait être un prisonnier de guerre ou, encore, une personne ayant fait l'objet d'un enlèvement. Cette personne se voyait pleinemnt intégrée à la communauté. Elle avait les mêmes droits, privilèges et devoirs que chacun des autres membres.

Ce rappel est repris dans d'autres contextes. Ainsi les ouvrages de Martin Fournier, *Pierre-Esprit Radisson 1636-1710 Merchant Adventurer*, p. 20 à 24; sous la forme d'un conte dans *Coureurs des bois. La Saga des Indiens blancs. Première Partie*, « Une odysée au pays des sauvages », p. 7 à 9, ainsi que sous d'autres plumes telle celle de Grace Nute.

15.   " *To tell the truth, I was loathsome to do them mischief that never did me any* ", Radisson. Version mise à jour par Loren Kallsen in *The Explorations of Pierre Esprit Radisson from the original manuscript in the Bodleian Library and the British Museum*, Arthur T. Adams, *Editor. Captivity Voyage*, p. 13, ouvrage cité à la note 8. Cette version a récemment fait l'objet d'une traduction en français par les éditions Nota Bene.

16.   *bid., Onondaga Voyage*, p. 45

17.   Les îles Toniata se situent à la hauteur de Brockville et de Mallorytown.

18.   « Entre 1665 et 1675, probablement en 1672, il [Radisson] avait épousé la fille de Sir John Kirke, de la *Hudson's Bay Company*, lequel avait hérité de son père les droits légitimes à une importante partie du nord-est du continent nord-américain. » Grace Lee Nute. *Voir Dictionnaire biographique du Canada*, volume II de 1701 à 1740, p. 561.

19   Voir les ouvrages de Martin Fournier, en l'occurrence *Pierre-Esprit Radisson : Coureur de bois et homme du monde (1652-1685)*, p. 63, et *Pierre-Esprit Radisson, Merchant Adventurer 1636-1710*, p. 50.

20.   « Rattacher un soleil », expression amérindienne qui signifie refaire une paix solide. Bacqueville de la Potherie. *Histoire de l'Amérique septentrionale*, Jean-Paul Bertrand, vol 2. p. 417.

21. « Des rivages de l'Atlantique aux bords des Grands Lacs et du Saint-Laurent [...] [s]euls, les Peaux-Rouges étaient capables de s'orienter à travers cet océan de verdure; seuls, ils en connaissaient les « sentiers d'ombre », étroits, à peine foulés, dont l'inextricable écheveau s'embrouillait et se perdait sans cesse au milieu des arbres verts, des branchages morts, des troncs pourrissants, parmi les lacs et les rochers, les savanes et les fondrières; seuls ils savaient l'endroit précis où, sous la voûte bruissante des chênes géants, glissait, silencieuse et perfide, la rivière qu'il fallait passer, où le marécage qu'il fallait fuir dormait à l'ombre fraîche des pins et des érables.

On a tout dit depuis longtemps sur les merveilleux instincts de l'Indien chasseur. La vigilance est sa qualité maîtresse. Il scrute l'espace, tend l'oreille aux bruits lointains, observe sur le sol la trace affaiblie des pas, étudie la feuillée froissée ou la branche tordue, interroge la forêt, sa grande amie. Son esprit est toujours en éveil, son imagination féconde en ruses; sa patience n'est jamais en défaut. Il sait se glisser sans bruit dans le feuillage, tourner autour du gibier pour le sentir et, sans en être flairé lui-même, ramper dans l'herbe pour le surprendre. Avec l'ennemi, l'Indien procède de la même façon : en chasseur. » André Chagny, *François Piquet, le Canadien*, p. 45.

22. Campeau, *op. cit.*, p. 34. Voir aussi Desrosiers, *Iroquoisie*, tome 2, p. 135. Voir également note n° 11.

23. Léo-Paul Desrosiers, *Iroquoisie*, tome 2, p. 134.

24. Une fois de plus, j'ai vivement apprécié les ouvrages de cet auteur qui proposent un autre point de vue que celui habituellement abordé. Voir *Pierre-Esprit Radisson, Merchant Adventurer 1636-1710*. Dans ce livre, Fournier examine les sentiments de peur, d'isolement et d'impuissace éprouvés par Radisson lorsqu'il se retrouve seul avec ses compagnons iroquois pendant son voyage vers *Onondaga*. Il fait le lien sur les effets à long terme de la torture dont il fut l'objet, tels que décrits dans le *Captivity Voyage* (voir p. 41-42 et 57-58). Il examine, entre autres, la thèse du syndrome de Stockholm, c'est-à-dire la propension des otages à adopter les points de vue de leurs gardiens à force de les côtoyer. Il s'agit d'une nouvelle piste – d'une interprétation

intéressante. L'auteur se penche sur la vie psychique de Radisson, son intériorité, sa capacité d'introspection. Voir aussi le chapitre IV, *Pierre-Esprit Radisson, coureur de bois et homme du monde (1652-1685).*

25. *Op. cit.*, Adams, p. 54.
26. *Ibid.*, p. 55.
27. *Wampum* : Il s'agit de
     > [...] colliers ou ceintures qui constit[uent] des supports symboliques et protocolaires de première importance au cours des rituels diplomatiques amérindiens, particulièrement chez les groupes iroquoiens. Signes d'alliance tangibles et prestigieux, les *wampums* sont fabriqués à partir de coquillages marins [...] (Roland Tremblay, *Les Iroquoiens du Saint-Laurent, peuple du maïs*, p. 92.
28. *Op., cit.*, Adams, p. 57
29. *Ibid.*, p. 58
30. *Ibid.*, p. 58.
31. Dans la tradition iroquoise, la Gougou était une créature fantastique – une sorcière – qui avait tendance à se manifester surtout dans le brouillard. On la retrouve ailleurs sous d'autres traits, comme par exemple à l'île Bonnaventure, où elle empruntera ceux d'une ogresse qui mangeait les hommes dans la forêt. Cette créature a des affinités avec le Windigo. Dans tous les cas, il s'agit d'un colosse dont la seule présence glace le sang. On retrouvera une description dans l'œuvre de Champlain :
     > ... [on] dit qu'il auoit la forme d'vne femme : mais fort effroyable, & d'vne telle grandeur, qu'ils me disoient que le bout des mats de nostre vaisseau ne luy fust pas venu iusques à la ceinture, tant ils le peignent grand : & que souuent il a deuoré & deuore, beaucoup de Sauvages, lesquels il met dedans vne grande poche quant il les peut attraper & puis les mange. Henry Perceval Biggar, *The Works of Samuel de Champlain*, volume I, p. 186.
32. *Op. cit.*, Adams, p. 60.
33. *Ibid.*, p. 61.
34. *Ibid.*, p. 62.
35. *Ibid.*, p. 62.
36. *Ibid.*, p. 62.
37. *Relations des Jésuites*, vol. 44, années 1656-58, « Lettre du Pere Paul Ragueneau au Pere Procureur des Missions de la Compagnie de Iesus en la Nouuelle France », JR 44 : 174-177.

38. *Ibid.*, p. 176

39. Jacques Lacoursière dans *Histoire populaire du Québec* (tome I, p. 100) fait allusion à un grenier : («en cachette, on construit deux chaloupes dans le grenier du batiment principal»). Rejoindrait-il en ce sens madame Nute, qui fait référence à un plafond – *«a false ceiling»* (*Caesars of the Wilderness*, p. 54) ou à Marie de l'Incarnation qui, elle aussi, renvoie à un grenier? («On y travailloit sans cesse dans le grenier»), Oury, Lettre CLXXIX, p. 602. Par contre, Radisson mentionne un double plancher «double floor» (Adams, p. 72) ainsi que Campeau «un double plancher» (p. 43). Quant à Léo-Paul Desrosiers (*Iroquoisie*, tome 2, p. 164), il évoque à son tour un «double plancher» qui recouvrait «une barque à moitié construite». Quoi qu'il en soit, il s'agit d'un détail, mais détail qui dénote la confusion qui entoure cette aventure.

40. Voir la lettre de Marie de l'Incarnation à son fils (le 4 octobre 1658). *Correspondance, Nouvelle édition* par Dom Guy Oury.
    A cet effet un jeune François qui avoit été adopté par un fameux Hiroquois, et qui avoit appris leur langue, dit à son père qu'il avoit songé qu'il falloit qu'il fit un festin à tout manger, et que s'il en restoit un seul morceau, infailliblement il mourroit. Ah! répond cette Homme, tu es mon Fils, je ne veux pas que tu meures : Fais-nous ce festin, nous mangerons tout. Oury, *Correspondance*, p. 602-603.

41. Sagamité : ce mot revient souvent sous la plume des missionnaires et dans les comptes-rendus du XVIIᵉ siècle. Il s'agit d'un bouilli fait surtout à base de blé d'Inde, de protéines, de farines et de gras. Il a de particulier qu'il n'est pas assaisonné.

42. Comment ne pas rester perplexe sur l'échappée de l'*Onondaga*. Que de versions différentes qui prêtent à confusion car les auteurs ne s'entendent pas sur les détails. Madame Nute soumet, entre autres, une hypothèse vraiment troublante, qu'elle insère en bas de page : les Amérindiens auraient été drogués (*Caesars of the Wilderness*, p. 54). Encore faut-il se poser la question : s'agit-il d'une drogue dans le sens où on l'entend actuellement ou de l'eau-de-vie?

43. *Relations des Jésuites*, Ragueneau, *op. cit.*, p. 174-177.

44. *Ibid.*
45. *Op. cit.*, Marie de l'Incarnation, *Correspondance.*
46. Ragueneau, *op. cit.*, p. 174-177.
47. *Relation du Père Ragueneau. Dernieres nouuelles de ce qui s'est passé en la Nouvelle France, Du chemin de Kebec à Onontaghé ce 9. d'Aoust 1657.*

IV. Long Sault, p. 133

1. Déjà l'abbé François Picquet avait suggéré des aménagements afin de faciliter le passage dans la région des rapides. Ces travaux ont été exécutés depuis soit « dérochements, ouverture de chemins de halage, creusement de canaux contournant les rapides [...] ». André Chagny, *François Picquet « le Canadien »* (1708-1781), p. 105.

2. Émission *Panorama*, reportage diffusé le 30 septembre 1999, TFO. Réalisation de Rachel Gaulin.

3. Voyage de Daniel Remy de Courcelles, Gouverneur de la Nouvelle France, au Lac Ontario. Puisé dans *Découvertes et Établissements des Français dans l'ouest et dans le sud de l'Amérique Septentrionale 1614-1698, Mémoire et Documents Inédits recueillis et publiés par Pierre Margry, Découvertes...* vol. I chapitre VII. *Récit de ce qui s'est passé au voyage que M. de Courcelles, gouverneur de la Nouvelle France, a fait au lac Ontario, ou, des Irocquois. 1671*, p. 186.

4. *Journey of My Lord Count Frontenac to Lake Ontario, [Voyage de Monsieur le Comte de Frontenac au Lac Ontario en 1673], French Original and Translation with Introduction and Notes by James S. Pritchard*, p. 16.

5. *Ibid.*, p. 14,

6. Joseph-François Lafitau, *Mœurs des Sauvages Américains comparées aux mœurs des premiers temps*, tome II, p. 47.

7. « Ce qui s'est passé de plus remarquable dans le voyage de MM. Dollier et Galinée (1669-1670) ». *Explorations of the Great Lakes 1669-1670 by Dollier de Casson and De Bréhant de Galinée*, [Coyne], p. 10.

8. Chevalier de Baugy, aide de camp de M. Le marquis de Denonville, *Journal d'une expédition contre les Iroquois en 1687*, p. 70.

9. « Relation du voyage de la Belle rivière fait en 1749, sous les ordres de M. de Celeron par le P. Bonnecamps », *Relations des Jésuites*, 1710-1756, vol. 69, p. 194, JR 69 : 194.

10. *Journal d'un voyage fait par ordre du Roi dans l'Amérique Septentrionnale Adressé à Madame la Duchesse De Lesdiguieres*, Xavier de Charlevoix de la Companige de Jésus, tome cinquième p. 285.

21. *Relations des Jésuites*, vol. 49, années 1663-65, chapitre V. «Du Païs des Iroquois, & des chemins qui y conduisent», JR 49 : 260-262.
22. Relation envoyée au Père le Jeune par Jean de Brébeuf en l'année 1635. *Relation de ce qui s'est passé aux Hvrons, en l'année 1635, Enuoyée à Kebec au Pere le Ieune*, JR 8 : 71-73.
23. *Relations des jésuites*, vol. 42, années 1632-57. Chapitre III. «Voyage du Pere Joseph Chaumont, & du Pere Claude Dablon à Onontagué; Païs des Iroquois Supérieurs», JR 42 : 68.
24. *Op. cit.*, De Courcelles, *Mémoire et Documents Inédits* recueillis et publiés par Pierre Margry, p. 171, 172, 173, 174.
25. Jacques Cartier, *Relations*, Édition critique par Michel Bideaux, p. 201.
26. Louis-Armand de Lom d'Arce, baron de Lahontan, *Lettre VII. Qui contient une ample description du Fleuve Saint Lauren depuis le Monreal jusqu'au premier grand lac de Canada. Les Saults, les Cataractes & la navigation de ce Fleuve. Du fort Frontenac & de son utilité**, *Œuvres complètes*, vol I, p. 295.
27. Mr. De la Potherie, *Histoire de l'Amérique Septentrionale qui contient l'Histoire des Iroquois, leurs Mœurs, leurs Maximes, leurs Coutumes, leur Gouvernement, leurs Intérêts avec les Anglais leurs Alliés, tous les mouvements de guerre depuis 1690 jusqu'en 1701, leurs Négociations, leurs Ambassades pour la Paix générale avec les Français, et les peuples Alliés de la Nouvelle France*, vol. 3, dans Éditions du Rocher, 1997, Jean-Paul Bertrand, p. 551.
28. Chevalier de la Corne. *Mémoires sur le Canada depuis 1749 jusqu'à 1760, avec cartes et plans lithographiés*, p. 141.

V. *Vade-Mecum*
Guide onirique pour ce même chemin, p. 165

1. Chevalier de la Pause, «Mémoire et observations sur mon voyage en Canada» 1755, dans *Rapport de l'Archiviste de la Province de Québec*, (RAPQ), 1931-1932.
    Le Chevalier de la Pause était le chef de l'état major du Chevalier de Lévis, p. 13-14.
    > M. Thomas Chapais dit du chevalier de la Pause, dans *Le Marquis de Montcalm* : «Il fit toutes les campagnes du Canada de 1755 à 1760. Il assista à presque toutes les opérations, à presque tous les principaux faits d'armes. Il fut chargé de missions ardues, dont il s'acquitta avec honneur. Vingt fois, Montcalm et Lévis rendirent témoignage à son activité et à ses ressources. Durant son séjour au Canada, il écrivit un journal et une foule de mémoires relatifs aux événements auxquels il prenait part, aux combats et aux sièges où il était présent. Ces papiers précieux ont été heureusement conservés.» RAPQ, 1931-1932, p. 2.
2. *Ibid.*, p. 14
3. *Ibid.*, p. 14
4. Pierre Pouchot, *Mémoires sur la derniere guerre de l'Amérique septentrionale entre la France et l'Angleterre*, p. 85. [Le texte original obtenu à partir de microfiches.]
5. Toutes ces orthographes ainsi que d'autres variantes, se retrouvent dans les sources consultées.
6. René de Bréhant De Galinée, *Galinée's Narrative and Map, in Exploration of the Great Lakes 1669-1670*, Ontario Historical Society Papers and Records, Vol IV, Part I, *Narrative* p.74. [Coyne]
7. Olivier Maurault, *Nos Messieurs*, p. 265.
8. René de Bréhant De Galinée, *op cit.*, p. 12
9. Olivier Maurault, *op.cit.*, p. 279.
10. *Ibid.*, p. 279-280.
11. *Ibid.*, p. 287.
12. René de Bréhant De Galinée, *op cit.*, *Part III. The Map. Carte du Canada et des terres découvertes vers le lac d'erie*, p. 82.
13. *Ibid.*, p. 58, 60.
14. Olivier Maurault, *op.cit.*, p. 291.

15. *Cape Vincent and its History*, compilé par Nelie Horton Casler, p. 14.

> On hies map Gallinae calls the country about Cape Vincent and Chaumont Bay, Kahengouetta. (Where they smoked tobacco), P. 80.

Enfin, la carte de Galinée indique (13) *Kahengwetta*. *De Galiné, in Exploration of the Great Lakes, Galinée's Narrative and Map* [Coyne], p. 80.

16. Interprétation de l'auteur qui remplace « *hole* » par « *whole* ».

17. Pierre Maheu, *Un partis-pris révolutionnaire*, p. 288.

18. Pour une étude approfondie sur le sujet voir les deux magnifiques ouvrages de Roland Viau sur l'Iroquoisie ancienne, soit *Femmes de personne – Sexes, genres et pouvoirs en Iroquoisie ancienne et Enfants du néant et mangeurs d'âmes – Guerre, culture et société en Iroquoisie ancienne.*

19. Aussi récemment que les années quatre-vingt-dix, on a tenté de cultiver à nouveau cette variété de pommes, mais des quelques arbres plantés aucun n'a survécu à la crise du verglas de 1998. Les branches et les troncs se sont fendillés puis se sont rompus. Un pomiculteur de Summerstown m'a dit à quel point il avait eu du mal à cultiver la « neige » et, encore plus, à tenter de la réchapper suite à la catastrophe de 1998. On a essayé, autant que faire se peut, sans y parvenir. Depuis il n'y a plus de cette variété de pommes dans la région du Haut Saint-Laurent.

Une consultation dans un site Internet me permet d'ajouter aujourd'hui ces quelques détails. La *Snow* serait la *Fameuse*. On dit d'elle qu'il s'agit d'une très vieille variété de pommes transplantée par les Français en Amérique vers 1700. La cueillette du fruit se fait habituellement de septembre à octobre et souvent au-delà. Cette pomme a un goût exquis. On dit aussi qu'elle est difficile à cultiver. Sa chair est tendre et blanche et, au goût, on y dénote aussi quelques tonalités de fraise. On peut en faire un cidre de haute qualité.

20. Chaussegros de Léry, Les Journaux de campagne de Joseph-Gaspard Chaussegros de Léry, «Journal de la campagne au Détroit», 1749, *Rapport de l'Archiviste de la Province de Québec* (RAPQ), 1926-1927, p. 336.

21. Chaussegros de Léry, «Journal de la campagne d'hiver du 13 février au neuf avril 1756», *Rapport de l'Archiviste de la Province de Québec* (RAPQ), 1926-1927, p. 376.

22. Chaussegros de Léry, «Journal de la campagne au Détroit», 1749, *op.cit.*, p. 336.

23. Louis Antoine de Bougainville, «Mémoire sur l'État de la Nouvelle France (1757)», «Observations», «Route de Montreal A Frontenac», *Rapport de l'Archiviste de la Province de Québec* (RAPQ), 1923-1924, p. 67.

24. *Journey of My Lord Count Frontenac to Lake Ontario [Voyage de Monsieur le Comte de Frontenac au Lac Ontario en 1673], French Original and Translation with Introduction and Notes by James S. Pritchard*, p. 14.

25. Louis Antoine de Bougainville, *op. cit.*, p. 67.

26. Chaussegros de Léry, «Journal de la campagne au Détroit, 1749», *op.cit.*, p.337.

27. Chevalier de la Pause, *op. cit.*, p. 14.

28. Louis Antoine de Bougainville, *op cit.*, p. 68

29. Chaussegros de Léry, «Journal de la campagne au Détroit, 1749», *op cit.*, p.337.

30. Site Internet du village de Cardinal. Consulter également le site portant sur le conté d'Edwardsburg.

31. Pierre Pouchot, *op. cit.*, p. 86.

32. *Ibid.*, p. 86.

33. Chevalier de Baugy, aide de camp de M. Le marquis de Denonville, *Journal d'une expédition contre les Iroquois en 1687*, p. 90 et 91.

34. Maurès de Malartic, *Journal des Campagnes au Canada de 1755 a 1760*, p. 29.

35. La Galette était le lieu tout désigné pour une halte après avoir franchi les rapides sur la rive nord du fleuve. «C'est là que les flottilles de canots parties de Montréal transbordent leurs cargaisons dans les barques qui circulent sur le lac Ontario, pour revenir.» Léo-Paul Desrosiers, *Iroquoisie*, tome 3, p. 311.
De Baugy écrivait :
> Le 26 [juin] [1687] nous... sommes venus camper à un quart de lieue de la Galette... ce lieu est nommé la Galette sur ce qu'il y a enuiron 12 ou 13 ans que l'on vouloit construire un fort pour y tenir un magasin pour l'entretien de la garnison de Cataracouy. De Baugy, *op. cit.*, p. 75.

Pouchot y fait référence sous le nom de la Vieille Galette, localisée au sud de l'actuelle Johnstown en Ontario, plus précisément, à Dawson Point. Consulter *Memoirs on the Late War in North America between France and England*, par Pierre Pouchot.

> *La Vieille Gallette, according to Pouchot's plan of the siege [of Fort Levis], was Dawson Point just below Johnstown, Ontario. "La Vieille" or "old" Gallette was the original stopping point above the rapids on the north shore. The place had come into use in the seventeeth century but, by the 1750's, had been replaced by the mission fort and village of La Présentation or Oswegatchie on the south shore. See Fortier, p. 4 [Bibliography of Dunnigan]... p. 321, note 909.*

Voir aussi la carte de Pouchot sur le siège de Fort Levis.

36. Chaussegros de Léry, «Journal de la campagne au Détroit, 1749», *op cit.*, p. 337.

37. De son campement militaire à Fort William Augustus, le nom attribué par Amherst à sa nouvelle conquête de Fort Lévis, ce dernier écrit le 26 août 1760 une lettre à John Ligonier, lettre dans laquelle il raconte ses exploits militaires. Il identifie «La Galette» à Swegatchie :

> *(Amherst and the Conquest of Canada, Selected Papers from the Correspondence of Major-General Jeffery Amherst while Commander-in-Chief in North America from September 1758 to December 1760. Edited by Richard Middleton.)*, p. 214.

Les militaires français de cette époque désignent habituellement l'établissement de François Piquet par le toponyme de La Présentation, mais, Bougainville, dans ses *Observations*, établit l'équivalence entre La Présentation et La Galette :

> La Présentation ou La Galette, fort en pieux, nouvelle mission des sulpiciens pour attirer les Cinq-Nations. Louis Antoine de Bougainville, *Mémoire sur l'État de la Nouvelle France (1757)*, *op. cit.*, p. 53.

38. Dans ses consignes qu'il donne à Jeffrey Amherst le 29 décembre 1758, William Pitt mentionne que La Galette ainsi que Niagara constituent des cibles militaires de même que le rétablissement de Oswego sur le lac Ontario, qui avait été détruit par Montcalm.

> *[...] I am now to acquaint you that the King has come to a Resolution to allot [...] Men, to make an attack upon Quebeck, by the River St. Lawrence [...] It is His Majesty's*

Pleasure that you do attempt an invasion of Canada, by the Way of Crown Point or La Galette, or both, according as you shall judge practicable, and proceed, if practicable, and attack Montreal or Quebec, or both of the said places successively.
[...] It is also the King's Pleausure that you should give a due Attention to the Lake Ontario and facilitate [...] the Re-establishment of the important Port of Oswego [...] It were much to be wished that any Operations on the side of Lake Ontario could be pushed as far as Niagara... Correspondence of William Pitt when Secretary of State, Vol. I, Gertrude Selwyn Kimball, The Macmillan Company, London, 1906, Kraus Reprint Co. New York 1969, pp. 432-433, 438-439.

39. Mgr Olivier Maurault, « Quand Saint-Sulpice allait en guerre » in *Le Cahier des Dix*, n° 5, p. 25-26. Dans son sommaire biographique sur François Picquet R. Lachaine écrit :

Le 1er juin 1749 avec 25 Français et 4 Indiens, il y fonde le poste de La présentation [...]
Dès l'automne suivant, Picquet a fait terminer un fort palissadé avec redoute et habitations abritant quelque 300 Iroquois Hurons et autres indiens. *Les prêtres de Saint-Sulpice au Canada*, p. 182.

40. Pierre Rousseau, *Saint-Sulpice et les Missions catholiques* (1930), p. 163.

41. *Ibid.*, p. 165-166.

42. Lettre de M. Chaussegros de Léry Fils au Ministre (20 octobre 1749), p. 96-97. Inventaire des Papiers de Léry, *Archives de la Province de Québec* (RAPQ), vol. 1 p. 96-97.

43. Louis Antoine de Bougainville, *op. cit.*, « Journal de l'expédition d'Amérique, campagne de 1756 », p. 212.

44. Chevalier de la Pause, *op. cit.*, p. 14.

45. Pierre Pouchot de Maupas, *op. cit.*, p. 86-99.

46. *Ibid.*, p. 97-99

47. Louis Antoine de Bougainville, *op. cit.*, p. 212-213.

48. Maurès de Malartic, *op. cit.*, p. 28

49. Gédéon de Catalogne, *Recueil de se qui s'est passé en Canada au suyet de la guerre tant des anglois que des iroquois depuis l'année 1682*, p. 173. [Voir Le Blant]

50. *Ibid.*, p. 173.

51. Kateri (Catherine) Tekakouitha (Tagagkouïta, Tegakwitha), première Améridienne à être élevée au rang des bienheureuses, est née en 1656 et est décédée en 1680. La mère

de Kateri, une chrétienne algonquine de la région de Trois-Rivières avait été capturée par les Iroquois (Agniers). Peu de temps après sa capture, un Agnier choisit la mère de Kateri pour épouse, ce qui lui assure la vie sauve. En 1660 toute la famille de Kateri est emportée par la petite vérole. Seule Kateri survivra, mais elle en resta marquée. Elle connaîtra des problèmes de santé découlant de cette maladie et son visage restera grêlé. Orpheline, elle sera adoptée par un oncle, ennemi de la foi chrétienne. À l'automne de 1666, les Français, en expédition punitive contre les Agniers de Ossernenon (dans l'état de New York), atteignent le village où se trouve Kateri et défont les Agniers. Peu après Kateri fera la rencontre des Pères jésuites. En 1667, elle ira vivre à Caughnawaga. Malgré l'insistance de la communauté iroquoise, elle refusera de se marier. Elle se convertira au catholicisme tout en continuant de vivre à l'améridienne. Malgré son jeune âge, la force de caractère de Kateri s'avéra exceptionnelle. Elle vivra une vie d'ascèse exemplaire. À son décès, les Pères jésuites sont particulièrement touchés lorsqu'ils observent quelque chose de remarquable; son visage est transformé, et, surtout, il en émane un état de sérénité. Kateri devient vite source de dévotion. On demande et obtient, par son intercession, des faveurs. Les pères Chauchetière et Cholenec consacrent déjà des ouvrages hagiographes à son sujet. Aujourd'hui encore, on ne cesse de prier la bienheureuse non seulement en Amérique (autant au Canada qu'aux États-Unis) mais aussi dans tous les coins de la planète. Plusieurs autres biographies – plus d'une cinquantaine – ont succédé à celles des Pères jésuites et ont paru dans plus d'une dizaine de langues.

Voir le *Dictionnaire biographique du Canada*, vol. 1 ainsi que l'ouvrage de Allan Greer, *Mohawk Saint – Catherine Tekakwitha and the Jesuits*.

52. « Les Affaires du Canada en 1696 », *Relations des Jésuites*, vol. 65, p. 30. JR 65 : 30.

53. Fascicule préparé par Parcs Canada, Parc national du Canada des Îles-du-Saint-Laurent. *Regards sur le patrimoine 1904-2004. Mallorytown Landing où la conservation du patrimoine se fait depuis plus d'un siècle*, p. 2.

54. Fascicule préparé par Patrimoine Canada, *Plantes rares des Îles-du-Saint-Laurent, Regards sur le patrimoine.* Parc national des Îles-du-Saint-Laurent, Mallorytown Landing. Non daté. Non paginé.

55. *Ibid.*

56. Chevalier de Baugy, *op. cit.*, p. 63-91.

57. Chaussegros de Léry, *op. cit.*, « Journal de la campagne au Détroit », 1749, p. 338.

58. Chaussegros de Léry, *op. cit.*, « Journal de la campagne d'Hiver, du 13 Février au neuf Avril, 1756 », p. 374-375.

59. *Ibid.* p.375-376.

60. Chevalier de la Pause, *op. cit.*, pp. 16-18.

61. René de Bréhant De Galinée, *op cit.*, Part I, *Narrative*, p. 12.

62. *Ibid.*, p. 56.

63. « Voyage du Père Joseph Chaumont et du Père Claude Dablon à Onontagué : 1656-57 », *Relations des Jésuites*, vol. 43, 1656-57, p. 140. JR 43 : 40

64. « Joseph Chaumont et Claude Dablon : 1632-57 », *Relations des Jésuites*, vol. 42, p. 1632-57, p. 64. JR 42 : 64.

65. Louis de Buade Comte de Frontenac, *op. cit.*, p. 12.

66. *Ibid.*, p. 14.

67. *Ibid.*, p. 14.

68. *Ibid.*, p. 16.

69. *Ibid.*, p. 16, 18.

70. *Ibid.*, p. 14.

71. Xavier de Charlevoix, *Journal d'un voyage fait par ordre du roi dans l'Amérique septentrionale*, p. 443, Édition critique par Pierre Berthiaume.

72. Rémy de Courcelles, « Voyage de Daniel Remy de Courcelles, Gouverneur de la Nouvelle France, au Lac Ontario » dans *Pierre Margry, Découvertes...* vol. I, chapitre VII, p. 185.

73. « Lettre du Pere Paul Ragueneau au Pere Procureur des Missions de la Compagnie de Iesus en la Nouuelle France », *Relations des Jésuites*, vol. 44, années 1657-1658, JR 44 : 180.

74. Cavelier de La Salle, dans Pierre Margry, *Découvertes...*, vol II, « Lettres de Cavelier de La Salle et correspondance relative à ses entreprises », chapitre IV, « voyages de la Salle », p. 138.

75. Joseph-Antoine Le Febvre de La Barre, *La Nouvelle-France sous Joseph-Antoine Le Febvre de La Barre*, Pauline Dubé, p. 236.
76. Maurès de Malartic, *op. cit.*, p. 22, p. 29.
77. Gédéon de Catalogne, *op. cit.*, p. 194.
78. Chevalier de la Pause, *op. cit.*, p. 15.
79. C'est dans son journal (Pierre Margry, *Découvertes...*, vol. III, Chapitre V, « Mémoire de Henri Joutel sur la derniere entreprise de La Salle », p.89) que Joutel, qui accompagne Cavelier de La Salle dans son expédition jusqu'au golfe du Mexique, mentionne l'épisode du crocodile, en 1686, après qu'il en fut lui-même informé par de La Salle (Margry, *ibid.*, p. 249-250). Il le décrit à nouveau, en février 1687, au cours du dernier voyage de La Salle lorsque l'expédition croisera la Rivière Maligne, lieu où se produisit le drame. (Margry, *ibid.*, p. 286). Voir citation dans la note suivante : 81.

    Joutel décrit en outre la scène où un homme (nommé Le Gros) fut mordu par un serpent et à qui l'on fit l'amputation d'une jambe. Il en mourut. Margry, *ibid.*, p. 167, 168, 180, 182.

    Les mêmes incidents ou de semblables sont notés dans *Premier Etablissement de la Foy dans la Nouvelle France*, tome second, chapitre xxv, p. 300 : *Avantures malheureuses de deux voyages que le sieurs de la Salle entreprend aux Ilinois. Sa mort tragique une partie de son monde repasse en France par les terres de Canada* et auraient été consignés par Chrestien LeClercq, un père récollet qui auraient repris ces propos suite au témoignage d'un collègue, le père Anastasius Douay. Ce dernier avait accompagné De La Salle dans son expédition au Golfe du Mexique.

    > [...] voicy un abbregé de ce qu'il en a pû recüeillir, dont le Lecteur me sçaura peut-estre plus de gré, que si je le composois de mon stile. Chrestien LeClercq, *ibid.*, p. 302)

    L'histoire du serpent est ainsi décrite :

    > [...] [1686] Comme nous suivions nostre route toûjours à l'Est par de tres-belles prairies au bout de trois journées de chemin, il nous arriva un contre-temps, le Sauvage Nika nostre chasseur s'écria subitement de toute sa force qu'il estoit mort, on y courût, & l'on apprit qu'il avoit esté cruellement mordu d'un serpent, cet accident nous arresta durant quelques jours [...] Chrestien Le Clercq, *ibid.*, p. 313.

Il faut ajouter que Nika s'en est remis mais qu'il fut par après assassiné.

Après cette histoire, d'autres peines s'ensuivent sur La Maligne ou la rivière des Malheur. On craignit pour la vie de de la Salle.

> [...] Quelques jours aprés nous eûmes bien d'autres allarmes, estans arrivez à une riviere large & rapide que l'on nous dit aboutir à la Mer, & que nous appellâmes la riviere des malheurs, l'on fit un Cajeu pour la traverser, les sieurs de la Salle & Cavelier avec une partie de nos gens se mirent dessus, mais à peine eurent ils atteint le courant que la violence les emporta avec une rapidité incroyable, en sorte qu'ils disparurent presque en un moment, je restois à terre avec une partie de nostre monde, nostre chasseur estoit absent depuis trois jours, & s'estoit égaré dans les bois, ce fût une desolation extreme pour nous tous qui desesperions de revoir jamais nostre Ange tutelaire le sieur de la Salle; Dieu me fit la grace de m'animer toûjours de confiance, encourageant de mon mieux ceux qui me restoient. Tout le jour se passa en pleurs & en larmes, lorsqu'à l'entrée de la nuit nous apperçûmes de l'autre bord le sieur de la Salle avec tout son monde qui nous apprit que par un coup de Providence le Cajeu avoit esté arresté par un gros arbre qui flottoit au milieu de la riviere, ce qui leur avoit donné moyen de faire effort, & de passer au delà du courant qui sans cela les emportoit à la Mer, qu'un de ses gens s'estoit jetté à l'eau pour attraper une branche d'arbre, & que ce pauvre garçon n'avoit pû rattraper le Cageu. Il s'appelloit Rut Breton de Nation, mais peu aprés ce jeune homme parût de nostre bord s'estant sauvé à la nâge. (Chrestien LeClercq, *ibid.*, pp. 314-316)

Quant à l'attaque du crocodile, elle est ainsi décrite :

> [...] en repassant la Maligne un de nos hommes fût emportê auec son Cajeu par un Crocodile d'une grosseur & d'une longueur prodigieuse. Chrestien LeClercq, *ibid.*, p. 327. [...], continuant la route l'on traverse de grandes plairies jusques a la Maligne. Cette riviere profonde ou l'un de nos hommes avoit esté devoré par un Crocodile, elle vient de fort loin [...] Chrestien LeClercq, *ibid.*, pp. 333-334.

Toujours selon ce qu'en rapporte le Père Chrestian LeClercq, le Père Anastase Douay, témoin de la mort de la Salle, décrit les dernières heures de ce dernier de la manière suivante :

> [...] Nous estions éloignez de deux grandes lieuës, le sieur de la Salle inquiete du retardement du sieur de Moranger

& de ses gens dont il estoit séparé depuis deux ou trois jours dans la crainte qu'ils n'eussent esté surpris par les Barbares, me pria de l'accompagner, il prit encore deux Sauvages avec luy. Durant toute la route, il ne m'entretenoit que de matieres de pieté, de grace, & de predestination, s'étendant beaucoup sur les obligations qu'il avoit à Dieu de l'avoir sauvé de tant de perils, depuis plus de 20 années qu'il parcouroit l'Amerique, il me paroissoit extraordinairement penetré des bienfaits de Dieu en son endroit; lorsque je le vis tout à coup accablé d'une profonde tristesse dont il ignoroit luy même la cause, il fût troublé en sorte que je ne le conoissois plus, cette situation d'esprit ne luy estant pas ordinaire, je le réveillay neanmoins de son assoupissement, & au bout de deux lieuës nous trouvames la cravatte sanglante de son Laquais, il s'apperçût de deux Aigles qui voltigeoient sur sa teste, & en même temps il découvrit de ses gens sur le bord de l'eau dont il s'approcha & leur demandant des nouvelles de son neveu, ils nous répondirent par paroles entrecoupées, nous montrant l'endroit où nous trouverions ledit sieur. Nous les suivîmes quelques pas le long de la rive jusques au lieu fatal, où deux de ces meurtriers estoient cachez dans les herbes, l'un d'un côté & l'autre de l'autre avec leurs fusils bandez, l'un des deux manqua son coup, le second tira en même temps & porta du même coup dans la teste de Monsieur de la Salle qui en mourut une heure aprés, le dix-neuviéme Mars 1687 [...] Ainsi mourut nostre sage conducteur constant dans les adversitez, intrepide, genereux, engageant, adroit, habile, & capable de tout, celuy qui depuis 20 ans avoit adouci l'humeur farouche d'une infinité de Nations barbares fût massacré par les mains de ses propres domestiques qu'il avoit comblé de careses, il mourut dans la force de l'âge au milieu de sa course & de ses travaux sans en avoir vu le succés [...] Chrestien LeClercq, *idem*, p. 338-342.

La «Providence» tient un rôle majeur dans la relation de Douay. En ce sens, n'y a-t-il pas des similarités avec l'histoire de Radisson lorsque ce dernier relate ses aventures? Dans le cas de de La Salle, les termes «maligne» ou «malheur» semblent avoir des acceptions tout à fait analogues et renvoient de manière implicite à la tragédie personnelle. Le destin, étant la Providence rendue personnelle, comprend également la face négative des choses, en l'occurrence la perte et la souffrance, la défaite et la mort. On peut recourir à un complément d'information sur LeClercq et Douay dans *Le Dictionnaire biographique des Récollets missionnaires en Nouvelle-France* de Odoric Jouve (avec la collaboration de Archange Godbout, Hervé Blais et René Bacon).

80. Voir William C. Foster, *The La Salle Expedition to Texas, The Journal of Henri Joutel, 1684-1687*, p. 121, 169, 170, 172,191, etc.

81. Chrestien LeClercq, *ibid.*, p. 305.
    Joutel note également la beauté de La Maligne (février 1687) :

    > Nous arrivasmes ensuite sur le bord d'une fort belle rivière, nommée la Maligne, à laquelle ce nom avoit esté donné parce que, dans le voyage précédent de M. de La Salle, un crocodile avoit pris par une espaule et entraisné à fond le valet de chambre dudit sieur, nommé du Mesnil [...] La Maligne est large comme la Seine devant Rouen, et son courant approchant de mesme, de manière qu'elle paroist bien navigable, point embarrassée de bois; elle arrose un fort beau pays. La campagne que nous venions de traverser la longe d'un costé, et, sur ses bords, il y a des arbres de différentes espèces et grosseurs; dans les lieux humides et tout à fait sur les rives sont des saules, tilleuls et autres semblables, et, un peu avant dans les terres, il y a des chesnes, ormes, noyers et plusieurs autres sortes.
    > Nous campasmes sur le bord de ladite rivière. Pierre Margry, *Découvertes...*, vol. III, chapitre V, p. 286-287.

82. Voir Léo-Paul Desrosiers, *Iroquoisie*, tome 3, p. 90 et suite. Voir aussi Marcel Trudel, *Histoire de la Nouvelle-France IV, La seigneurie de la compagnie des Indes occidentales 1663-1674*, p.126 et p. 220-223.

83. L'historien est Jean Marmier. Il faisait part, dans *Revue de l'Amérique française*, vol. 32, n° 2, septembre 1978, de son analyse. Il dresse des points de comparaison entre les descriptions de Dollier de Casson et celles de Remy de Courcelles, particulièrement en ce qui concerne les canots d'écorce : leur stabilité dans les déplacement, l'habilité requise pour les manier malgré cette fragilité, etc. Le récit de Courcelles se trouve dans Pierre Margry, *Découvertes...* vol I, chapitre VII p. 167.

84. Lahontan, *Œuvres complètes*, édition critique par Réal Ouellet avec la collaboration d'Alain Beaulieu. Voir l'introduction, vol. I. Elle nous apprend beaucoup sur le cheminement de Lahontan, les controverses que son œuvre a

suscitées. Cette nouvelle édition critique fait état de la dimension littéraire de l'œuvre de Lahontan, de l'esprit encyclopédique propre à la pensée de l'auteur et d'un cheminement qui s'inscrit d'emblée dans le Siècle des Lumières. Histoire et littérature se compénètrent.

85. *Ibid.,*

86. *Ibid.,* p. 296, vol. I. *Lettre VII. Qui contient une ample description du Fleuve Saint Laurent depuis le Monreal jusqu'au premier grand Lac de Canada. Les Sauts, les Cataractes & la navigation de ce Fleuve. Du Fort Frontenac & de son utilité. Entreprise de Mr. De la Barre Gouverneur Général contre les Iroquois,* p. 296.

87. *Ibid.,* vol. I., p. 311.

88. *Ibid.,* vol I., p. 310-311.

89. « Deux Lettres du R.P. Bechefer à Mr Cabart de Villemont De Québec le 19ᵉ 7ᵉʳᵉ 1687 », *Relations des Jésuites,* vol. 63, p. 288, 290, JR 63 : 288, 290.

90. Le château de George Boldt (Boldt Castle) compte parmi les monuments historiques des Mille-Îles. Il est situé sur l'île Heart, en face du village d'Alexandria Bay, dans l'état de New York, et est accessible par bateau. Il est ouvert au grand public. Des croisières organisées y font escale et on offre également des visites guidées du château.
C'est sur fond tragique que se déploie l'histoire de ce château. En hommage à son épouse Louise, mère de ses deux enfants, Monsieur Boldt fit construire sur l'île une maison de rêve. Les travaux allaient bon train quand Louise meurt à l'âge de 41 ans. Le projet se termine abruptement. George Boldt fera parvenir un télégramme pour mettre fin aux travaux de construction. Les activités cesseront, et ce, malgré les millions de dollars déjà investis. Le château restera donc inachevé. George Boldt n'y retournera plus. Par la suite, le bâtiment sera repris en charge par l'État de New York. On y fera les rénovations qui s'imposent et l'on donnera au château une vocation muséale. Des milliers de visiteurs seront accueillis durant la période estivale.

91. Voir *Relation par lettres de l'Amerique septentrionalle (années 1700-1710)* édité et annoté par le P. Camille de Rochemonteix, Lettre V. p.13; Lettre VI, p. 15-17; Lettre

IX, p. 25. L'éditeur Rochemonteix a d'abord attribué ce texte au père Antoine Silvy. Cette attribution s'est avérée erronée. Des ouvrages plus récents montrent que c'est Antoine-Denis Raudot qui en fut l'auteur. *Dictionnaire biographique du Canada,* volume II de 1701 à 1740, p. 578 ainsi que les pages 634-635.

92. Voir la collection des Manuscrits du Maréchal de Lévis, Journal de Lévis, vol. 1, le 26 [(août 1759] [Lévis] :

> Il visita les bords de la Grande-Ile, le matin, et, l'après-midi, celles qui sont en avant, examina avec attention celle qui est la plus avancée et résolut d'y établir un fort. Par la position de cette île, on peut battre avec de l'artillerie les deux bords de la rivière et protéger les barques qui peuvent mouiller au-dessous; elle est si petite que le fort l'occupera presque toute. En revenant il trouva l'abbé Piquet avec des envoyés des sauvages qui venoient annoncer que les femmes de cette mission lui demandoient un conseil. On se rendit chez ledit abbé, on le fit asseoir sur un fauteuil avec ceux de sa suite d'un côté et les missionnaires de l'autre.
>
> [...]
>
> Et sortant ensuite quatre branches de porcelaine pour lui notifier qu'on le recevoit comme naturel adoptif dans leurs cabanes et qu'elles le mettroient à la place et lui donneroient le nom d'un grand chef Onontogué, qui étoit très entendu et traitoit de bonnes affaires, lequel s'appeloit *Orakouintone,* qui veut dire en français Le Soleil suspendu.
>
> [...] [Le 27]
>
> Nous fûmes reconnoître l'île dont il a parlé qu'on baptisa l'Ile Orakouintone. L'on ordonna que l'établissement seroit fait. Le sieur Désandroins, ingénieur, fut chargé de la fortification. *Journal des Campagnes de Chevalier de Lévis en Canada de 1756 à 1760,* p. 198-200.

93. Dans sa lettre à Haviland, écrite depuis Oswego le 29 juillet 1760, Amherst fait référence à l'Isle Royale, Middleton, p. 205. Il écrit aussi à Joshua Loring depuis le camp de L'isle Royalle : "*Camp before Isle Royalle 22 August 1760*", Middleton, p. 212.

94. Pouchot décrit le siège qui a commencé le 18 août 1760. Il fut particulièrement outré par le recours à boulets rouges et le bombardement qui l'a forcé à la capitulation. Pouchot écrit :

> L'activité de notre feu mit les Anglais de mauvaise humeur. L'après-midi, ils redoublèrent celui de toutes

leurs batteries, et tirèrent à boulets rouges, pots à feu et carcasses. C'en était trop pour ce misérable fort, qui n'était plus qu'un décombres de bois de charpente et de fascines. [...] Cela détermina M.Pouchot, [...] d'écrire à M. le général Amherst, pour se plaindre de cette façon de faire la guerre, que l'on ne mettait en usage que contre des rebelles, une brave garnison ne méritant pas un pareil procédé. *Mémoires sur la dernière guerre de l'Amérique septentrionale entre la France et l'Angleterre. Tome second.* Septentrion, p. 172-173.

Voir aussi la lettre de capitulation de Pouchot 25 Août 1760 dans les textes choisis. (Tome II)

Il est également intéressant de noter le commentaire d'Anderson sur la bataille de Louisbourg (*Crucible of War*, Fred Anderson, p. 253) : "*[...] under a rain of red-hot shot from the British guns, buildings within the walls were going up in flames faster than fire crews could put them out.*" Comme à Fort Lévis, Amherst avait également eu recours aux bombes incendiaires à Louisbourg sur l'Isle Royale du Cap-Breton. Ainsi, il marque ses premières et dernière batailles pour la conquête de la Nouvelle France, chacune de celles-ci ayant eu lieu sur une «isle royale». Amherst a renommé Fort Lévis «Fort William Augustus» en l'honneur du Duc de Cumberland, fils du Roi George II et ancien commandant en chef de l'armée. Pour célébrer la victoire, la parole du jour était «King George». Cardy and Dunnigan, p. 333, note 942.

95.   Dans une lettre à John Ligonier, datée le 26 août1760 et écrite depuis le camp du Fort William Augustus (le nouveau nom attribué à Fort Lévis), Amherst relate le siège de ce fort. Middleton, p. 214-215.

   Voir Tome II, *Textes choisis*, Correspondance de Pouchot et de Amherst le jour de la capitulation le 25 août 1760.

96.   Voir Cardy and Dunnegan, p. 394, note 1138.

97.   Dans la campagne de 1760, dernière année de la guerre de Sept Ans en Amérique du Nord, Amherst déploiera une offensive à trois volets.

   Le brigadier général James Murray viendrait de Québec par la voie fluviale; le colonel William Haviland du lac Champlain et de l'Île-aux-noix (voir note 95); et le général Jeffery Amherst de l'ouest depuis le lac Ontario et le fort britannique d'Oswego. Tous ces bateaux et artillerie navale ne pouvaient être arrêtés par les Français

> Unimpeded by the French, the British army floated on
> down towards Fort Lévis averaging 21 miles a day.
> Malcolm MacLeod, *Fight at the West Gate, 1760* in
> Ontario History, LVIII, n° 3, September 1966, p. 183.

La campagne de neuf jours pour le contrôle du Haut
Saint-Laurent a commencé le 17 août 1760 par un assaut
naval et l'arrivée de l'armée de Amherst autour du fort de
Lévis le 18 août. Voir MacLeod, *ibid.*, p. 184. Amherst ins-
talle sa batterie sur l'Isle à la Cuisse, l'Isle Magdeleine et
la Pointe Ganataragoin. Voir MacLeod, p. 185, et la carte
de Pouchot. Ainsi, Amherst dispose d'un arsenal puissant :

> [He] disposed of well over 75 guns on ship and shore,
> able to fire in concert upon Fort Lévis from six different
> points of the compass. Voir MacLeod, p. 185.

On peut dire, rétrospectivement, que Pouchot commanda
la dernière bataille du front ouest en cherchant à arrêter
l'ennemi dans sa descente jusqu'à Montréal.

> On Lake Ontario and the upper Saint Lawrence River a
> few defenders gave a good account of themselves. Within
> the limits of scanty resources, they honoured their
> country by offering the stubborn resistance which its
> plight demanded, and its future justified. MacLeod, *ibid.*,
> p. 194.

98. La découverte du journal du Général Jeffery Amherst est
récente. C'est en 1925, après que la famille ait vendu la
maison familiale et au cours du déménagement, que l'on
découvre une collection de lettres, de cartes, de papiers,
d'illustrations et de plis qui jusqu'alors dormaient dans
des cartons. Cette vaste documentation, regroupée en dix-
huit volumes, mettrait à jour le témoignage d'un homme
– un général – qui avait marqué la guerre de Sept Ans.
Voir *The Journal of Jeffrey Amherst*, J. Clarence Webster, ed.

99. Sir William Johnson était colonel des forces provinciales
de New York et surintendant du Ministère des Affaires
indiennes du Nord. C'est à ce titre que Johnson a siégé
au chef-lieu de la vallée Mohawk, dans l'État de New York.
Quant à François Picquet, son adversaire, on le retrouvait
à la Présentation. Chacun tentait de s'allier les Iroquois à
sa cause, soit française, soit britannique.

100. Indication dans son journal : "*September : 1st. I sent
Scouts on Foot on each side of the Long Seau (Sault) [...] I
encamped at Point de Maline about 14 miles from Isle au*

Chat. [...] Sr Wm Johnson went to Asquesashne, a small Indian Village, to assure them we would do them no hurt if they remained quiet." The *Journal of Jeffrey Amherst*, J. Clarence Webster, ed. p. 242.

Dans sa lettre du 8 septembre 1760, de son quartier général à Montréal, Amherst écrit à William Pitt, secrétaire d'État, à Londres, le rapport suivant :

... On the 31st I sat out, rowed twenty four miles, and encamped on Isle aü Chat, the Rapides were more frightfull than dangerous.

Sept. 1st I passed the long Saüt, marched covering Partys on the Shore, the boats were obliged to row in single file... the Current of the River was violent. The Rapides were full of broken waves, the Batteaüs took in water, a Corporal and three Men of the Royal Highlanders were drowned, I encamped at Johnson's Point, fourteen miles from Isle au Chat. I sent Partys forward on the Lake, Sr William Johnson went to an Indian village, Asquesaskua, to assure them of protection on their good behaviour. Kimball, *Correspondance of William Pitt*, vol 2, p. 329-330.

Est-ce destin ou fatalité? Comment se fait-il que l'appellation *Pointe Maligne* s'avère aussi juste dans les cas de Amherst et de Johnson? Pour Amherst, les noyades dont il avait fait précédemment mention étaient les prodromes de ce qui était à venir. Effectivement Anderson mentionne qu'après la destruction de fort Lévis, Amherst doit se mesurer à d'autres obstacles.

[Amherst] [had] to face the deadliest obstacles to his progress: the rapids of the upper St. Lawrence. Twenty one redcoats and provincials had been killed in the siege of Fort Levis; four times that number drowned before Amherst's boats had shot the last of the white water that lay between the fort and Montréal. Anderson, *Crucible of war*, p. 401-402.

Un autre auteur, J.F. Pringle, relate aussi que soixante-quatre bateaux et quatre-vingt-huit hommes auraient été perdus dans la descente des rapides. Pringle, *Lunenburg or the Old Eastern District*, p. 11.

Subséquemment, Amherst, qui était vainqueur, participera en tant que commandant en chef des forces armées de la Grande-Bretagne, au démantèlement du premier Empire britannique. Voir Middleton, p. xi.

Le Fort William Augustus (c'est-à-dire, fort Lévis) fut cédé aux Américains.

Quant à William Johnson, il meurt en 1774. Son fils John, alors âgé de 32 ans, a pris parti contre la Révolution américaine. Elinor Kyte Senior écrit :

> *Just hours before officers of the revolutionary army arrived at Johnson Hall in June of 1776 to arrest Sir John, Indian allies warned him of the impending arrest [...] With 200 of his tenants and Mohawk allies he made a gruelling nineteen-day trek through the forests and over the Adirondacks to St. Regis Indian village just opposite the point bearing his father's name.* Voir *Royal Township to Industrial City Cornwall 1784-1984*, Elinor Kyte Senior, p.18-19.

En juin 1784, Sir John, alors colonel du premier bataillon du Royal Régiment de New York, mène ses troupes loyalistes et leurs familles sur le site de Pointe Maligne, qui sera nommé Johnstown en son honneur, aujourd'hui Cornwall, en Ontario. Voir Elinor Kyte Senior, *ibid.*, p. 51. Voir aussi la carte de McNiff, 1786. Le destin voulut qu'ultérieurement le nom de la ville – Johnstown – soit modifié et devienne Cornwall et que l'actuel Johnstown (près de Prescott, en Ontario), retienne ce nom, cette fois à la mémoire du père de Sir John.

Ainsi, paradoxalement, c'est à la mémoire de Sir William Johnson (1715-1774) que Johnstown ([Edwardsburgh Township] Ontario) s'est vu attribuer le patronyme, au printemps de 1790. Cette ville, située sur la rive nord du Saint-Laurent, était l'emplacement de La Galette – l'entrepôt français établi par Frontenac en 1673, et, « la vieille Galette » de Pouchot. Voir René Paget, « *The French Period*», p. 15-16; Louise Bourchell, « *Government*», p. 17-18; ainsi que Sandra A. Shouldice «*Johnstown : Campsite to Townsite*» p. 129-130, dans *Edwardsburgh Township History*, 1995). Durant la guerre de Sept Ans, ce même nom « La Galette » fut attribué à la Présentation, situé juste en face, c'est-à-dire sur la rive sud du fleuve (l'actuelle ville de Ogdensburg, New York). Voir les paragraphes portant sur La Galette et La Présentation. C'était le « quartier général » de François Piquet, l'ennemi juré de Johnson, car tous les deux ont voulu conquérir le cœur des Iroquois et s'en faire des alliés. En 1756, Sir William Johnson fut nommé par les Britanniques surintendant des Nations indiennes du Nord. Middleton, p. 267.

De manière symbolique, «Pointe Maligne» ramène sur ses rives deux forces opposées. Un pont international faisant un lien entre Johnstown (Ontario, Canada) et Ogdensburg (New York, USA).

101. «Voyage du Pere Joseph Chaumont et du Pere Claude Dablon, à Onontagué; pais des Iroquois Supérieurs», *Relations des Jésuites*, JR 42 :1632-57, p. 62.
102. *Relations des Jésuites*, les Pères Mercier, Dablon, et al., JR 43 : 146.
103. Lettre du marquis de Vaudreuil au chevalier de Lévis, Lettre LXI, 28 août 1759, p. 94-95.
104. *Recueil de se qui s'est passé en Canada au suyet de la guerre tant des anglois que des iroquois depuis l'année 1682 Gédéon de Catalogne*, p. 195-196.
105. Voir l'ouvrage de Elinor Kyte Senior, *Les Habits rouges et les Patriotes,* et particulièrement, les chapitres «Les sources du mécontentement», p. 11-12, ainsi que «Naissance de l'association des Frères Chasseurs», p. 217.
106. Comptine chantée sur l'air de *London Bridge is Falling Down.* Les paroles sont les suivantes : «Tête, épaules, genoux, orteils – genoux, orteils, genoux, orteils – tête épaules, genoux, orteils, yeux, nez, bouche, oreilles.»
107. Voir *The Economist, Technology Quarterly*, le 10 juin 2006, p. 11, «*Making waves*» – la conversion des vagues de la mer en électricité.
108. Entreprise de cosmétiques. Il s'agit d'une compagnie de San Franscisco dont les produits portent des noms ludiques, par exemple *HollywoodGlo, Lyin'eyes, dr.feelgood*, etc.
109. *Le Devoir*, 6 septembre 1979.
110. Paul Chamberland, *Extrême survivance, extrême poésie*, p. 20. *L'Essamour* (bribes), signé Pierre Maheu.
111. «[...] Je suis moi-même un égaré en politique [...]». Tiré de l'article *Ce qu'on lit et rature*, cité dans *Parti pris : idéologies et littérature*, Robert Major, p. 74.
112. Pierre Maheu, *Un parti pris révolutionnaire*, p. 302. Voici ce qu'il écrivait en 1978, soit quatre cents ans après le passage de Cavelier de La Salle en Haut Saint-Laurent :
    La terre-mère se meurt. Nos rêves d'indépendance et de liberté ont engendré un monstre. Les hommes débarrassés des rois et des dieux se retrouvent au goulag s'ils ne sont pas chanceux, dans le cauchemar climatisé s'ils

sont privilégiés. Et durant ces années où nous parlions de souveraineté nationale et de constitution, la machine souveraine démolissait le centre de Montréal pour installer ses buildings, enfermait les enfants dans des polyvalentes de béton, quadrillait le pays d'autoroutes, construisait ses centrales nucléaires, entreprenait de noyer un royaume et de compléter le génocide des Amérindiens pour avoir de l'électricité à vendre. *Idem,* p. 288.

113. Article signé Gaëtan Dostie, directeur général des Éditions Parti Pris, dans *Le Devoir,* le samedi 15 septembre 1979. Il écrivait au sujet de *Le Phénix ou la mère-mort* ce dont Pierre Maheu lui avait fait part, quant au projet : « [...] des chants, des sortilèges, des incantations : une parole qui se veut efficace, modificatrice du réel – prières et blasphèmes, hymnes et révoltes, mouvements de l'âme qui créent une mort-renaissance. [...] Comme le Phénix qui tous les mille ans vient vivre à Héliopolis sa paliongénésie. Et à l'intérieur, appel à la fin du monde qui est le commencement de tout autre, non pas catastrophe, mais existrophe, mouvement tournant vers cette vraie vie absente, qui n'est pas au monde. Toujours Rimbaud... »

BIBLIOGRAPHIE

ABLEY, Marc, *Parlez-vous Boro? Voyage aux pays des langues menacées*, Montréal, Éditions du Boréal, 2005, 388 p.

ADAMS, Arthur, T., *The Explorations of Pierre Esprit Radisson from the Original Manuscript in the Bodleian Library and the British Museum*, texte modernisé par Loren Kallsen, Minneapolis (Minnesota), Ross & Haines Inc., 1961, XXVIII, 312 p.

AMHERST, Jeffery, *The Journal of Jeffery Amherst, Recording the Military Career of General Amherst in America from 1758 to 1763*, Vol. III, edited by J. Clarence Webster (with introduction and notes), Chicago, The Ryerson Press, Toronto and University of Chicago Press, 1931, 342 p.

_____, *Amherst and the Conquest of Canada. Selected Papers from the Correspondance of Major-General Jeffery Amherst while Commander-in-Chief in North America from September 1758 to December 1760*, edited by Richard Middleton, United Kingdom, Vol. 20, Army Records Society, Sutton Publishing Limited for the Army Records Society, 2003, XLVII, 310 p.

Amherst Papers, Public Records Office WO 34-101, ANC Bobine B, 2694 vol. 101 p. 190. (Sur microfiches)

BEAULIEU, Alain et VIAU, Roland, *La Grande Paix. Chronique d'une saga diplomatique*, Montréal, Éditions Libre Expression ltée, 2001, 128 p.

BERTHIAUME, Pierre, *Cavelier de la Salle, Une épopée aux Amériques. Récits de trois expéditions 1643-1687*, Paris, Cosmopole, Active-Media, 2006, 244 p.

BETHUNE, A.N., *Memoir of the Right Reverent John Strachan, First Bishop of Toronto*, Toronto: Henry Bowsell, London: Rivingtons, 1870, 386 p.

BOWERING, Ian, *Cornwall... From Factory Town to Seaway City, 1900-1999*, Vol. I, Cornwall, Standard Freeholder, 1999, 158 p.

BRADLEY, James, W., *Evolution of the Onondaga Iroquois. Accommodating Change 1500-1655*, Syracuse University Press, 1987, 252 p.

BRADSTREET, John, *An Impartial Account of Lieut. Col. Bradstreet's Expedition to Fort Frontenac (1711-1714)*, Toronto, Rouse & Mann Limited, 1940, 32 p.

BRANDAO, José Antonio, *Nation Iroquoise, A Seventeenth-Century Ethnography of the Iroquois*, Lincoln and London, U.S.A., University of Nebraska Press, 2003, 150 p.

BRÉHANT DE GALINÉE, René de, *Exploration of the Great Lakes, 1669-1670, by Dollier de Casson and de Bréhant de Galinée/Galinée's Narrative and Map, with an English Version, including all the map-legends, illustrated with Portraits, Maps, Views, a Bibliography, Cartography, and Annotations*, translator and editor James H. Coyne, Part 1, Toronto, Published by the Society "Ontario Historical Society Papers and Records", Vol. IV, 1903, xxxvi, 89 p. (Sur microfiches)

BROWN, Craig (dir.), *Histoire générale du Canada*, édition française sous la direction de Paul-André Linteau, Montréal, Éditions du Boréal, 1990, 694 p.

BURTIN, Nicolas Victor, *Vie de Catherine Tekakwitha*, Québec, L. Brousseau Imprimeur-Éditeur, 1884.

CAMPEAU, Lucien, s.j. *GANNENTAHA*, «*Première mission iroquoise (1653-1665)*», Montréal, Les Éditions Bellarmin, «Cahier d'histoire des jésuites», n° 6, 1983, 96 p.

———, *La Mission des Jésuites chez les Hurons 1634-1650* suivi de *La Formation des noms de peuples et de bourgades en Huron* par Pierrette-L. Lagarde, Montréal, Éditions Bellarmin, et Rome, Romae Institum Historicum Soc. Iesu, 1987, XLVI, 488 p.

———, *Monumenta Novae Franciae*, vol. VIII : *Au bord de la ruine (1651-1656)*, Saint-Laurent (Québec), Éditions Bellarmin et Rome, Romae Institutum Historicum Soc. Iesu, 1996, 1046 p.

Canadian Thousand Island Heritage Conservancy, *Life on the Edge. The Cultural Landscape of the Thousand Islands Area*, (Collective), Canadian Thousand Islands Heritage Conservancy in Association with St. Lawrence Islands National Parks 1904-2004, 2004, 184 p.

CARTIER, Jacques, *Voyages au Canada* suivis du *Voyage de Roberval*, texte intégral, introduction de Marie-Hélène Fraïssé, coll. «Mémoire des Amériques», Montréal, Édition Comeau & Nadeau, et Marseille, France, AGONE Éditeur, 2000, 176 p.

———, *Relations*, édition critique par Michel Bideaux, Montréal, Presses de l'Université de Montréal, coll. «Bibliothèque du Nouveau Monde», 1986, 422 p.

CASGRAIN, abbé H.-R. (dir.), *Lettres et Pièces militaires – Instructions, Ordres, Mémoires, Plans de campagne et de Défense 1756-1760*, Québec, Imprimerie de L.-J. Demers & Frère, 1891. (Sur microfiches)

_____, (dir.), *Lettres de l'Intendant Bigot au Chevalier de Lévis*, Québec, Imprimerie de L.-J. Demers & Frère, 1895. (Sur microfiches)

_____, (dir.), *Lettres de divers particuliers au Chevalier de Lévis*, Québec, Imprimerie de L.-J. Demers & Frères, 1895, 248 p.

_____, (dir.), *Collection des manuscrits du maréchal de Lévis. Lettres et Pièces militaires, Instructions, ordres, mémoires, plans de campagne et de défense 1756-1760*, Québec, Imprimerie de L.-J. Demers & Frères, 1891, 368 p.

_____, (dir.), *Collection des manuscrits du maréchal de Lévis. Lettres de l'Intendant Bigot au Chevalier de Lévis*, manuscrit nº 9, Québec, Imprimerie de L.-J. Demers & Frères, 1895, 110 p.

CASLER, Nelie Horton, (author and compil.), *Cape Vincent and Its History*, New York, Hungerford-Holbrook C., Watertown (New York), 1906, reprinted by The Anundsen Publishing C., not dated, 240 p.

CHAGNY, André, *Un défenseur de la « Nouvelle-France ». François Picquet, « Le Canadien », (1708-1781). Contribution à l'histoire du Canada pendant les vingt-cinq dernières années de la domination française*, Montréal, Librairie Beauchemin, Paris, Plon-Nourrit et Cⁱᵉ, Lyon, Librairie Emmanuel Vitte, 1913, 618 p.

CHAMPEAU, Nicole V., *Mémoire des villages engloutis. La Voie Maritime du Saint-Laurent des Mille-Îles aux Mille Roches*, essai, Ottawa, Éditions du Vermillon, 1999, 192 p.

Deuxième édition augmentée d'une préface, 2004, XVII, 192 p.

_____, *Ô Saint-Laurent. Le fleuve à son commencement*, poésie, Ottawa, Éditions du Vermillon, 2002, 128 p.

CHAMPLAIN, Samuel de, *The Works of Samuel de Champlain*, Toronto, The Champlain Society, 1922, 6 vol.

_____, *Des Sauvages*, Montréal, Éditions Typo, 1993, 282 p.

_____, *Carnet de voyage. Extraits choisis des récits de Samuel de Champlain*, Musée canadien des civilisations. Fascicule accompagnant l'exposition.

CHAPAIS, Thomas, *Marquis de Montcalm (1712-1759)*, Québec, J.-P. Garneau, libraire-éditeur, 1911, 696 p.

_____, *Jean Talon. Intendant de la Nouvelle-France (1665-1672)*, Québec, Imprimerie de S.-A. Demers, 1904, 540 p.

CHARBONNEAU, André, *Les fortifications de l'Île aux Noix. Reflet de la stratégie défensive sur la froncière du Haut-Richelieu aux XVIIIᵉ et XIXᵉ siècles*, Ottawa, Lieux historiques nationaux, Parcs Canada, Ministère du Patrimoine canadien, Ministère des Approvisionnements et Services, 1994, 390 p.

CHARLEVOIX, François-Xavier de, [Cinq lettres], in *Découvertes et établissements des Français dans l'ouest et dans le sud de l'Amérique septentrionale (1614-1754)*, Pierre Margry (ed.) Paris, Maisonneuve et Ch. Leclerc, éditeurs, 1888.

_____, *Histoire et description générale de la Nouvelle-France, avec le Journal historique d'un voyage fait par ordre du Roi dans l'Amérique Septentrionnale*, trois tomes, À Paris, chez NYON Fils, 1744, XIV, 544 p. Reproduction : Montréal Éditions Élysée, 1976.

_____, *Journal historique d'un voyage fait par ordre du Roi dans l'Amérique septentrionale*, vol. 1, édition critique par Pierre Berthiaume, Montréal, les Presses de l'Université de Montréal, coll. «Bibliothèque du Nouveau Monde», 1994, 610 p.

CHARTRAND, René, *Le Patrimoine militaire canadien d'hier à aujourd'hui*, tome 1 : *1000-1754*, Montréal, Art Global, inc., 1993, 240 p.

_____, *Le Patrimoine militaire canadien d'hier à aujourd'hui*, tome II : *1755-1871*, Montréal, Art Global, inc., 1995, 238 p.

CHEVRIER, Lionel, *La Voie Maritime du Saint-Laurent*, Ottawa, Le Cercle du livre de France, 1959, 184 p.

_____, *The St. Lawrence Seaway*, Toronto, The Macmillan Company Ltd., 1959, 174 p.

DALE, Ronald J., *The Fall of New France. How the French lost a North Americain Empire 1754-1763*, Toronto, James Lorimer & Company Ltd., Publishers, 2004, 96 p.

DECHÊNE, Louise, *Habitants et marchands de Montréal au XVIIᵉ siècle*, essai, Montréal, Éditions Boréal, 1974, 532 p.

DE LA JONQUIÈRE, Le Marquis, *Le Chef d'escadre Mis De la Jonquière Gouverneur général de la Nouvelle-France et le Canada de 1749 à 1772*, Paris, Garnier Frères, Libraires-Éditeurs, 1896, 284 p.

DE LÉVIS, Chevalier, *Journal des Campagnes du Chevalier DE LÉVIS en Canada De 1756 à 1760*, C.O. Montréal, Beauchemin & Fils, 1889, 340 p.

_____, Chevalier, *Journal des Campagnes du Chevalier de Lévis en Canada De 1756 à 1760*, Édition originale revue et augmentée, Roger Léger (dir.), Montréal, Michel Brûlé, 2008, 254 p.

_____, Chevalier, *Lettres du Chevalier de Lévis concernant La Guerre du Canada (1756-1769)*, vol. II, C.O. Montréal, Beauchemin & Fils, Lib.-Imprimeurs, 1889, 474 p.

_____, Maréchal, *Table analytique de la Collection des Manuscrits du Maréchal de Lévis*, vol. XII, Québec, Imprimerie de L.-J. Demers & Frère, 1895, 152 p.

DE MALARTIC, le Comte de Maurès, *Journal des Campagnes au Canada de 1755 à 1760*, publié par son arrière-petit-neveu, le Comte Gabriel de Maurès de Malartic et par Paul Gaffarel, Dijon (France), L. Damidot, Libraire-Éditeur, 1890, 372 p.

DENONVILLE, Le Marquis de, *Mémoire du voyage pour l'entreprise de M. Le Marquis de Denonville contre les Sonontouans, 1687*, (MG Série C11A, vol. 9, fol. 104-120 (microfilm de l'original, bobine n° F-9); vol. 9, p. 161-198 (transcription, microfilm de la transcription, bobine n° C-2377).

Department of Tourism & Information, Hon. James Auld, Minister, *Historic Ontario. Parlement Buildings, Toronto*, fascicule de 84 pages, non daté.

DESLANDRES, Dominique, DICKINSON, John A., HUBERT, Ollivier, (dir.), *Les Sulpiciens de Montréal. Une histoire de pouvoir et de discrétion. 1657-2007*, Montréal, Fides, 2007, 670 p.

DESLANDRES, Dominique, *Croire et faire croire. Les missions françaises au XVIIᵉ siècle (1600-1650)*, Paris, Fayard, 2003, 634 p.

DESANDROUINS, *Le Maréchal de Camp, Guerre du Canada 1756-1760, Guerre de l'Indépendance Américaine 1780-1782*, édité par l'Abbé Gabriel, Paris, Imprimerie Renvé-Lallemant, 1887, 420 p.

DESROSIERS, Léo-Paul, *Iroquoisie, 1534-1652*, tome 1, Sillery (Québec), Éditions du Septentrion, 1998, 324 p.

_____, *Iroquoisie, 1652-1665*, tome 2, Sillery (Québec), Éditions du Septentrion, 1998, 342 p.

_____, *Iroquoisie, 1666-1687*, tome 3, Sillery (Québec), Éditions du Septentrion, Québec, 1999, 348 p.

_____, *Iroquoisie, 1688-1705*, tome 4, Sillery (Québec), Éditions du Septentrion, 1999, 360 p.

_____, *Paul de Chomedey Sieur de Mainsonneuve*, Ottawa, Éditions Fides, 1967, 322 p.

DEVINE, Edward, James, *Kateri Tekakwitha : The Lily of the Iroquois*. Montreal, The Catholic Society of Canada, coll. "Loyola Series", 1916.

Dictionnaire biographique du Canada, de 1000 à 1700, vol. 1 : sous la direction de George W. Brown, Marcel Trudel et André Vachon, Québec, les Presses de l'Université Laval et University of Toronto Press, 1966. xxv, 776 p.

Dictionnaire biographique du Canada, de 1701 à 1740, vol. 2 : sous la direction de David M. Hayne et André Vachon, University of Tronto Press et Les presses de l'Université Laval, 1969, xli, 792 p.

Dictionnaire biographique du Canada, de 1741 à 1770, vol. 3 : sous la direction de Gorge W. Brown, David M. Hayne et Francess G. Halpenny, University of Tronto Press et Les presses de l'Université Laval, 1974, xlv, 842 p.

DIONNE, René, *Histoire de la littérature franco-ontarienne des origines à nos jours*, tome 1 : *les origines françaises (1610-1760)*; les origines franco-ontariennes (1760-1865), Sudbury, Éditions Prise de parole, 1997, 364 p.

DIONNE, René, *Anthologie de la littérature franco-ontarienne des origines à nos jours*, Sudbury, Éditions Prise de parole, 1999, 592 p.

DOLLIER DE CASSON, *A History of Montreal, 1640-1672*, traduit par Ralph Flenley, New York, E.P. Dutton & co., J.M. Dent & Sons Ltd, 1928, 384 p.

DUBÉ, Jean-Claude, *The chevalier de Montmagny First Governor of New France*, traduit par Elizabeth Rapley, coll. "Amérique française", n° 10, Ottawa, Presses de l'Université d'Ottawa, 2005, 382 p.

ECCLES, W. J., *Canada under Louis XIV 1663-1701*, Toronto, McClelland & Steward Limited, 1964, 276 p.

EDWARDSBURGH TOWNSHIP HISTORY, (coll.), Brockville, Edwardsburgh Historians, 1995, 348 p.

ENVIRONNEMENT CANADA, Service des parcs, *Regards sur le patrimoine. La Préhistoire du parc national des Îles-du-Saint-Laurent*, Ministère des Approvisionnements et Services Canada, (fascicule bilingue, présentation tête-bêche), 1993, non pagniné.

_____, Frontenac. *The Courtier Governor*, Toronto, McClelland & Steward Limited, 1959, 406 p.

FALARDEAU, Paul, *Sociétés secrètes en Nouvelle-France*, St-Zénon (Québec), Louise Courteau, éditrice inc., 2002, 302 p.

FILTEAU, Gérard, *Histoire des patriotes*, Introduction de Gilles Laporte, Sillery (Québec), Éditions du Septentrion, 2003, 632 p.

FOSTER, William C., (ed.), *The La Salle Expedition to Texas. The Journal of Henri Joutel*, 1684-1687, Austin (U.S.A), Texas State Historical Association, 1998, 350 p.

FOURNIER, Martin, *Pierre-Esprit Radisson, Merchant Adventurer, 1636-1710*, traduit du français par Mary E. Brennan-Ricard, Sillery (Québec), Éditions du Septentrion, 2001 (2002 pour la traduction), 312 p.

_____, *Pierre-Esprit Radisson, Coureur de bois et homme du monde (1652-1685)*, Montréal, Nuit Blanche Éditeur, 1996, 128 p.

FOWLER, William J. Jr., *Empires – The Seven Years' War and the Struggle for North America 1754-1763*, Vancouver, Douglas & McIntyre Ltd., 2005, 332 p.

FRANCIS, R. Douglas, SMITH, Donald B., *Readings in Canada History Pre-Confederation*, Toronto, Harcourt Canada 1998, 540 p.

FRÉGAULT, Guy, Histoire de la Nouvelle-France – *La guerre de la conquête 1754-1760*, Montréal, Éditions Fides, 1975, 520 p.

_____, *La civilisation de la Nouvelle-France, 1713-1744*, Montréal, Éditions Fides, coll. «Bibliothèque québécoise», 1990, 314 p.

_____, *Le grand marquis, Pierre de Rigaud de Vaudreuil et la Louisiane*, Montréal et Paris, Fides, 1952, 484 p.

FRÉGAULT, Lilianne et Guy, *Frontenac*, Montréal, Éditions Fides, 1956, 96 p.

FRONTENAC, Louis de Buade, Comte de, *Voyage de Monsieur le Comte de Frontenac au Lac Ontario en 1673 – Journey of*

My Lord Count Frontenac to Lake Ontario in 1673, French Original and Translation with Introduction and Notes by James S. Pritchard, Kingston, Downtown Kingston Business Association, 1973, xvi, 70 p. (with maps and plates)

_____, *Relation de ce qui s'est passé de plus remarquable au Canada depuis le départ des vaisseaux en 1695 jusqu'au début de novembre 1696.* (MG 1 série C11A. vol. 14, fol. 35-64 (microfilm de l'original, bobine n° F-14); vol. 14, p. 38-93 (transcription, microfilm de la transcription, bobine n° C. 2280) 1696.

GALLOWAY, Patricia K. (ed.), *LaSalle and His Legacy, Frenchmen and Indians in the Lower Mississippi Valley*, Jackson (U.S.A.), University Press of Mississippi, 1982, 260 p.

GARAND, P.S. (Philias S.), *The history of the city of Ogdensburg / by P.S. Garand; relating the life of Father Picquet and his Indians...* Ogdensburg, (New York): M.J. Belleville, 1927, 469 p. (40 leaves of plates: ill., maps, ports)

GERMAIN, Georges-Hébert, *Les coureurs des bois. La saga des Indiens Blancs*, illustrations de Francis Back, Montréal, Éditions Libre Expression, 2003, 160 p.

GREER, Allan, *Brève histoire des peuples de la Nouvelle-France*, traduction de : *The People of New France*, Montréal, Boréal, 1998, 166 p.

_____, *Mokawk Saint Catherine Tekakwitha and the Jesuits*, New York, Oxford University Press, 2005, 250 p.

GRIFFIN, Joseph, *A Quebec City Boyhood*, Ottawa, Borealis Press, 2001, 40 p.

GRIFFEN, Robert; GRINDE, Donald A. Jr., *Apocalypse de.of Chiokoyhikoy chef des Iroquois. Chief of the Iroquois, texte en français et en anglais*, préface de Denis Vaugeois, Québec, Les Presses de l'Université Laval, 1997, 272 p.

HAMILTON, Milton W., *Sir William Johson and the Indians of New York*, The University of the State of New York, Albany, 1975, 48 p.

HARKNESS, John Graham, K.C., *Stormont, Dundas and Glengarry, a History, 1784-1945*, Ottawa, Mutual Press Limited, 1946, 602 p.

HAVARD Gilles, *Empire et métissages – Indiens et Français dans le Pays d'en Haut, 1660-1715*, Sillery (Québec) Éditions du Septentrion, 2003, 828 p.

_____, *The Great Peace of Montreal of 1701 – French-Native Diplomacy in the Seventeenth Century*, Montréal et Kingston, McGill-Queen's University Press, 2001, 308 p. (Traduction à partir du texte revu et corrigé de *La Grande paix de Montréal de 1701. Les voies de la diplomatie franco-amérindienne.*)

HAVARD, Gilles et VIDAL, Cécile, *Histoire de l'Amérique française* (édition entièrement revue 2006), Paris, Éditions Flamarion, 2006, 864 p.

HEIDENREICH, Conrad E. et DAHL, Edward H. *The French Mapping of North America in the Seventeenth Century, 1600-1760.* Abacus Press Berkhamsted (sic). Angleterre, 1982, 20 p.

HENNEPIN, Louis, *A Description of Louisiana*, Translated by John Gilmary Shea, Translated from the Edition of 1683, and compared with the *Nouvelle Découverte, the La Salle Documents and other Contemporaneous Papers*, First Publication New York, 1880, U.S.A. Ann Arbor University Microfilms, inc, 1966, 408 p.

_____, *A New Discovery of a Vast Country in America, Reprinted from the second London issue of 1698, with facsimiles of original title-pages, maps, and illustration, and the addition of Introduction, Notes, and Index by Reuben Gold Thwaites* (Editor of "The Jesuit Relations and Allied Document"), Vol. I, New York, Kraus Reprint Co., 1903, 712 p.

HOUGH, Franklin B. *A History of St. Lawrence and Franklin Counties, New York from the Earliest Period to the Present Time*, A Facsimile Edition with an added Foreword Sponsored by the St. Lawrence County Historical Association, Franklin County Historical and Museum Society, Baltimore Regional Publishing Company, Albany, New-York, U.S.A. 1970, 710 p. [Édition originale publiée par Little & Co, Albany, New York, 1853.]

HUNTER, W.S. Hunter's, *Panoramic Guide from Niagara to Quebec, Cleaveland Ohio*, J.P. Jewett & Co. Boston; H.P.B. Jewett, 1857, 72 pages.

JAMET, Dom Albert, *Marie de l'Incarnation Ursuline de Tours : Fondatrice des Ursulines de la Nouvelle-France. Écrits spirituels et historiques*, 4 vol. Publiés par Dom Claude Martin de la Congrégation de Saint-Maur. Réédités par Dom Albert

Jamet de la Congrégation de France, avec des annotations critiques, des pièces documentaires & une biographie nouvelle, Paris, Desclée-de Brouwer & Cie; Québec, L'Action sociale, 1929.

JEANEN, Cornelius J., (ed.), *The French Regime in the Upper Country of Canada during the Seventeenth Century*, (With an Introductin by Cornelius J. Jeanen), Toronto, The Champlain Society in Co-operation with the Government of Ontariò, 1996, 306 p.

_____, (dir), *Les Franco-Ontariens*, Ottawa, les Presse de l'Université d'Ottawa, coll. «Ontario Historical Studies Series», viii, 304 p

_____, *Survol d'est en ouest : La présence française en Amérique du Nord (1604-2004)*, Ottawa, Société : Les Amis de la Fédération Canada-France, coll. «Société des Amis Canada-France», 2005, 88 p.

JENSEN, Lorre, et ZABOL, Myron, (photographe), *People of the Dancing Sky, the Iroquois Way*, Toronto, Stoddart Publishing Co., 2000, 108 p.

JOHNSON, William Sir, *The Papers of Sir William Johnson*, Prepared and edited by James Sullivan and Archives and History Division, Albany (New York), University of the State of New York, 1921. (Sur microfiche)

_____, *The Papers of Sir William Johnson*, Vol IX, Prepared for publication by Almon W. Lauber Ph.D, Albany (New York), 1939, 940 p.

_____, *The Papers of Sir William Johnson*, Vol. XIV: General Index, by Milton W. Hamilton, Senior Historian, Albany (New York), University of the State of New York, Division of Archives and History, 1965, 472 p.

JOUVE, Odoric (avec la collabotion de GODBOUT, Archange, BLAIS, Hervé et BACON, René); *Dictionnaire biographique des Récollets missionnaires en Nouvelle-France 1615-1645 – 1670-1849*, Montréal, Éditions Bellarmin, 1996, LXXXI, 904 p.

JOUVE, P. Odoric-M, O.F.M., *Le Père Gabriel de la Ribourde, récollet*, Québec, 1912, 74 p.

KELLOGG, Louise Phelps, Ph.D., *Early Narratives of the Northwest 1624-1699*, Barnes & Nobles, Inc. Wisconsin, 1959.

KNOX, Captain John, *Appendix to an Historical Journal of the Campaigns in North America For the Years 1757, 1758, 1759, and 1760*, Vol. III. Edited with Introduction, Appendix and Index by Arthur G. Doughty, Toronto, The Champlain Society, 1915.

KYTE SENIOR, Elinor, *Les habits rouges et les patriotes*, Montréal, VLB Éditeur, 1997, 320 p.

_____, *From Royal Township to Industrial City, Cornwall 1784-1984*, Belleville (Ontario), Mika Publishing Company, 1983, 568 p.

LACOURSIÈRE, Jacques, *Histoire populaire du Québec – Des origines à 1791*, tome I, Sillery (Québec), Les Éditions du Septentrion, 1995, 482 p.

LAFITAU, Joseph-François, *Mœurs des Sauvages Amériains comparées aux mœurs des premiers temps*, tome II, Introduction, choix des textes et notes par Edna Hindi Lemay, Paris, François Maspero, 1983, 186 p.

LAFITAU, Father Joseph François, *Customs of the American Indians compared with the customs of Primitive Times*, Vol. I, Edited and translated by William N. Fenton and Elizabeth L. Moore, Toronto, The Champlain Society, 1974.

LAFITAU, P. de la Compagnie de Jesus. *Mœurs des Sauvages Amériquains, comparées aux mœurs des premiers temps, Ouvrage enrichi de Figures en taille-douce*, Tome premier, Charles Estienne Hochereau, Paris, MDCCXXIV [1724] avec Approbation et Privilege du Roy. (Sur microfiches)

LAHONTAN, Louis-Armand de Lom d'Arce, baron de, *Œuvres complètes*, tome 1, édition critique par Réal Ouellet, avec la collaboration d'Alain Beaulieu, Montréal, Les Presses de l'Université de Montréal, 1990. 786 p.

, *Œuvres complètes*, tome II, édition critique par Réal Ouellet avec la collaboration d'Alain Beaulieu, Les Presses de l'Université de Montréal, Montréal (Québec). 1990. 793-1474 p.

_____, Louis-Armand de Lom d'Arce, baron de, *Dialogues curieux entre l'auteur et un sauvage de bon sens qui a voyagé et Mémoires de l'Amérique Septentrionale*, publiés par Gilbert Chinard (avec 7 reproductions des gravures originales), Baltimore, John Hopkins Press, Paris, A. Margraff, Londres, Oxford University Press, 1931. 270 p.

LAMONTAGNE, Léopold, *Kingston : son héritage français*, Vanier (Ontario), Les Éditions Interligne, 1995, 240 p.

LAMONTAGNE, Roland, *Aperçu structurel du Canada au XVIII*^e *siècle*, préface de Fernand Braudel, Montréal, Les Éditions Leméac, 1964, 146 p.

LATOURELLE, René, *Pierre-Joseph-Marie Chaumonot – Compagnon des Martyrs canadiens*, Montréal, Éditions Bellarmin, 1998, 272 p.

LAVERDIÈRE, C.H., *Œuvres de Champlain*, 6 vol., Québec, G.E. Desbarats, 1870,

LE BLANT, Robert, *Histoire de la Nouvelle France, tome premier : Les Sources Narratives du début du XVIII*^e *siècle et Le Recueil de Gédéon de Catalogne*, Dax, P. Pradeu, 1940, 294 p.

LECLERC, Jean, *Le Marquis de Denonville gouverneur de la Nouvelle-France 1685-1689*, Montréal, Fides, 1976, 298 p.

LECKIE, Robert, *A Few Acres of Snow, The Saga of the French and Indian Wars*, Edison (NJ), Castles Books, 2006, 388 p.

LE FEBVRE DE LA BARRE, Joseph Antoine, *La Nouvelle-France sous Joseph-Antoine Le Febvre de la Barre 1682-1685, Lettres, mémoires, Instruction et Ordonnances*. Textes établis et présentés par Pauline Dubé, Sillery (Québec), Éditions du Septention, 1993, 312 p.

LÉGER, Roger, (dir.), *Le journal du Chevalier de Lévis*, édition originale revue et augmentée, Montréal, Michel Brulé Éditeur, 2008, 254 p.

————, *Le journal du Marquis de Montcalm*, édition originale revue et augmentée, Montréal, Michel Brulé Éditeur, 2007, 512 p.

LEGGET, Robert F., *The Seaway*, Toronto-Vancouver, Clarke, Irwin & Co. Ltd., 1979, 92 p.

LES PRÊTRES DE SAINT-SULPICES au Canada : Grandes figures de leur histoire : préface de Raymond Deville, Sainte-Foy, Presse de l'Université Laval, 1992, xvi, 430 p.

LIBRAIRIE DIDOT, *Histoire générale des voiages ou nouvelle collection de toutes les relations de voiages par mer et par terre*, tome XIV, Paris. 1757. Avec approbation et privilège du Roi. (Sur microfiches)

LITALIEN, Raymonde, *Les explorateurs de l'Amérique du Nord 1492-1795*, Sillery (Québec), Éditions du Septentrion, 1993, 262 p.

LITALIEN, Raymonde; VAUGEOIS, Denis (dir.), *Champlain, la naissance de l'Amérique française*, Paris (France), Éditions Nouveau Monde et Sillery (Québec), Éditions du Septentrion, 2004, 400 p.

LITALIEN, Raymonde, PALOMINO, Jean-François, VAUGEOIS, Denis, *La mesure d'un continent, Atlas historique de l'Amérique du Nord – 1492-1814*, Paris (France), Presses de l'Universsité Paris-Sorbonne et Sillery (Québec), Éditions du Septentrion, 2007, 300 p.

MACKENZIE, William Lyon, *1837 : Revolution in the Canadas*. Revised by Greg Kellym Toronto, NC Press Limited, 1974, 240 p.

McILWRAITH, Jean N. *The Makers of Canada, Vol VI, Sir Frederick Haldimand*, Parkman Edition, Morang & Co., Limited, 1910, 356 p.

MacLEOD, Malcolm, « Fight of the West Gate, 1760 », *Ontario History*, LVIII, N°. 3 (September 1966) p. 172-194.

MacLEOD, Peter D., *Les Iroquois et la Guerre de sept ans*, Montréal, VLB Éditeur, 2000, 278 p. (Traduction de *The Canadian Iroquois and the Seven Years' War*)

_____, *The Canadian Iroquois and the Seven Years' War*, Toronto, Dundurn Press, 1995, 248 p.

McLEOD, D., *A Brief Review of the Settlement of Upper Canada* (2ᵉ édition), Introduction de William F.E. Morley, Belleville (Ontario), Mika Publishing Company, 1972, 292 p. [première édition en 1841]

McNAMEE, Kevin; KRAULIS, J.A. (photographe); SUZUKI, David (préface), *Splendeurs du Canada – Les parcs nationaux*, Éditions du Trécarré, 1994, 224 p.

MAHEU, Pierre, *Un Parti pris Révolutionnaire*, Montréal, Éditions Parti Pris Inc., 1983, 312 p.

MAJOR, Robert, *Parti pris : idéologies et littérature*, Montréal, Éditions Hurtubise HMH, 1979, 342 p.

MALO, Paul, *Boldt Castle. In Search of the Lost Story*, Fulton (New York), The Laurentian Press, 2001, 308 p.

MARGRY, Pierre, *Découvertes et Établissements des Français dans l'Ouest et dans le Sud de l'Amérique septentrionale 1614-1684, Mémoires et documents inédits*, Paris, Maisonneuve et Cie, Libraires-Éditeurs, 1876-86, 618 p.

MARGRY, Pierre, membre de la Société de l'Histoire de France (compil. et éd.), *Découvertes et Établissements des Français dans l'ouest et dans le sud de l'Amérique Septentrionale 1614-1698, Mémoire et Documents inédits*, vol. II., New York, AMS Press, 1879, 620 p. (Deuxième partie : *Lettres de Cavelier de La Salle et Corespondance relative à ses Entreprises (1678-1685)*, Paris, Maisonneuve et Cie, Librairies-Éditeurs)

MARQUETTE, The Franciscan Père, *A Critical Biography of Father Zénobe Menbré, O.F.M. La Salle's Chaplain and Missionary Companion 1645 (ca.)-1689* by Marion A. Habig, O.F.M., A.M. Franciscan Studies, New York, Joseph F. Wagner, Inc., 1934, 234 p.

MARIE DE L'INCARNATION, Ursuline (1599-1672). *Correspondance*, nouvelle édition par Dom Guy OURY, moine de Solesmes. Préfacc dc S.E. le Cardinal Charles Journet, Solesmes, ouvrage publié avec le concours de Centre National de la Recherche Scientifique, Abbaye Saint-Pierre, 1971, 1072 p.

MARTIN, Jacqueline, *Frontenac*, théâtre, Ottawa, Éditions du Vermillon, 1990, 300 p.

MARSHALL, Orasmus II, *Narrative of the expedition of The Marquis de Nonville against The Senecas, in 1687, in Collections of the New-York Historical Society*, Second Series, Volume II, Part I. (translated from the French with an introductory notice and notes), New York, Barlett & Welford, 1848, 250 p.

MASSICOTTE, E.-Z., *Dollard Des Ormeaux et ses compagnons*, Introduction de AEgidius Fauteux, Bibliothécaire de Saint-Sulpice, Montréal, Le Comité du Monument Dollard Des Ormeaux, 1920, 92 p.

MATHIEU, Jacques, *La Nouvelle-France, Les Français en Amérique du Nord XVIe – XVIIIe siècle*, Québec, Les Presses de l'Université Laval, 2001, 272 p.

MAURAULT, Mgr Olivier, *Nos Messieurs. Autour de Saint-Sulpice*, Montréal, Éditions du Zodiaque, « Collection du Zodiaque '35 », 1936, 324 p.

_____, « Quand Saint-Sulpice allait en guerre » in *Le Cahier des Dix*, n° 5, Montréal, 1940, p. 11-30.

MÉMOIRES DE LA SOCIÉTÉ HISTORIQUE DE MONTRÉAL, Dixieme Livraison, Campagne de 1755, Montréal, 1900.

MÉMOIRES SUR LE CANADA depuis 1749 jusqu'à 1760, avec cartes et plans lithographiés. Société littéraire et historique de Québec, 1873, 208 p.

MILES, Henry Jr., *Canadian History and the Answers of «Hermes»*, Montreal, Dawson Brothers Publishers, 1880, 124 p.

MINET, *Voiage fait du Canada par dedans les terres allan vers le Sud dans Lannée 1682 Par ordre de monsieur Colbert Ministre d'estat*, Archives nationales du Canada, H-1022, (Sur microfiche)

MONTBARBUT DU PRESSIS, Jean-Marie, *Histoire de l'Amérique française*, Montréal, Éditions TYPO, 2004, 394 p.

MONTCALM Marquis de, *Lettres du Marquis de Montcalm au Chevalier de Lévis*, H.-R. Casgrin (dir.), Québec, Imprimerie de L.-J. Demers & Frère, 1894, 240 p.

————, Marquis de, *Le journal du Marquis de Montcalm, Édition originale revue et augmentée*, Roger Léger (dir.), Montréal, Les Éditions Michel Brûlé, 2007, 518 p.

MUHLSTEIN, Anka, *La Salle Explorer of the North American Frontier*, New York, Arcade Publishing, 1994, 244 p.

NUTE, Grace Lee, *Caesars of the Wilderness – Médard Chouart, Sieur des Groseilliers and Pierre Esprit Radisson, 1618-1710*, New-York, Appleton-Century Company, 1943, 386 p.

————, *The Voyageur*, Reprinted in 1955, St. Paul. (U.S.A.), Minnesota Historical Society Press, 290 p. (First print in 1931), New-York, Appleton-Century Company.

ONTARIO HISTORICAL HOCIETY, *Papers and Records*, Vol. V, Toronto, Published by the Society, 1904, pagination continue.

OSLER, E.B., *LaSalle*, Don Mills (Ontario), McCorquodale and Blader Printers Ltd., 1967, 266 p.

O'TOOLE, Fintan, *White Savage, William Johnson and The Invention of America*, New York, Farran Straus and Giroux, 2005, 402 p.

OURY, Dom Guy, *Marie de l'Incarnation, ursuline (1599-1672), Correspondance*, Alençon [France], Abbaye Saint-Pierre Solesmes, 1971, 1076 p.

PARCS CANADA, Parc national du Canada des Îles-du-Saint-Laurent. *Regard sur le patrimoine. Mallorytown Landing où la conservation du patrimoine se fait depuis plus d'un siècle*, (fascicule bilingue, présentation tête-bêche), non daté, 10 p.

————, *Regards sur le patrimoine. Très Petit – Très apprécié. L'histoire du parc national des Îles-du-Saint-Laurent*, (fascicule bilingue, présentation tête-bêche), 2000, non paginé.

_____, *Le parc national des Îles-du-Saint-Laurent. Site d'un arte-fact lié au patrimoine marin des Mille-Îles*, (fascicule bilingue, présentation tête-bêche), non daté, non paginé.

PAGET, René, "The French Period" dans *Edwardsburg Township History*, Brockville (Ontario), Henderson Printing Ltd., 1995, 348 p.

PARKMAN, Francis, *Count Frontenac and New France under Louis XIV, A Half-Century of Conflict*, Montcalm and Wolfe, Viking Press, 5ᵗʰ Edition, 1983, 1620 p.

_____, *Count Frontenac and New France under Louis XIV (France and England in North America, Part Fifth)*, Boston, Little, Brown and Company, 1910, 520 p.

_____, *France and England in North America – A series of Historical Narratives*, Boston, Little, Brown, and Company, 1885, 502 p.

_____, *La Salle and the Discovery of the Great West (France and England in North America, Part Third)*, Toronto, George N. Morang & Company, 1900, 430 p.

_____, *Montcalm and Wolfe*, (in two volumes) Vol. I., Boston, 1895, 514 p.

_____, *Pioneers of France in the New World, The Jesuits in North America, LaSalle and the Discovery of the Great West, The Old Regime in Canada*, Viking Press, 5ᵗʰ Edition, 1983, 1504 p.

PATRIMOINE CANADIEN, Parcs Canada Regards sur le patrimoine. *Parc national des Îles-du-Saint-Laurent, Plantes rares des Îles-du-Saint-Laurent*, (fascicule bilingue, présentation tête-bêche) non daté, non paginé.

PERRAULT, Pierre, *Toutes Isles*, Ottawa, Fides, 192 p.

PERROT, *Nicolas, Mœurs, coutumes et religion des Sauvages de l'Amérique septentrionale, Édition critique* par Pierre Bertiaume, Presses de l'Université de Montréal, coll. «Bibliothèque du Nouveau Monde», 2004, 584 p.

POUCHOT, M., Chevalier de l'Ordre Royal, *Mémoires sur la dernière guerre de l'Amérique septentrionale entre la France et l'Angleterre. Suivis d'Observations, dont plusieurs sont relatives au théâtre actuel de la guerre, & de nouveaux détails sur les mœurs & les usages des Sauvages, avec des cartes topographiques.* Par M. Pouchot, Chevalier de l'Ordre Royal & Militaire de St. Louis, ancien Capitaine au Régiment de

Béarn, Commandant des forts de Niagara & de Lévis, en Canada, 3 tomes, Yverdon [Suisse], l'an M.DCC.LXXXI [1781]. (Sur microfiches)

_____, *Mémoires sur la dernière guerre de l'Amérique septentrionale*, Québec, Éditions du Septentrion, 2003, 324 p.

_____, *Memoirs on the Late War in North America between France and England*, Revised Edition, translated by Micheal Cardy; Revised and anotated by Brian Leigh Dunnigan, Younstown (New York), Old Fort Niagara Association Inc,. 2004, 640 p.

PRESTON, Rd. Richard A. et LAMONTAGNE, Dr. Leopold, *Royal Fort Frontenac* – Texts selected and translated from the French by Richard A. Preston; Edited with introduction and notes by Leopold Lamontagne, The Champlain Society for the Government of Ontario, University of Toronto Press, 1958, 504 p.

PRINGLE, J.F., *Lunenburgh or the Old Eastern District*, First edition published in 1890, Cornwall, The Standard Printing House. Reprinted, Belleville, Ontario, Mika Silk Screening Limited, 1972, 436 p.

[RADISSON, Pierre-Esprit], *The Explorations of Pierre Esprit Radisson from the Original Manuscript in the Bodleian Library and the British Museum*, Arthur T. Adams, editor, Loren Kallsen, modernizer, Minneapolis (Minnesota), Ross & Haines, Inc., 1961, xxviii, 312 p.

_____, *Les aventures extraordinaires d'un coureur des bois (Récits de voyage au pays des Indiens d'Amérique)*, Traduit de l'anglais et annoté par Berthe Fouchier-Alexsen, Québec, Éditions Nota bene, 1999, 376 p.

[RADISSON, Pierre-Esprit], *Voyages of Peter Esprit Radisson Being an account of his Travels and Experiences among the North American Indians, from 1652 to 1684*, Transcribed from original manuscripts in the Bodleian Library and the British Museum, edited by Gideon D. Scull, Boston, Burt Franklin: Research and Source Works Series n° 131, New York. First published in 1885. [Reprinted in 1967], 385 p.

Rapport de l'archiviste de la Province de Québec (RAPQ), pour 1923-1924. « La Mission de M. de Bougainville en France en 1758-1759. » Mémoires rédigés par Bougainville : « Le Journal de M. de Bougainville ».

_____, pour 1931-1932. La Pause. «Mémoire et observations sur mon voyage en Canada» et autres documents. Imprimeur de Sa Majesté le Roi, 1932, 456 p.

_____, pour 1933-1934. «Les papiers La Pause.»

REID, H. Thomas, BOULTON, William D., *St. Lawrence Seaway and Power Projects*, Montreal, Reid and Boulton Publishing Co., 1959, 412 p.

ROCHEMONTEIX, Le P. Camille (de la Compagnie de Jésus) *Relation par lettres de l'Amérique septentrionalle (années 1709-1710)*, Paris, Letouzey et Ané, Éditeurs, 1904. (Sur microfiches)

ROUSSEAU, Pierre, Prêtre de Saint-Sulpice, *Saint-Sulpice et les missions catholiques*, Montréal, Éditions Edouard Garand, 1930, 190 p.

RYERSON, Stanley Bréhaut, *Les Origines du Canada*, Québec, VLB Éditeur, 1997, 394 p.

SAGARD, Gabriel, *Histoire du Canada et voyages que les Frères mineurs Récollets y ont faicts pour la conversion des infidèles depuis l'an 1615*. Nouv. éd. par Gabriel Sagard Theodat avec un dictionnaire de la langue huronne. Nouv. éd. Publiée par M. Edwin Tross. Paris, C. Sonnius, 1636. Réédition en 1865, 4 vol. (LXIV, 922 p.)

SAGARD, Gabriel, *Le grand voyage du pays des Hurons*, Texte établi par Réal Ouellet, Introduction et notes par Réal Ouellet et Jack Warwick, Québec, Léméac Éditeur, 2007, 406 p.

_____, *Le grand voyage du pays des Hurons*, suivi du *Dictionnaire de la langue huronne*, Édition critique par Jack Warwick (Université York), Montréal, Les Presses de l'Université de Montréal, coll. «Bibliothèque du Nouveau Monde», 1998, 528 p.

SAUGRAIN, Claude-Marin, *Dictionnaire de la Nouvelle France : isles et autres colonies françoises (1726)*, présenté par Réal Ouellet, Québec, l'Hêtrière, 1984, 99 p.

SERRIGNY, Ernest, *Journal d'une expédition contre les Iroquois en 1687*. Rédigé par le Chevalier de Baugy, Aide de camp de M. le marquis de Denonville, Lettres et Pièces, Paris, Ernest Leroux, Editeur, 1883 (Sur microfiches)

SEVERANCE, Frank H. *An Old Frontier of France*, Vol. I – The Niagara Region and Adjacent Lakes under French Control, Dodd, Mead and Company, 1917, 486 p.

SILVY, Father Antoine, *Letters from North America* (Raudot, Antoine Denis, 1679-1737) *Letters from North America,* Translated from French by Ivy Alice Dickson. *Relation par lettres de l'Amérique Septentrionale (Années 1709 et 1710)* Éditée et Annotée par Le P. Camille de ROCHEMONTEIX de la Compagnie de Jésus, Paris, LeTouzey et Ané, Éditeurs, 1904. *Letters from North America,* Belleville (Ontario), Mika Publishing Company, 1980, 228 p.

SHAW MAYO, Lawrence, *Jeffery Amherst, A Biography,* New York, Longmans, Green and Co., 1916, 345 p.

SNOW, Dear R. *The Iroquois,* (USA, UK, Australia), Blackwell Publishing, 1994, (réédité en 2007), 270 p.

STANLEY, George F.G., *Canada's Soldiers, The Military History of an Unmilitary People,* troisième édition, Toronto, Macmillan of Canada (édition originale, 1954), 1974, 488 p.

_____, *New France, The Last Phase 1744-1760,* Toronto, McClelland and Steward Limited, 1968, 320 p.

STEELE, Ian K., *Warpaths Invasions of North America,* New York, Oxford University Press, 1994, 282 p.

STEPHENSON, R.S, *Clash of Empires, The British French and Indian War 1754-1763,* Pittsburg, Pittsburg Regional History Center & The Historical Society of Western Pennsylvania, 2006, 108 p.

STEVENS, Gerald, *The United Counties of Leeds and Grenville 3,000,0000,000 B.C.-1840 A.D.,* Brockville (Ontario), Brockville Chamber of Commerce, fascicule de 26 pages, non daté.

STEVENS, Sylvester K., KENT, Donald H., WOODS, Emma Edith, prepared by the Pennsylvania Historical Survey, *Travels in New France by J.C.B.,* Harrisburg, The Pennsylvania Historical Commission, 1941, 168 p.

SULLIVAN, James, *History of New York State 1523-1927,* Volume II, Lewis Historical Publishing Company, Inc. (Sur microfiches)

SULLIVAN, John J., S.J. (traducteur), *The Autobiography of Venerable Marie of the Incarnation, O.S.U. Mystic and Missionary,* Loyola University Press, Chicago, 1964, 218 p. Traduction de La Relation de 1654, préparée par Dom Albert Jamet, O.S.B. sous le titre *Écrits spirituels et Historiques de Marie de l'Incarnation.*

SULTE, B., *Histoire des Canadiens-français, 1608-1880,* Montréal, Wilson et Cie, 1882-1884, 8 vol.

SWIFT, Michael, *Historical Maps of Canada*, London (England), Prospero Books, PRC Publishing, 2001, 144 p.

TABLE ANALYTIQUE de la Collection des Manuscrits du Maréchal de Lévis, Québec, Imprimerie de L.-J. Demers & Frère, 1885, (volume 12).

TACHÉ, S. C. *Les Histoires de M. Sulte – Protestation*, Montréal, Librairie Saint-Joseph, Cadieux & Derome, 1883, 32 p.

THE JESUIT RELATIONS AND ALLIED DOCUMENTS, Travels and explorations of the Jesuit Missionaries in New France, 1610-1791, the original French and Latin and Italian with English translations and notes, Reuben Gold Thwaites (ed.), 73 vol., with an index in 2 vol. [Facsimile reproduction]

_____, *Travels and explorations of the Jesuit Missionaries in New France, 1610-1791, Vol. XVIV Iroquois, Lower Canada: 1556-1658*, Edited by Reuben Gold Thwaites, New York, Pageant Book Company, 1959.

_____, *Travels and explorations of the Jesuit Missionaries in New France, 1610-1791, Vol. XLII Iroquois (volume 42-43), Lower Canada: 1556-1658*, Edited by Reuben Gold Thwaites, New York, Pageant Book Company, 1959.

_____, *Travels and explorations of the Jesuit Missionaries in New France, 1610-1791, Vol. XLII Iroquois (volume 64-65), Lower Canada: 1556-1658*, Edited by Reuben Gold Thwaites, New York, Pageant Book Company, 1959.

THE CHAMPLAIN SOCIETY FOR THE GOVERMENT OF ONTARIO, *Royal Fort Frontenac*, Textes choisis et traduits par Dr. Richard A. Preston; introduction du R. Léopold Lamontagne, University of Toronto Press, 1958, 504 p.

THE ST. LAWRENCE SEAWAY, *A series of Maps of the Seaway with commentary by The Honourable Lionel Chevrier*, Ottawa, Queen's Printer and Controller of Stationery, 1955, non paginé.

TRIGGER, Bruce, G., *Les Indiens, la fourrure et les Blancs – Français et Amérindiens en Amérique du Nord*, Montréal, Éditions Boréal, 1992, 554 p.

_____, *The Children of Aataentsic, A History of the Huron People to 1660*, Kingston and Montreal, McGill-Queen's University Press, 1976, 914 p.

_____, *Natives and Newcomers, Canada's "Heroic Age" Reconsidered*, Kingston and Montreal, McGill-Queen's University Press, 1985, 410 p.

TREMBLAY, Roland, *Les Iroquoiens du Saint-Laurent – peuple du maïs, Pointe-à-Calière*, Musée d'archéologie et d'histoire de Montréal, Montréal, Les Éditions de l'Homme, 2006, 140 p.

TRUDEL, Marcel. *François Dollier de Casson Histoire du Montréal 1642-1672*, (Nouvelle édition critique présentée et annotée par l'auteur), Montréal, Éditions Hurtubise HMH Ltée, 1992, 342 p.

_____, *Initiation à la Nouvelle-France*, Montréal, Holt, Rinehart et Winston, 1971, 324 p.

_____, *Histoire de la Nouvelle-France I – Les vaines tentatives 1724-1603*, Montréal, Éditions Fides, xxii, 1963, 308 p.

_____, *Histoire de la Nouvelle-France II. Le comptoir 1604-1627*, Montréal, Éditions Fides, 1966, xlix, 554 p.

_____, *Histoire de la Nouvelle France IV. La seigneurie de la Compagnie des Indes occidentales 1663-1674*, Montréal, Éditions Fides, 1997, 894 p.

_____, *Histoire de la Nouvelle-France X – Le Régime militaire et la disparition de la Nouvelle-France 1759-1764*, Montréal, Éditions Fides, 1999, 612 p.

THWAITES, Reuben Gold (Reuben Gold Thwaites, LL.D.), *New Voyages to North-American by the Baron de Lahontan, Reprinted from the English edition of 1703, with facsimiles of original title pages, maps, and illustrations, and the addition of Introduction, Notes, and Index.* (Réédité de l'édition anglaise de 1703, avec facsimili des pages titres originales, illustrantions et l'ajout d'une introduction, de notes et d'un index). Ouvrage en deux volumes. Volume 1, Première édition en 1905, réédité en 1970 par Lenox Hill, New York, 408 p.

THWAITES, Ruebcn Gold, (cd.), *The Jesuit Relations and Allied Documents 1610-1791*, Cleveland, Burrows Brothers Co., 1897.

UPTON TERRELL, John, La Salle. *The Life and Times of an Explorer*, Toronto and Vancouver: Clarke, Irwin & Company Limited, New York: Weybright and Talley, 1968, 282 p.

VACHON, André, *RAMAS I Histoire du Canada*, Sillery (Québec), Éditions Pélican-Septentrion, 1988, 184 p.

VAUGEOIS, Denis, *La fin des alliances franco-indiennes. Enquête sur un sauf-conduit de 1760 devenu traité en 1990*, Montréal, Éditions du Boréal, 1995, 286 p.

Voyages des Français sur les Grands Lacs et Découverte de l'Ohio et du Mississipi (1614-1684), Première partie. Paris, Maisonneuve et Cie, Libraires-Éditeurs, 1879, 618 p.

VAUDREUIL, Marquis de, *Lettres du Marquis de Vaudreuil au Chevalier de Lévis*, Publiées sous la direction de l'abbé H.-R. Casgrain, Québec, Imprimerie de L.-J. Demers & Frère, 1895, 216 p.

_____, *Voyages des Français sur les Grands Lacs et Découverte de l'Ohio et du Mississipi (1614-1684)*, Paris, Maisonneuve et Cᶦᵉ, Libraires-Éditeurs, MDCCL LXXIX.

WEDDLE, Robert S., (ed.); MORKOVSKY, Mary Christine et GALLOWAY, Patricia (ed. associées); *La Salle the Mississippi, and the Gulf, Three Primary Documents*, Texas College Station (U.S.A.), A&M University Press, 1987, 330 p.

VIAU, Roland, *Enfants du néant et mangeurs d'âmes, Guerre, culture et société en Iroquoisie ancienne*, Montréal, Les Éditions du Boréal, 1997, 318 p.

_____, *Femmes de personne, Sexes, genres et pouvoirs en Iroquoisie ancienne*, Montréal, Les Éditions du Boréal, 2005, 324 p.

WAUGH, F.W., *Iroquis Foods and Food Preparation*, Memoir 86, Ottawa, Canada Department of Minies, Geological Survey, Government Printing Bureau, 1916. Facsimile Edition, 1973, 236 p.

WESTON-SMITH, Susan, *The First Summer People – The Thousand Islands 1650-1910*, Erin (Ontario), The Boston Hill Press Book, 1993, 248 p.

WHITE, Arthur V., *Long Sault Rapids, St. Lawrence River. An Enquiry Into the Constitutional and Other Aspects of the Project to Develop Power Therefrom*, Ottawa, Mortimer Co., Ltd., Ottawa, 1913, 384 p.

WHITE, Randall, *Ontario 1610-1985 A political and economic History*, Ontario Heritage Foundation, Local History Series no 1, Toronto and London, Dundurn Press, 1985, 352 p.

WHITE, Richard, *The Middle Ground Indians, Empires, and Republics in the Great Lakes Region, 1650-1815*, New York, Cambridge University Press, 1991, 544 p.

WINEARLS, Joan, *MAPPING UPPER CANADA 1780-1867, An annotated bibliography of manuscript and printed maps*, University of Toronto Press. (Sur microfiches)

WRIGHT, J.V., *A History of the Native People of Canada, Volume III (A.D. 500 – European Contact)*, Ottawa, Canadian Museum of Civilization, Mercury Series, Archaeology Paper 152 (pagination continue).

_____, *Ontario Prehistory An Eleven-thousand-year Archaeological Outline*, Toronto, Van Nostrand Reinhold Ltd, 1972, 120 p.

_____, *The Ontario Iroquois Tradition*, Bulletin 210, Ottawa, National Museum of Canada, 1966, 196 p.

Table des matières

rivière Catarakoüy, montrant le site du fort et un village indien. Un cartouche ornementé contient le titre et la légende avec renvois. Sur le plan : rose des vents fleurdelysée à huit branches, cours des rivières, sondages, relief. Échelle Plan d'ensemble : 15,8 cm pour 16 arpents [1/5 921ᵉ]; élévation : 15,5 cm pour 15 toises [1/189ᵉ].

Date : 1752
Auteur : Jourdain (Paul-Raymond), dit Labrosse
Territoire : Amérique septentrionale
Lieu : Présentation (fort) ; Rivière Chouekatsy; Rivière Cataracoui (ou Kataracoui)
Type de document : Carte ou plan
Support et dimensions : Dessin à la plume aquarellé sur papier 54,9 x 77,9
Provenance : Dépôt des Fortifications des Colonies [Centre des archives d'outre-mer (CAOM), Archives nationales (France)]

17. Nicole V. Champeau, *Mémoire des villages engloutis. La Voie Maritime du Saint-Laurent de Mille Roches aux Mille-Îles*, 1999, 188 pages; deuxième édition en 2004, 190 pages.

18. Pierrot Lambert et Simone Saumur-Lambert, *Vivre avec des sans-abri. Les itinérants de l'Outaouais et Jean-Louis Morin. Récit*, mars 2005, 224 pages.

19. François-Xavier Simard et Denyse Garneau, *Fulgence Charpentier (1897-2001) La mémoire du XXe siècle. Biographie*, 2007, 968 pages.

20. Thérèse Frère, *Par delà... l'horizon. Autobiographie*, 2008, 152 pages, + 14 page photogaphies n/b, + 4 pages couleur.

21. Don Boudria, *Busboy. De la cuisine au Conseil des ministres. Autobiographie*, 2007, 532 pages, + 20 pages photographies n/b

22. François-Xavier Simard et Jean Yves Pelletier, *Omer Deslauriers(1927-1999) Visionnaire, rassembleur, bâtisseur*, 2009, 376 pages

23. Jean-François Somain, *Le plus bel amour du monde. Récit*, 2008, 224 pages.

Pointe Maligne
est le trois cent cinquante-septième titre
publié par les Éditions du Vermillon.

Graphisme
composition
en Bookman
et mise en page
Atelier graphique du Vermillon
Ottawa (Ontario)

Impression et reliure
Imprimerie Gauvin
Gatineau (Québec)

Achevé d'imprimer
en mars deux mille neuf
sur les presses de
l'Imprimerie Gauvin
pour les Éditions du Vermillon

ISBN 978-1-897058-74-9
Imprimé au Canada

Sources Mixtes
Groupe de produits issu de forêts bien
gérées et de bois ou fibres recyclés.
www.fsc.org Cert no. SGS-COC-2624
© 1996 Forest Stewardship Council
FSC